アジアビジネスの基礎

鈴木 康二

大学教育出版

はしがき

　日本におけるビジネスのやり方や、MBAで教えられるグローバルビジネスのやり方が判っていれば、アジアビジネスは判る、と考えるのは間違いである。国によりビジネスのやり方が違うのだから、「郷に入れば郷に従え」をやればビジネスはうまくいく、と考えるのも間違っている。現地に長年駐在した人だからこそ、また現地人をトップに登用したからこそ、現地ビジネスに失敗することも多い。アジアビジネスは、①アジア諸国における産業はどうなっているか、②企業を取り巻く利害関係者の力関係はどうなっているか、③その中で日系企業を始めとする外資系企業と地場企業はどのような関係にあるか、④上記①、②、③を具体的なアジアでのビジネスのケースに当てはめてみる、ことにより把握できる。

　本書は、アジアビジネスに興味を持つ大学生と社会人を対象に書かれている。本書のもととなった原稿は、筆者が『アジアビジネス事情』という大学での講義のために作られたものなので、大学生に対しアジアビジネスの勉強の仕方や態度といった事も含んでいる。これらのことは、ノウハウ本で学ぶことで、ビジネス本で書くことではないという風潮はある。しかし、大学生を教えるうちに筆者が判ってきたことは、仕事への態度、勉強の仕方を教える場がないということである。インターネットで調べれば判るという風潮は、情報の洪水の中で、どのようにインターネット情報を捌くかが判らず、無手勝流が幅を利かせている。新卒者に即戦力を要求する企業にとって、情報にアクセスできたことで満足しがちな社員を、どうOJT（仕事の現場で研修する事）で訓練すればよいかに悩む場面も増えそうである。

　営業・管理系の技能は技術系の技能と異なる。技能の伝達では、体験させて伝える、学ぶ者に工夫させながら伝える、見せて伝える、言って聞かせる、の

4つの手段が使われる。パソコン操作に慣れている学生は、パソコンから得た情報と教科書で得た概念や知識を使って具体的ケースに当てはめるカスタマイズ技能を、パソコン操作という技術系の汎用技能と同様だと思い込みがちだ。インターンシップ体験で技能が伝わるはずもないのに、青年後期の自我肥大の心理もあって、営業・管理部門の仕事なぞこんなものだ、と多寡をくくりがちだ。アジアビジネスの営業や管理の技能を、見せて伝えたり、学ぶ者に工夫させながら伝えることは、日本にいてはできないし、現地では技能があるものと扱われる。アジアビジネスを言って聞かせることはできても、具体的なビジネスの全体イメージは掴みにくい。アジアビジネスで使われ得る技能を、技能を得るための方法を含めて具体的かつ包括的に示せば、アジアビジネスにおける営業・管理系の技能を具体的に連想できる糧になるのでないか、と考えた成果が本書である。

　アジアでビジネスをしている日系企業、ないしはその日本の親会社における入社試験で、「アジアビジネスについて何を知っているの」と問われたとき、本書を読んでいれば、適切な答えができることが目指されている。日本で学ぶ外国人留学生にとっても役立つはずである。彼らの日本語力に配慮して英語で表記している箇所もある。特殊な日本語を使うより英語を使う方が、趣旨が明白な場合もある。日本の一流企業に入るためには、態度・コミュニケーション力、共感力、語学力、やる気、といった能力の他に、「私なら御社のアジアビジネスでこのような儲け方が提案できます」と謙虚な態度で答えられる能力が求められている。

　「会社になど入らないで人生を送りたい」、「就職試験などまだまだ先だから大学生活をエンジョイしなくては」、「ビジネスは投機だ」と考える学生もいる。就職試験前の4年生の中には、受けようという企業のアジアビジネスを調べもして来ないで、「就職試験で何を聞かれ、どのように答えたらよいか」を小生に聞いてくる学生もいる。大学4年間の過ごし方は難しい。

　ジュリアード音楽院でパールマン他多数の一流ヴァイオリニストを育てたドロシー・デュレイは『天才を育てる』で次のように言っている。「大学生を教えるのは小さな子供を教えるより難しい。彼らはヴァイオリンを勉強する以外にも、人生上の様々な大変な問題を抱えている（思春期のホルモンの関係と

言わないまでも)。もちろん一番の心配は将来についてです。そのような心配とは無縁の子供達の方が、いつも集中力があり、やる気があって一生懸命になるようです」。別に子供になれといっているのではない。人生上の問題を抱えながらアジアビジネスを勉強し続けて欲しいと言っている。

2007年2月

鈴木康二

アジアビジネスの基礎

目　次

はしがき …………………………………………………………………… i

第1章 アジアの産業の見方 ………………………………………… 1
1. アジアの地図　*1*
2. 国のかたち　*3*
3. 6つの産業分類、国際競争力　*5*
   (1) 6つの産業分類の意義と国際競争力　*5*
   (2) 6つの産業分類から国際競争力を見る　*8*
   (3) アジアにおける産業政策と市場経済　*9*
   (4) 産業政策を巡るターミノロジー　*11*

第2章 世界市場とのインテグレーション、WTO、グローバル競争 …… *20*
1. 企業はどのようにして世界市場とインテグレートするか　*20*
2. 経済政策と世界市場へのインテグレーション　*25*
3. アジア地域における新人の採用　*27*
4. アジア地域における企業の業務過程分析　*32*
5. アジア型経済システム　*35*
6. アジアの地域経済圏と水平分業　*37*
7. アジアのFTA　*39*

第3章 社会学と経営戦略論を使ってアジアビジネスを理解する手法 …… *42*
1. アジアビジネスで使える経営戦略の用語　*42*
   (1) 経営学で使われるビジネス戦略用語と業務過程分析　*42*
   (2) 現実の使い方を示す問題を2問　*42*
   (3) アジアビジネスで使える主要用語とその創作者　*44*
   (4) subで使われるその他のビジネス用語とその創作者　*46*
   (5) アジア企業のブランド力　*46*
2. アジアビジネスで使える社会学の用語　*47*
   (1) 業務過程分析と社会学用語　*47*
   (2) 社会学行為論の用語と業務過程分析用語　*48*

⑶　社会学の社会過程論・集団論の用語と業務過程分析　*50*
　　⑷　社会学の社会変動論、現代思想の用語と業務過程分析　*54*
　　⑸　知識を実際に使ってみる　*63*

第4章　国内市場型産業
　　　　――小売業、食品産業、不動産業、華僑ビジネス――……………*67*
　1.　卸売業、小売業　*67*
　　⑴　アジアにおける卸売業、小売業の特徴　*67*
　　⑵　中国における小売業　*71*
　　⑶　中国国内小売業の成功と競争　*72*
　　⑷　アジアの大規模小売業と外資　*77*
　　⑸　フランチャイズビジネス　*80*
　2.　国内市場向け産業としての食品産業　*81*
　　⑴　国内市場向け食品産業　*81*
　　⑵　国内市場向け食品産業としてのビール業界　*86*
　3.　華僑ビジネスと不動産ビジネス　*92*

第5章　輸出市場型産業としてのアパレル産業と食品加工業　………*100*
　1.　アパレル産業と委託加工　*100*
　2.　食品加工産業とその他の輸出指向型産業　*102*

第6章　自動車産業、自動車部品産業、鉄鋼業　……………………*105*
　1.　自動車産業　*105*
　2.　ホンダはアジア戦略をどうすべきか　*111*
　3.　自動車部品産業の海外展開　*114*
　4.　ケーヒンをこう調べる　*116*
　5.　鉄鋼産業　*118*
　　⑴　鉄鋼産業　*118*
　　⑵　「鉄鋼世界最大手ミタル、同業2位アルセロールを買収」の意味　*122*

第7章　家電産業、電子部品産業、IT産業 …………………………… 124

1. 家電産業　*124*
   - (1) 家電産業とモジュール化　*124*
   - (2) 中国の家電産業　*126*
2. 電子部品産業　*133*
   - (1) 液晶パネル　*133*
   - (2) 半導体ファウンドリーとEMS　*135*
   - (3) 日系電子部品企業　*136*
   - (4) モジュール型産業とすり合わせ型産業　*139*
3. IT産業　*140*
4. アジア子会社との間でのERP導入の検討　*143*
   - (1) ERPとしてのSAP　*143*
   - (2) OPAとSAPの関連　*144*
   - (3) 東証のシステム障害とERPのモデル　*145*
   - (4) 5つの業務モジュール　*147*
   - (5) R3と拡張ERPの導入について　*148*

第8章　化学産業、日用品産業 …………………………………………… 151

1. 化学産業の分類　*151*
2. 石油化学産業　*153*
3. カネカのベトナム投資　*157*
4. 化粧品・トイレタリー産業　Cosmetics and Toiletry industry keshohin toiretarie sangyo　化妆品・toiletry 产业　*158*
5. 中国における日用品マーケティングとB2Bマーケティング　*161*
   - (1) 中国における4Cの意義　*161*
   - (2) 中国におけるB2Cマーケティングと反日感情　*166*
   - (3) 製品のライフサイクルを考えたマーケティング　*167*

第9章　エネルギー産業、電気・水・ガス供給業 ……………………… 169

1. エネルギー産業の分類　*169*

2．卸売り電力と民営化　*175*

第10章　機械産業 …………………………………………… *177*
　1．機械産業の種類と技術のピラミッド　*177*
　2．造船産業とプラント・ビジネス　*179*
　3．機械産業では暗黙知が働く　*181*
　4．工作機械と金型産業　*184*
　5．精密機械、建設機械、農業機械、バイク　*189*
　6．提案型営業　*193*

第11章　セメント産業、建設業 …………………………… *198*
　1．セメント産業　cement industry sement sangyo　水泥産業　*198*
　2．建設業　*202*
　3．アジアにおける債権回収法を中国を例に考える　*205*
　　(1)　債権回収の方法と直接投資の撤退基準　*205*
　　(2)　B2B での回収　*206*
　　(3)　地場企業はなるべく払わないように画策する　*208*
　　(4)　手形はあっても手形割引はない、運転資金ローンは外資系銀行のみ　*209*
　　(5)　支払わない言いわけ　*209*
　　(6)　内部金融　*209*
　　(7)　B2C での回収　*210*

第12章　広告業、旅行業、メディア産業 ………………… *213*
　1．アジアの広告業　*213*
　2．中国国内広告のリスクと上海で日本企業が勝つブランド戦略　*223*
　　(1)　上海の日本・韓国ブームと広告　*223*
　　(2)　イトキンの成功とブランド戦略　*225*
　　(3)　ブランド意識とデジタル家電・自動車・家電　*226*
　3．メディア産業　*229*
　4．旅行業　*231*

第13章　輸送業、通信業 …………………………………………… 236

1. 輸送業　*236*
   - (1) 輸送業の種類　*236*
   - (2) 海運会社とコンテナ輸送　*239*
   - (3) 付加価値をつけるロジスティック戦略　*240*
   - (4) DellのBTOモデル　*242*
2. 中国国内ロジスティックスのリスクと防止策　*243*
3. 通信業　*244*

第14章　商社、金融業 …………………………………………… 249

1. 商社　*249*
2. 金融業　*252*
   - (1) 金融取引と金融業の特色　*252*
   - (2) 企業の業務過程と金融　*253*
   - (3) アジアの金融機関　*256*
   - (4) 銀行、クレジット会社、リース会社、ベンチャーキャピタル、証券会社　*260*
   - (5) 保険会社　*263*
   - (6) イスラム金融　*263*

第15章　多国籍企業への就職とB2Bビジネスそして知っておいた方が良いアジアの文化 …………………………………………… 266

1. 会社が必要とする能力と給与　*266*
   - (1) すぐやる、かならずやる、できるまでやる　*266*
   - (2) 成果主義　*267*
2. アジア諸国の教育と大学　*271*
   - (1) 大学の教育内容と社会の要請　*271*
   - (2) アジア諸国の教育と大学　*272*
3. ビジネスで知っておいた方が良いアジアの文化　*273*
   - (1) なぜ知っておいた方が良いアジアの文化があるのか　*273*
   - (2) 使えるアジアの文化に関する項目　*276*

第16章　新制度派経済学でアジアビジネスを見てみる ……………………309
　1.　新制度派経済学の考え方　　309
　2.　各章ごと、アジアの産業で使ってみる　　312

第1章

アジアの産業の見方

国家・企業・個人・市民社会の各セクター、6つの産業分類、経済発展

1. アジアの地図

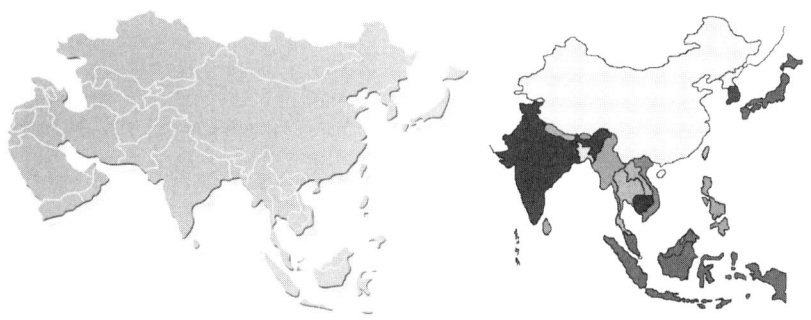

図 1-1 アジアの地図
(出典:http://www.euresys.com/Distributors/Asia.asp,
http://www.asia-portal.de/country/asia-map.html)

　左上の地図がアジアである。ただしこの地図には、当然アジアに入るフィリピンを構成する諸島の大部分、インドネシアのイリアン・ジャヤとマルク諸島、そしてモルジブが欠けている。一般的には右上の地図でもアジア理解はよいではないかと思われている。パキスタン以西のアジアとモンゴルを抜いた形である。
　アジアを東アジア、東南アジア、南アジア、中東に分ける考えがある。地理的近接度合い、歴史的文化の繋がりからの分け方である。歴史的文化の繋がりから言えば、東アジアは中国文化圏、南アジアはインド文化圏、東南アジアは

表 1-1 アジア諸国の経済統計 (2003 年)

年、単位	人口 (百万人)	GDP (億ドル)	一人当た り GDP (ドル)	輸出額 (100万 ドル)	輸入額 (100万 ドル)	通貨	為替 レート (US$)）
日本	128	46,654	33,701	565,446	454,951	円	103.78
韓国	48	6,054	12,646	193,817	178,827	ウォン	1,035.1
中国	1292	14,166	1,083	438,371	412,836	人民元	8.119
香港	7	2,956	22,226	223,821	232,542	香港ドル	7.774
台湾	23	2,956	13,139	144,180	127,249	台湾元	33.205
タイ	64	1,432	2,239	80,518	75,809	バーツ	39.061
マレーシア	26	1,037	3,905	104,969	83,617	リンギ	3.8
シンガポール	4	913	21,556	144,126	127,891	S$	1.63385
フィリピン	77	793	1,035	36,231	37,497	ペソ	56.276
インドネシア	215	2,083	810	61,058	32,551	ルピア	9,290
インド	1073	4,743	484	63,632	77,237	ルピー	43.580
パキスタン	149	835	570	10,889	11,333	ルピー	59.124
バングラデシュ	137	508	389	6,548	9,658	タカ	60.742
スリランカ	19	162	947	5,133	6,672	ルピー	104.605
モンゴル	3	12	475	616	801	トゥグリク	1,209
北朝鮮	22	184	818	1,212	1,904	北ウォン	150
ベトナム	81	390	483	20,176	25,227	ドン	15,764
ラオス	6	21	375	366	501	キープ	10,950
カンボジア	13	40	315	2,032	2,802	リエル	4,027
ブルネイ	0.4	48	13,418	4,422	1,341	ブルネドル	1.7422
ミャンマー	53	50	160	3,106	2,321	ルピー	5.4787
ネパール	24	60	246	649	997	ルピー	71.800
ASEAN	538	6.804	1,282	457,003	389,474		

両文化圏と西欧植民地文化圏の影響下にあった。東南アジアの多くの国は9世紀までのインド文化圏、14世紀まで中国文化圏、14世紀以降イスラム文化圏、17世紀以降西欧植民地文化圏の影響を受けており、20世紀後半になって独立し国民国家が成立した。

　アジア諸国に太平洋のあちら側と北側として地理的・経済的に関係する国がある。APEC（アジア太平洋経済協力会議）はそのような国をもメンバーとしている。APECは、アジア太平洋地域の経済発展のためそして、貿易投資の自由化・円滑化と技術協力を進めるために、1989年にメンバー諸国政府間で作られた国際組織である。

APEC加盟国のうちアジア以外の主要な国の経済指標を以下に掲げる。

表1-2　アジア以外の主要国経済指標

Member Economy and Year Joined	Area ('000 sq km)	Population (million)	GDP (US$bn)	GDP per capita (US$)	Exports (US$m)	Imports (US$m)
Australia (1989)	7,692	20.2	692.4	33,629	86,551	103,863
Canada (1989)	9,971	32.0	1,084.1	33,648	315,858	271,869
New Zealand (1989)	271	4.1	108.7	26,373	20,334	21,716
Papua New Guinea (1993)	463	5.9	3.5	585	4,321	1,463
Mexico (1993)	1,958	105.0	734.9	6,920	177,095	171,714
Russia (1998)	17,075	144.0	719.2	5,015	171,431	86,593
United States (1989)	9,364	293.0	12,365.9	41,815	818,775	1,469,704

（出典：Area; Population; Current price GDP; Current GDP per capita,
　出所：Economic Fact Sheets, http://www.daft.gov.au/geo/fs, Exports and Imports: The APEC Region Trade and Investment 2005, http://www.apecsec.org.sg/content/apec/member_economies/key_economic_indicators　html.）

2.　国のかたち

社会を成り立たせているものは社会セクターである。現代の国家は国民国家と呼ばれており、国家は典型的な社会組織である。社会セクターには、国家セクター、企業セクター、個人セクター、市民社会セクターからなっていると考えると分析しやすい。アジア諸国毎にこの各社会セクターの力関係が異なる、

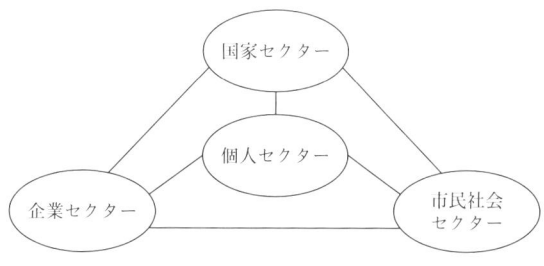

図1-2　国のかたち

表 1-3 社会セクターの目的と手段

	State Sector 国家セクター	Company Sector 企業セクター	Civil Society Sector 市民社会セクター	Individual Sector 個人セクター
Object 目的	Govern 支配	Profit 利益	Co-habitatio 共生	Free option 自由な選択
Instrument 手段	Law 法律	Market competition 市場競争	Voluntarism ボランティズム	Free option 自由な選択
Example 例	Central govermment 政府、Prefecture 県、Court 裁判所、Diet 国会	Company limited by shares 株式会社、FDI 外資系企業、Partnership 組合	Family 家族、Political party 政党、University 大学、Religious group 宗教団体	Individual person 個人、Foreigner 外国人、National citizen 国民
ASEAN	小	小	大	中
中国	大	小→中	中	中
日本	中	大→中	小→中	小→大
International Society	Sovereignty of nation state	MNCs	International Communities	Cosmopolitanism
Object of International Society	No interference	Political & Economic profit	Peace	Peace
Instrument of International Society	National Security	Politics & Economics	Share Value consciousness	Value consciousness

として分析するのである。丸の大きさは力関係を示すが、個々の国のみならず産業でも異なる。

3. 6つの産業分類、国際競争力

(1) 6つの産業分類の意義と国際競争力

　企業が取り扱う商品（財・サービス）には 6 種類ある。それぞれの種類により、取引相手の数、取引の形態（B2B、B2C か、相対取引か市場取引か）が違うので、具体的な企業を調べるときに、その会社の特定のアジアビジネスはこの 6 種類のどれに属するのかを考えて見る。

　消費財とは、消費者が直接消費する最終製品を指す。日用品消費財と耐久消費財に分かれる。消費財以外の財を産業財という。産業財は生産財、建設財、資本財に分けるより、原材料（素材）、資本財と中間財に分けた方が分類の意義が高い。中間財とは、原材料を、資本財（機械）を使って加工し、消費財の部品・原料になるものを指す。中間財の典型は部品だが、石油誘導品でも加工度が高いプラスチックになると中間財となる。加工度が低い石油誘導品は素材に分類される。セメントや棒鋼のような建築財は素材に分類できる。

　産業別にその産業の主に供給している財・サービスを当てはめてみる。サービス供給では在庫が利かないが、財では在庫が利く。大量生産とは、在庫が利くことを前提にしている。ただしサービスを財のように扱えば在庫が利く。理工科系大卒人材が豊富で人件費が安い、インド、中国、ベトナムのような外国にソフトウェア開発を委託するのは、サービス供給を財供給に転換した例である。

　B2B（business to business、企業間取引）では顧客の数が少ない。そのために大量取引ができる。販売費用はかからないが、顧客の仕様に応じた製品、サービスを考えないと、取引に成功しない。いわゆる提案型営業が必要になる。他方 B2C（business to consumer、対消費者取引）では顧客は一般消費者ないし直接一般消費者に売る小売業者なので数が多い。そのために少量多品種の取引が必要になり、販売費用がかさむ。

表1-4 財の種類

産業別

	原材料・資本財・サービス	中間財・サービス	消費財・サービス
財	原材料：商社、エネルギー産業、電気・水・ガス供給業、セメント、鉄鋼、石油化学産業 資本財：機械産業、不動産	自動車部品、電子部品、化学産業	アパレル、食品、食品加工、日用品、自動車
サービス	IT産業、建設業、輸送業、通信業、金融業	IT産業、輸送業、通信業、金融業	小売業、建設業、広告業、旅行業、メディア、通信業、金融業

取引形態別

	原材料・資本財・サービス	中間財・サービス	消費財・サービス
財	B2B	B2B	B2C
サービス	B2B	B2B	B2C, B2B

　トヨタには系列の自動車部品メーカーがある。トヨタに直接供給し直接取引する部品メーカーを一次下請会社といい、主要な会社が8社ある。デンソー、豊田自動織機、アイシン、トヨタ紡織、豊田合成、関東自動車、トヨタ車体、愛知製鋼の8社である。それに商社である豊田通商を加えてトヨタグループ9社という。一次下請会社に供給する部品会社を二次下請会社、二次下請会社に供給する会社を三次下請会社という。一次下請会社から三次下請会社まですべて中間財の製造会社である。トヨタの系列会社だからといってトヨタ以外の会社に納入しないわけではない。

　トヨタの海外進出に伴い一次下請会社も海外進出した。日本から主要取引先に納品していたら間に合わないし、現地市場で売るためには、現地で、材料・部品、人材を調達し価格を抑える必要もあった。一次下請の海外進出に伴い二次、三次下請会社の海外進出も増えている。アジアのトヨタの各工場の生産規模は日本に比べて少ない。しかし部品企業にはこれだけの機械設備は揃えておかなければならないという最低基準がある。そうすると系列の主要取引先への納品だけでは工場の稼働率を高められない。そこで、系列を超えた取引や地場メーカーへの納入機会の獲得も重要になっている。1980年代部品企業は米国進出で系列を超えた取引を始めた。米国ホンダは日産の系列部品企業から

の調達に注力した。自社の系列企業の力がトヨタや日産に比べて弱く進出して来ない系列メーカーも多かったからである。日系部品メーカーの品質と納品の確実性に驚き、GM、フォード、クライスラーのビックスリーも日系部品メーカーからの調達を増やした。1980年代は設備投資が大きいために償却負担で赤字経営だった在米日系自動車部品メーカーは、1990年代になると儲かり始めた。

現在、タイ、中国、インドに進出する日系自動車部品メーカーは、米国でのような事態がアジアの現地で起こることを期待している。だから生産管理のみならずB2Bの営業と調達ができる人材が求められている。

学生の多くは企業名をマスメディアから知るので、消費財・消費サービス供給企業（B2C企業）の名前は知っているが、B2B企業の名前を知らない。消費者の立場でしか会社と付き合わなかった学生は、インターンシップ募集先にB2B会社が多く戸惑う。アジアビジネスで必要になる人材を雇いたいと考えている日本の一流企業会社の多くは、B2B企業であってB2C企業ではない。またB2C企業であっても新卒学生に期待するのはその企業の業務の中のB2B事業であることが多い。この部分は現地で直接雇用する現地大卒者には容易に任せられない業務だからだ。

表1-5　市場取引か相対取引か

	原材料・資本財・サービス	中間財・サービス	消費財・サービス
財	市場取引、相対取引	quasi 相対取引	quasi 相対取引
サービス	相対取引	quasi 相対取引	quasi 相対取引

財・サービスの価格は市場取引では市場が決める。直接取引の相手になった企業は見えないことが多い。株式市場や原油市場が典型である。他方相対取引では価格は取引の相手方との交渉で決まる。一品物の価格が典型である。絵や彫刻など芸術工芸品の他にも、大量生産するための試作品や金型、ある会社のためのITシステムなどがある。その間にquasi（擬似）相対価格で決まる財・サービスがある。車・テレビ・化粧品・PCの価格、携帯電話サービスの価格などである。安売りで個人顧客ごとに価格は決まると思っているのは消費者の方だけで、売る方は安売りをしたとしても、その価格の幅を決めている。

本当の相対価格ではなく、動向を示しているので、日本の商社は、鉄鉱石はブラジルのリオドセ社、石炭は豪州のBHP社から、長期契約で買っているではないか、相手が見えているのだから市場取引ではないだろうという言い方もあり得る。しかし市場取引の範囲である。スポット物の国際商品市況を参考にしながら契約価格を決めている。

(2) 6つの産業分類から国際競争力を見る

国際競争力という言葉がある。これは国により産業の競争力が違い、その産業が世界でどれだけ注目されているかを図る指標として使われていると、見た方が良い。世界経済フォーラム（WEF）のランキングは現地に駐在しているジャーナリストへのアンケートによっている。注目点は目移りしているので、「日本の国際競争力はこんなに低い」と心配するには及ばない。シンガポール、台湾、北欧諸国の国際競争力は高く評価されがちだ。これらの国は小国なので

表1-6　WEFの世界競争力ランキングでみたアジア

	2005年総合	2004年総合	技術力	公的機関	マクロ経済	ビジネス競争力	企業戦略	ビジネス環境
Taiwan	5	4	3	26	17	14	13	15
SGP	6	7	10	4	1	5	14	5
JPN	12	9	8	14	42	6	3	10
Korea	17	29	7	42	25	24	17	24
Malaysia	24	31	25	29	19	23	24	23
HK	26	21	26	23	6	20	20	19
Thailand	36	34	43	41	26	37	35	37
China	49	46	64	56	33	57	53	56
India	50	55	55	52	50	31	30	31
Indonesia	74	69	66	69	64	59	50	59
Phil	77	76	54	104	71	69	44	78
Vietnam	81	77	92	97	60	80	81	77
Cambodia	112	—	105	114	104	109	103	107

（WEF資料）

産業の幅が狭い事にもよる。WEF が 2005 年 9 月 28 日発表した 2005 年の「世界競争力ランク」で、シンガポールは前年の 7 位から 6 位に上昇している。産業の幅が狭いので、ランキングが上の国は外国投資がしやすいとは限らない。

(3) アジアにおける産業政策と市場経済

　経済発展とは途上国経済で使われる言い方で、先進国経済では経済成長という。一人当たり GDP をいかに伸ばしたのかが、経済発展、経済成長の指標である。GDP とは国内で生産した財・サービスの売り上げの総額だから、人口が減れば経済発展ないし経済成長はあることになる。しかし人口が減るということは戦争でもなければなかなか起こらない。少子化社会とはいっても人口が減っているのではなく、老人人口が増えているだけである。経済成長において国家の役割は、マクロ経済の安定化と市場経済のモニタリングである。

　経済発展において、国家が特定の産業を育成発展させることを重視する政策を産業政策（industry policy）という。アジア途上国経済ではこの産業政策が役立ったので今後も役立つと強調されることが多い。しかし産業政策が経済発展に役立ったかについては疑問がある。市場経済化を進めれば産業構造が変わり、それに従い特定の産業が発展することもある。

　市場経済を進める最短の道は工業化である。農業に比して GDP の伸びが大きく出るからである。等差級数的な伸びに比して等比級数的な伸びとも言われる。農産物生産を 2 倍にするより工業品生産を 2 倍にする方が確実で簡単な道である。途上国の工業化には輸入代替工業化と輸出指向型工業化がある。輸出指向型工業化政策がアジアにおいて成功したので「アジアの奇跡」が起きたという言い方がされる。しかし筆者は市場経済化が輸入代替工業化では進まず、輸出指向型工業化では進みやすかっただけだと考える。つまり輸入代替工業化という産業政策は、市場経済化を阻害する効果を持つので経済発展に繋がらなかったと見た方がよい。

　輸出指向型工業化では、市場は先進国経済にあるために、先進国の市場経済で勝ち残れる財・サービスを提供しなければならない。そのためには、アジア諸国における生産体制自体が市場経済メカニズムを働かせるようにしなければならない。原材料の輸入関税を先進国並みに安くしなければ、いくら国内の低

賃金を利用しても、輸出価格は高くなる。輸入関税率の国際競争がある。市場メカニズムは価格のみならず、QCDSで決まる。QCDSとは、品質（quality）、価格（cost）、納入（delivery）、サービス（service、safetyを充てる人もいる）を指す。輸入代替工業化のように、外資系企業の数を制限して、地場産業との合弁を無理強いする体制では、品質・納入・サービスの競争は起こらない。アジアの輸入代替・輸出指向同時型工業化（国内・輸出市場同時指向型）におけるB2Cビジネスでは、品質・納入・サービスによる差別化を評価しないB2C企業と新興中間層が存在すると、価格競争が起こる。中国の家電産業、バイク産業、韓国の家電産業が典型である。大量生産によるシェア奪い合いの競争になるので、どこまでコストを安くできるかの体力勝負の競争になる。

　価格競争による地場企業の体力低下を免れる方策としての産業政策には、新規参入制限やその国独自の規格、品質認証の設定がある。中国のハイビジョンやDVDプレイヤーの規格が典型である。建築基準、電気製品認証、安全衛生基準もそのような産業政策との絡みで出されていることがある。牛肉の全頭検査を日本の産業政策だと考えている米国人もいる。およそ見当違いである。それにより吉野家が日本製牛肉を使うことはないからである。しかし日本で過去あった、輸入車についての全車検査は産業政策の意味があったのだろう。国際品質規格に関するISO9000は、日本製品の品質に劣る欧米企業が、新品質規格を作って日本品の輸入規制をしようとした一種の産業政策だと言われたことがある。導入初期は大量の英文による申請文書が必要だったからである。

　米国とのFTA（自由貿易協定）締結のために韓国映画上映枠を70％から40％に下げるとの韓国政府の政策に韓国スターが反対デモをしたのは、「映画産業育成という産業政策を守れ」というフランスにも見られる考えである。韓国人の間では韓流ブームは長続きしないという声を聞く。これは韓国人の自信のなさの現れかもしれない。上映枠がなければ、韓国人はハリウッド映画を見に行くから韓国映画は負けると思っているのである。筆者はアジアンの世紀になっているので、質の良い韓国映画、韓国TVドラマを作り続ければ負けないと思っている。

(4) 産業政策を巡るターミノロジー

以下の用語はアジアでビジネスをする上での必須の知識である。このような言葉を使えるビジネスパーソンなら説得力が増す。

保護主義 protectionism hogoshugi 保护主义

自由貿易は比較劣位の産業を衰退させるから、失業問題を起こすし、そのような産業を多く抱える途上国政府は自国産業を保護しようとする。すなわち自由貿易は強者の論理だとして保護主義を主張する。生産補助金、輸出許可・輸出税・輸出補助金、運賃・保険料、輸入許可・輸入税・輸入補助金、国内消費税といった保護主義的介入があり得る。生産者向けの生産補助金、消費者向けの国内消費税を除いた措置が、保護主義的貿易政策である。WTO は関税による保護主義的貿易政策しか認めていない。WTO 発足時日本の米の輸入数量制限が問題になり、米輸入の関税化が図られた。

保護主義的政策介入 protective governmental interference hogo shugi teki kainyu 保护主义政策的介入

表 1-7 保護主義的政策手段の使われる場

	輸出国生産者	輸出国税関	公海	輸入国税関	輸入国消費者
政策介入手段	生産補助金	輸出許可、輸出税、輸出補助金	運賃、保険料	輸入許可（輸入数量制限の原則禁止）、輸入関税（WTO round での引き下げ）、輸入補助金	国内消費税、奢侈品税

輸出指向型海外直接投資 export oriented foreign direct investment yushutsu shiko gata chokusetsu toshi 对外输出型直接投资

外資系企業が輸出指向型産業（「輸出志向型産業」と同じ）の場合、投資受入国にとっては雇用増大、税収、輸出による外貨獲得のみならず、国際競争力のある技術導入にも成功することになる。つまりマーケットも外資系企業が持ってきてくれる。したがって 100% 外資子会社による投資も認められることが多い。投資受入国は行政指導によって合弁を勧めることが多い。韓国は輸出

指向型産業政策を採っていたが、外資系企業は外資が少数持分の合弁企業による進出を指導された。輸出指向型産業政策の1つに1960年代から始まった韓国の馬山や台湾の高雄や輸出加工区がある。

　NIES諸国の発展は国内資本による輸出指向型工業化の成功例である。他方ASEANの発展は外資と内資による輸入代替工業化を1980年代末に内外資による輸出指向型工業化に変えたことによる。中国の成功は沿海地域の内外資による輸出指向型工業化が国内市場の成長を招いたことによる。日本とNIESの輸出指向型工業化の成功を東アジアの奇跡と通常呼ぶ。

　輸出指向型工業化　export oriented industrization　yushutsu shiko kogyoka　输出志向的工业化

　工業製品を世界市場に輸出して外貨を稼ぎ経済発展をしようとする工業化戦略をいう。国内市場の制約を受けずに、世界市場に参入できる競争力を持つために製品の高度化や品質確保、生産効率向上を実現しなければならない。1970年代からの韓国・台湾・香港・シンガポールの経済発展は、輸入代替戦略をやめ、輸出志向工業化にシフトしたからだと言われている。外国投資の積極的誘致、規制緩和や投資環境整備がシンガポール、台湾、香港では進められた。しかし韓国の場合は、技術導入はあっても、輸入代替工業化による財閥企業が国内市場の狭隘さから輸出指向を目指したので、必ずしも外国直接投資が輸出指向型工業化に役立ったとはいえない。

　輸入代替工業化　import substitute industrization　yunyu daitai kogyoka　进口代替工业化

　従来輸入されてきた製品を国産化することを輸入代替と呼ぶ。国産化するために、外国からの輸入を高関税、数量制限などにより制限した。外資は直接投資しなくては現地市場を失う事になり、かつ直接投資をする際には現地地場企業と組まなくてはならないと現地政府の行政指導を受けた。輸入代替工業化は幼稚産業育成の側面も持つ。原材料輸入の優先的配分や輸入関税の低率化、優遇的な金融措置などの支援という国内産業保護政策の側面も持つ。多くの発展途上国では、産業基盤が育っていないため、当初必然的にこの政策を採った。しかし輸入代替工業化政策では、国内市場の狭小さ、高コスト構造への傾斜、技術進歩への遅れ、などが発生し長期的には競争力を維持できない。この

ため、東アジアの多くの国は、徐々に輸出を通じて成長を図る方向に転じた。

幼稚産業 infant industry yochi sangyo 婴儿产业

アジア開発途上国の産業政策は産業保護と外資導入である。産業保護の理由は、現在その産業は非効率で高コストだが、今後は生産効率が狙えるから国際競争に耐えられるようになるまで、保護関税、資金の割当、優遇税制、外資参入制限、外国人に労働ビザを出さないといった政策で保護するというものである。幼稚産業を一時的に保護することで、産業構造が高度化しGDPが高まる。輸入代替工業化のための典型的な政策である。この考えは日本の自動車産業やコンピューター産業の育成に役立った。また韓国の自動車産業、鉄鋼産業、石油化学産業、家電産業、半導体産業の育成に役立った。しかしインドの家電産業、自動車産業の育成には役立たなかった。

チリ人プレビュシュが典型的な輸入代替工業化論者であり、ラテンアメリカ諸国は皆1960年代末から輸入代替工業化を図ったが、ブラジルを除いて失敗した。ブラジルでさえも1990年代になって輸入代替で保護してきた自動車部品産業と鉄鋼産業に輸出競争力がついてきたに過ぎない。特に米国向けの自動車部品の輸出が好調なので、2005年になり起こった世界最大の自動車部品会社であるDelphy（GMから分離した子会社）の経営危機の一因になっている。GMがトヨタとホンダのハイブリッドカーに負けて業績不振に陥ったためにGMからの注文が来なくなったと日本の新聞は言うが、事実は違う。Big 3は米国に1980年代末から進出した日系自動車部品メーカーからの部品調達と、ブラジルメーカーからの部品調達を積極的に進めたのも大きな要因である。

ブラジルにはエンブラエル（Embraer）という飛行機製造会社がある。輸入代替工業化時代から幼稚産業として保護されてきた。1990年代末から、欧米の経営者の待遇が極端に良くなった波に乗り、executives（大企業経営者）の個人用ジェット機として欧米企業、個人に売り込み、成功し、ニューヨーク証券取引所にも上場している。今ではブラジルの代表的な輸出企業になっているが、長い間採算が採れないで来た。

インドネシアにもCN235という40人乗りの飛行機を注文生産で作っているPT IPTN（Industri Pesawat Terbang Nusantara）がある。ハビビ元大統領がドイツ留学後入社したメッサーシュミットで副社長にまで昇進していたの棒

に振ってインドネシアの科学技術庁長官に招聘された際に、スハルト元大統領に、国産機を作らせてくれるなら、と言ったらしい。1974年に設立されたPT. IPTNは現在に至るまで赤字続きで、スハルト元大統領は1989年民営化すると共に、国家植林資金から違法に2億ドルの融資をして会社を救済した。

ブラジルもインドネシアも地理的な大国なので、飛行機製造業は国内企業に任せたいのが本音だ。また飛行機製造業は労働集約産業なので雇用を吸収できる。CN235はスペインのCEPA社のモデルで工場はバンドンにある。1996年にバンドンで開かれたAPEC会議で議長をしたのがスハルト元大統領の最大の外交上の花だが、その際にCN235の工場を嬉々として案内していたスハルト（当時大統領）とハビビ（当時は副大統領）の姿が全世界のテレビに流された。スハルトにより政権を奪われたスカルノ元大統領の外交の花もまたバンドンだった。1955年バンドンで開かれた第一回アジア・アフリカ会議（いわゆるバンドン会議）で周恩来、ネルー、ナセルと共に共同議長を務め第三世界という言葉を作った。東西両陣営に属さない第三勢力という意味である。

雁行型経済発展 geese flying economic development model　ganko gata keizai hatten

赤松要により1935年に主張され始め小島清、山澤逸平が有名にし1990年代を席巻した日本発のアジア経済の発展論である。いずれも一橋大学の教授だった。通俗的な理解とアカデミックな理解がある。通俗的な理解の方が一般である。日本というリーダーの雁を先頭にして、NIES、ASEAN、中国、ベトナムが次々と工業化の段階を追いかけていく。先頭の雁は競争力がなくなると別の雁に先頭の地位を譲る。アパレル産業はそのようにして現在はベトナムが先頭の雁となっている、というように説明される。

アカデミックな理解は、製品ライフサイクル、産業のライフサイクル、技術の集積度により生産・輸出国の移動が雁の空を飛ぶ群れのように行われる結果、ある時点に立ってみると国際分業体制が行われているというものである。

雁行型経済発展モデルの欠陥は常に最初に新製品を出す国が米国ないし日本と特定されていることである。新製品が応用研究や技術開発によってできる場合もあり、また米国が常に基礎研究において優れているとは限らない。そこで後進国が先進国を跳び超える場合があることを説明するためにflog jumping model（蛙跳び型経済発展）が主張されるようになっている。また末広昭は Porter の国の競争優位の考えからヒントを得た工業化の社会的能力を入れ込んだ catch up 型工業化理論を 2000 年に提示し、雁行型経済発展論を過去のものとしようとしている。

　技術の対価が正当に取れるのなら、ある産業における労働集約の工程は安価で豊富な労働力がある国に移っていく、という言い方なら間違いではない。これはアジアにおける垂直分業ではなく工程間分業（水平分業）をも説明している。

　産業構造　industrial structure　sangyo kozo　产业结构

　産業構造とはある一国における一次産業（農林水産業）、二次産業（鉱工業）、三次産業（サービス産業）の配分のことである。産業構造の高度化とは国内生産の比重を農業から工業に移すこと、つまり工業化である。産業構造の高度化に従って経済発展ができるとする。農業は土地と天候に生産量が左右され技術革新の効果が低い。他方工業では、技術と機械によって大規模な生産と再生産が可能で、技術革新が生産量に与える影響も大きい。工業化している国においてもさらなる産業高度化が叫ばれる。より技術水準の高いものへとシフトしていくことを産業高度化と言っている。

　しかし日本、シンガポール、香港などは工業部門の GDP に占める比率が減ってサービス、金融、情報産業といったサービス産業の比率が増えている。これは脱工業化と呼ばれる。これを工業化に成功したゆえのより高次の産業構造への転換だとするのが、開発経済学者達である。キャッチアップ型工業化をいう末広昭東大教授、構造転換連鎖をいう大野健一政策研究大学院教授、そして赤松要・小島清・山澤逸平・寺西重郎らの一橋大学で戦後直後から今日に至るまで教授を務めた学者もこのような考えをする。赤松要・小島清は雁行型経済発展を主張した。もちろん、世銀や IMF そして日本政府や米国政府のエコノミスト達（いわゆる官庁エコノミスト）も同じである。

　筆者が異を唱えるとすれば次の点である。①技術水準が高いものが、付加価値が高いとは限らない。②シンガポール、香港の脱工業化は工業化に成功したからではなく、工業化に限界があったのでサービス産業化が進んだ。③サービス産業の技術革新力は工業に比して低い。情報産業が伸びているのは工業部門

でIT化が進んでいるゆえであって、サービス産業内でIT化を進めている小売業の寄与度より高い。④工業化によるGDPアップ率は工業化により環境破壊を起こして、その環境破壊をやめるために環境保全技術を開発したとしても大きくなる。つまりeco-friendlyな工業化は産業高度化によるGDPアップの議論では生れて来ない。しかしいったん破壊された環境を戻すための努力は破壊するための努力の数十倍かかるのが普通であり、戻らない場合も多い。⑤技術進歩と規制緩和により工業部門とサービス部門の産業融合が起こっており、高度化理論では説明できなくなっている。コンピューターと電気通信、電気通信と放送が典型である。

⑥衰退産業への保護措置が非効率な会社を温存して生産性の低下を招くのは判るが、保護措置を廃止して、産業活性化の新インセンティブを与えたとしても生産性の高い新産業が生れるわけではない。ベンチャー推進策はあるが、それはリストラされた二次・三次産業従事者の自己雇用という雇用確保策に過ぎない部分が多い。サムスン電子をリストラされた男が妻と焼肉屋を始めて産業高度化が図れるはずもない。同社を脱サラして自分でITベンチャー企業を作っても顧客が集まらなければ売り上げは増えないのでGDPの成長はない。

産業組織 industrial organization sangyo soshiki 产业组织

市場が競争的か独占か寡占か（市場構造）、各企業が市場でどのような企業行動を採るか（市場行動）、市場構造と市場行動の結果として市場は効率的に運営されているか（市場成果）を、価格理論を使って研究する経済学の一分野を産業組織論という。市場が効率的に運営されていることを経済的厚生が高まったという。法律学では独占禁止法・競争法が同じことを法律学の手法を使って研究している。アジアでの産業組織論の研究はこれからである。アジア各国の市場は寡占であり、製品差別化戦略は始まったばかりだし、国内市場が狭小の下での経済的厚生の定義は何なのかが問題になる。アジアの地域経済圏の下での市場をどう捉えればよいか、競争法は立法されたばかりの国が多く、中国のようにいまだに競争法のない国も多い、といった背景があるからである。競争戦略論のPorterはもともと産業組織論の研究者だったので彼の発想には産業組織論の考え方が現れている。

東アジアの奇跡　East Asian Miracle　higashi Asia no kiseki　东亚的奇迹

　低所得、低貯蓄、低投資、低成長の悪循環を低開発の罠とヌルクセは言った。外国資本を導入し輸出向け工業化を興すことが NIES では 1970 年代から考えられた。韓国、台湾では 1975 年には農業部門の余剰労働力が消滅するという Luwis のいう転換点を迎えた。しかし労働賃金の上昇が競争力を消失させるだろうと考えた NIES 諸国は政府主導の間接金融による資本集約・技術集約産業への集中投資、そして資本財・中間財の輸入代替化を進めた。実際には裾野産業 supporting industry の成長は大きくはなく、世界への輸出は増えても、対日貿易赤字は拡大した。間接金融重視は政策金融の癒着を生んだ。

　このような書き方がアジア通貨危機を経た後に書かれた場合の『東アジアの奇跡』だろう。1993 年の世界銀行の報告書『東アジアの奇跡』は日本政府の働きかけと資金によって発行された。そこでは新古典派の解釈を超えた部分を世界銀行が認めたものとして注目される部分が含まれていた。北東アジアの 2、3 か国（日本、韓国、台湾）では、政府の介入は政府の介入がない場合よりもより高くより公平な成長をもたらした。しかしこの介入が成功するためには優れた制度が必要であり、一般の途上国は真似をしないほうが良い」と書いたからである。そのような良い制度の下では、選択的介入はコンテストベースの競争を引き起こすので、市場ベースの競争と共に成長を機能させる、資本蓄積・効率的資源配分・生産性向上をもたらし、経済成長と所得の平等を実現させる。選択的な介入として許されるのは輸出振興策（税、補助金、保護、規制、国有金融機関）、そして金融介入までであり、産業政策は許されない。他方市場ベースの競争とはマクロ経済の安定、人的資本の維持促進、貿易投資の対外開放、といった従来のマーケットフレンドリー・アプローチを指している。

　筆者は輸出振興策として許される範囲の中に国有金融機関を置くのは、国有輸出入銀行の設立である。一般的に国有企業というと独占的な財・サービスの事業会社をいうので誤解しないようにして欲しい。企業には事業会社と金融機関があると考えるとよい。事業会社は財・サービスを生産・販売するが、金融機関は事業会社が生産・販売するために必要な資金を金融仲介するのみである。金融仲介とは投資家を需要家に結びつける作業である。国有金融機関が行うのは預金者の資金を事業会社に充てる仲介のことだから間接金融が中心とな

る。

　日本の場合、郵便貯金を行った投資家である国民の個人の資金を船舶・機械といったプラントを輸出しようとする事業会社に貸した。事業会社は、一括払いではなく延払いで輸出することができるので、海外に買い手を見つけられる。つまりファイナンス付きの船やプラントの輸入が途上国の企業や先進国の船主は可能になる。延払いの間に輸入された船を傭船に出して傭船料を得るか、プラントを動かして財を作り販売代で延払い代金を金利付きで支払えるのでキャッシュフローが回る。いわゆるプロジェクトベースの金融をしているわけで、リコース・ローンの部分は最低にしている。リコース・ローンとは、融資資金使途の事業から得た資金で返済資金が賄えない場合、借入人は他の資金源から返済する義務を負うローンを言う。通常の貸付のほとんどはリコース・ローンである。事実日本輸出入銀行（現JBIC）がこのようなOOF（その他の公的資金）による輸出金融を行う際の担保は通産省（現日本貿易保険機構）が行っている長期輸出保険であり、通産省は保険付保の条件として輸出者から延払い輸出代金債権の譲渡を受けていた。延払い債権が安全かを見るために一流銀行保証か政府保証を取っている。この一流銀行保証か政府保証の部分のみがリコース・ローンとなる。一流銀行とは"Bankers Almanic"に掲載されている世界の500大銀行のことなので、途上国の商業銀行は入るか入らないかスレスレの場合が多く、輸入者は先進国銀行の現地支店の保証を入れるのが普通である。

　このような輸出金融を効率的にやれるところはないと『東アジアの奇跡』は言う。事実韓国輸出入銀行は原資を郵便貯金によらずに海外での政府保証による起債によっていたので常に逆ザヤで輸出金融を付けていた。韓国企業が述べ払い輸出をする際にウォン建ウォン払で輸入してくれる輸入者はいないのでドル貸しが必要だったからである。台湾輸銀も同じである。タイ輸銀はタクシン前首相の会社の通信設備のミャンマー向け輸出を一括ファイナンスしたのでタイ国会でスキャンダルになった。タイ、台湾、韓国の輸銀はOECDの輸出信用ガイドラインを守らないでよいので、無茶な腹切りの融資条件が付けられる。韓国はOECD加盟後も韓国輸銀の金融につきガイドラインを守らずに船舶の輸出金融を付けていた。

日本輸銀だけが円建て円支払いの述べ払い輸出契約にも金融を付けていたので順ざやになり得た。また円ローンなのでドル払い輸出契約の場合の7年程度の長期にわたる為替リスクは輸銀の借入人負担となる。借入人が日本の輸出者の場合は長期の円高を予想し為替リスクを折半する述べ払い契約をしたところも多い。為替リスク調整条項付きの輸出契約である。途上国のインフレが激しい際に現地通貨分（プラントの現地据付費用など、ローカルコストという）をインフレ・エスカレーション調整条項付き契約でヘッジした経験があったからである。このような契約ノウハウは日本の商社が持っていたために、日本のメーカーは日本の商社を輸出者として自分は下請けになることが多かった。輸銀（現国際協力銀行、JBIC）の借入人に日本の大商社が名を連ねる理由である。

第2章

世界市場とのインテグレーション、WTO、グローバル競争

貿易・委託加工・技術移転・直接投資・間接投資、企業の業務過程、投資環境、規制、技術水準、経済成長・地域経済圏・水平分業

1. 企業はどのようにして世界市場とインテグレートするか

　企業はどのようにして世界市場とインテグレートするのだろうか。貿易・委託加工・技術移転・外国直接投資、外国間接投資のかたちがある。これらをまとめて海外進出という言い方をする場合もある。

　輸出入貿易だけの関係では、取引相手からいつ取引が中止されてしまうかも判らないし、取引相手がきちんと支払ってくれるかの不安もある。そこでより親しい関係を作ろうと考える。開発輸入がその典型である。こちらがデザインや種子をわたして地場企業に設計・生産してもらう方法である。この場合、輸入者による地場企業へのモニタリングは困難だ。虫食いのない、形のそろった野菜を地場企業に要求すると、農薬まみれの野菜を輸出してくることも起こる。日本では認められていない医薬品を使った養殖鰻が中国から輸出されることも起こる。日本政府が残留農薬の農産品の輸入禁止措置を打ち出すと、中国政府は、日本から輸入した高級果物や化粧品に中国が認めていない成分が入っていたと輸入禁止措置を採る。開発輸入は相対取引だから信頼改善はしやすいが、単なる輸出は市場取引だから、日本側に被害が多く出やすい。

　開発輸入の弊害を避けるには、より進んだコミットをする他ない。現地の地場企業に、材料を渡して加工方法を技術指導した上で加工してもらい、生産物を引き取るという形の委託加工が生まれる。加工するための機械を売り加工代

金で機械代金を支払ってもらうというやり方もアパレルでは行われる。今度は技術指導を受け、機械代金を完済した後、日本のライバル会社にアパレルを売り込むということが起こる。

　物の輸入ではなくて生産技術も出してサービスの輸出入をするという場合もある。生産技術の場合、単なるサービスの輸出入より移転に時間がかかる。技術を覚える必要があるからだ。そこで技術者が地場企業に行って技術指導をするといったことも起こる。そうなると地場企業の実態はより判るようになる。いわゆる技術移転という。海外の企業と業務提携という言葉が使われる場合は技術提携が伴う事が多いが、単に互いの市場において販売するのに協力するといった貿易だけの場合もある。

　地場企業が信頼できれば一緒に事業をやろうかということになる。経営資源を出し合えばより儲かるからだ。経営をする目的で地場企業に出資するか、地場企業と新しい会社を作る。しかし自分だけの経営資源で現地に子会社を作ってもよい。100％出資の子会社を作る場合だ。これらを外国直接投資（FDI）という。外国間接投資の場合は外国の企業の株式を買うのだから資本参加していることにはなるが、現地企業の経営に参加しない場合をいう。通常1年以内に株式を市場で売ることが多い。株価の値上り益を狙う投資である。典型を以下に挙げる。それぞれの相手方には現地地場資本が典型だが、すでに進出済みの外資系企業が相手方になることもある。

　直接投資では、現地政府機関の認可が必要になる。現地法人を新規に設立するか現地法人に資本参加するのだから、商業登記だけで済むではないかと考えるのは先進国投資の場合でしか通じない。アジア途上国では、外国直接投資は、現地政府の経済発展に寄与するものでなければならないとの考えが強く、アジア現地政府は、投資優遇措置を与えるとして、投資分野、投資規模について介入する投資認可機関として投資委員会を置いている。いわば産業政策実施機関である。しかし、それはしばしば内国民待遇に反するとして先進国の企業や政府に非難されがちになるので、投資認可機関は投資優遇措置を得たい国内企業による直接投資も同時に認可する権限を持つことが多い。また投資認可機関に行けば、投資関係法令、投資の手続、投資優遇措置、現地環境基準、工場設立までの情報がすぐ得られる one stop service 機関だとしてとしてアピール

表 2-1　海外進出の段階

海外進出の段階	例	リスク	相手先の典型的な法人格
貿易	豪州BHPより石炭の大幅値上げを要求された。	輸出代金の回収不能、継続輸入に際し大幅値上げを要求された。	現地法人（地場資本）
現地駐在員事務所	銀行がアジア諸国に駐在員事務所を置く。	営業ができないので損失のみ。	外国法人（現地営業許可なし）
開発輸入	大根の種子を山東省の企業に与えて作ってもらった大根を全量輸入する。	育てた大根から次世代の種子を取られて、そこから育った大根を別の企業が買う。	現地法人（地場資本）
委託加工	ユニクロが中国企業にフリースを作ってもらって全量輸入する。	デザインが盗まれる。ライバル会社に製品を売られてしまう。	現地法人（地場資本）
技術移転	韓国三星電子に半導体技術を出す。	出した技術で大量生産して世界シェアが奪われる。	現地法人（地場資本）
合弁企業	ホンダが広州汽車と合弁で乗用車を作る。	現地側が出資した経営資源が有効に働くか。	現地法人（外資系企業）
100%子会社	タイ・トヨタが乗用車とIMV車を作って国内と輸出に回す。	外資側だけの経営資源で成功するか。	現地法人（外資系企業）
海外支店	銀行がアジア諸国に海外支店を置く。	営業ができる。	外国法人（現地で営業許可を得ている）
外国間接投資	日本企業が香港市場で中国銀行の株式を買う。	現地の市場の動きで投機的な損失を負う。	現地法人（地場の大企業）

するアジア諸国も多い。以下は投資委員会、最恵国待遇、内国民待遇、投資優遇措置に関する説明である。

　　Board of Investment　投資委員会　投資委員会
　外国直接投資ばかりでなく国内直接投資の許認可も扱っているのが普通である。中国、ベトナムでは外資系企業は投資委員会の許可なしには外国直接投

資はできないが、他の国では、投資優遇措置をもらうために投資委員会に許認可申請をするので、投資優遇措置を不要とする場合には投資委員会の認可手続きは不要である。しかし製造業投資では輸入機械の輸入関税減免措置、法人税の減免措置が必要なことが多いので、通常投資委員会への申請をする。投資委員会は投資促進業務もすることが多い。先進国では投資認可制度はないので、外国投資促進の one stop service 機関のみがある。

表2-2　アジアの投資委員会

中国	Indonesia	Malaysia	Thailand	Vietnam	Laos
商務部、地方政府対外貿易経済合作部	BKPM	MIDA, MDC, FIC	BOI	MPI	DOFI
Philippines	Singapore	India	Myanmar	Sri Lanka	Pakistan
BOI、PEZA、CDC、SBMA	EDB	FIPB, RBI, FIIA	MIC	BOI	BOI
Bangladesh					
BOI、BEPZA					

最恵国待遇　most favored nation　saikeikoku taigu　最恵国待遇

条約当事国の一方が、第三国の国民に与える最も有利な待遇を当事国の国民にも与えること。ペリー来航で日本が交わした日米修交通商条約では米国のみが最恵国待遇を得られることになっていた。治外法権と関税自主権がないという不平等条約の改正のために明治時代45年をかけて文明開化も帝国議会開設も行ったと日本人中・高校生は教わっているが、無条件最恵国待遇の獲得も不平等条約の改正事項であった。

ベトナムではすべての外資系企業の法人税率は、2006年の内外共通の投資法ができるまでベトナム地場企業のそれより低かった。つまり内国民待遇より良い最恵国待遇を外国人に与えていたのである。このような国では外資系企業はそもそも優遇されているのだとして、外資系企業の事業活動を政府がコントロールしようとする意識が強い。筆者は内国民待遇だけで結構だから、内外資の実質的差別はやめてくれと言いたい。内資企業の脱税は見逃して外資系企業の節税は脱税と言うのがその例である。2002年バイク部品の輸入枠設定では

国有企業の大幅な虚偽申告がバレて、外資系企業への輸入枠増を認めざるを得なくなった。SKD（semi knock down）なのにCKD（complete knock down、現地の加工度が高いので輸入関税が安い）と申告したのである。

内国民待遇　national treatment　naikokumin taigu　国民待遇

条約において自国民に与えるのと同じ待遇を条約締結当事国の国民に与えること。相互主義（reciprocity）によって内国民待遇は与えられる。中国やベトナムの国民は日本の土地所有権を得られない。中国やベトナムの土地所有権は公有制で私有が認められていないからである。ベトナムでは2005年になって初めて外資系企業が支払う電気料金がベトナム企業と同水準になった。従来、外国人とベトナム人の電気料金には、製造業で5〜12%、サービス業で30〜40%、一般用では月間使用量によっては3倍近い格差があったので内国民待遇は電気料金については与えられていなかった。GATTは内国民待遇を貿易においては要求しているが投資については要求していない。しかしベトナムは、2007年のWTO加盟のため交渉過程で外国投資についても内国民待遇を要求されている。

投資優遇措置　investment incentives　toshi yogu sochi　投资优待措施

アジア途上国の投資優遇措置には、法人税の減免、輸入機械・部品・原材料に関する関税・付加価値税の減免、配当の外国送金における源泉徴収税の減免、外国人労働許可等がある。これらの減免措置を受ける対価として、投資する業種、業務、地域、投資金額、出資と借入金の比率、合弁の強制といった投資制限を受けることになる。

先進国は、WTOの補助金原則の趣旨から、中央政府の法人税減免措置は僻地開発、研究開発でしか政府補助金が出せない。しかし途上国では、法人税の減免措置はWTOでいう政府補助金と見なされても、最恵国待遇と内国民待遇に反しない限り、幼稚産業育成のための政府補助金だから経済発展に寄与するとして許されると考えられている。

そこで、先進国の投資優遇措置はWTO規制の及ばない地方公共団体が採ることになる。地方公共団体分譲の土地代金の減免、固定資産税の減免、工場までのアクセス道路の地方公共団地による建設、従業員の教育訓練費への補助金、地方公共団体の地方債発行による融資などが先進国での投資優遇措置にな

る。このような投資優遇措置を途上国政府が採ることはほとんどない。アジア途上国では税収はほとんど中央政府が取ってしまい、地方公共団体独自の税収が少なく、現実に資金を出すだけの現金が少ないからである。

2. 経済政策と世界市場へのインテグレーション

　企業の世界市場へのインテグレーションは、一国の国際収支や政府の経済政策にはどのような影響を与えるのだろうか。世界市場への連結はグローバリゼーションを推し進める。グローバリゼーションは、貧富の格差を大きくする、先進国の大企業の利益になる、スーパー国家としての米国を固定するから反米運動も高まる、環境を破壊する、農業を破壊する、といった言い方はある側面でありイデオロギーに偏している。イデオロギーは、自尊と排除の思想だから、立場が違うからと議論を不毛にする。以下の用語の理解が必要である。

　国際収支　balance of payment　kokusai shushi　国際収支
　一国の国際取引に伴って発生する受け取りと支払いの差額を国際収支という。そのうちモノの流れを示す貿易収支（輸出―輸入）、運賃や保険などを含むサービス収支、国際的な投資利益の受け払いを示す所得収支、その他のお金の流れを示す移転収支の4項目を総合して経常収支と呼ぶ。対外直接投資、対外証券投資などを含む資本の流れを資本収支と呼ぶ。経常収支と資本収支を踏まえて通貨当局が保有する対外資産の増減は外貨準備増減として表記される。アジア諸国の国際収支は、経常収支では赤字となり、その赤字を投資受け入れで埋めるため資本収支において黒字となりやすい。

　経常収支＋資本収支＋外貨準備増減＋誤差脱漏＝0。経常収支＝貿易サービス収支＋所得収支＋経常移転収支、資本収支＝投資収支＋その他資本収支、貿易サービス収支＝貿易収支（モノの輸出入の差）＋旅行・運輸・通信等のサービスの輸出入の差）、所得収支＝賃金、利子の収支、経常移転収支＝無償援助や国際機関への拠出、資本収支＝投資収支＋その他資本収支、投資収支＝直接投資や証券投資およびその他の投資収支。一国の経常収支はその国の貯蓄・投資バランスに等しい。X－M＝S－I。これを経常収支の不均衡のISバランスという。

本来多数国間で経常収支はバランスするようにできているので、2国間の貿易摩擦が議論される必要はないが、特定の業種に影響が集中するために政治問題化する。

国際収支の天井　ceiling of balance of payment　kokusai shushi no tenjyo　国际收支的天花板

国内景気が過熱すると輸入が増大するので国際収支が悪化し経済成長が鈍化する。経済成長をするためには金利を高くし（金融を引き締めて）、輸入を抑制すれば輸出ドライブが維持できる。すなわち国際収支は経済成長の天井になっている。IMF・世界銀行の構造調整政策でも、アジア通貨危機対策でも、経済成長を回復させるために輸入抑制が図られた。しかし輸入が抑制されても輸出が伸びるとは限らない経済構造を持つ国は、アフリカ、南米に多く、かつアジアにも後発開発途上国を中心に多い。それがIMF・世界銀行による構造調整政策を批判する理由の1つとなっている。

国際収支の発展段階　development theory of balance of payment　kokusai shushi no hatten dankai　国际收支的发展阶段

Kindlebergerが唱えた経済発展段階と国際収支構造には対応関係があるとする理論。

表2-3　国際収支の発展段階

	未成熟債務国	成熟債務国	債務返済国	未成熟債権国	成熟債権国	債権取崩国
	外国からの借金での利払いで経常赤字	借金返済のための借金で利払いが増える	輸出が伸びて対外借金返済進むので利払減る	輸出が伸び経常黒字を外国に貸せる。	輸入に依存し金利生活者となる。	経常赤字を対外借金で埋める
例示国	Laos	Indonesia	China	Japan	UK	USA
貿易収支	−	＋	＋＋	＋	−	−−
所得収支	−	−−	−	＋	＋＋	＋
経常収支	−−	−	＋	＋＋	＋	−
資本収支	＋＋	＋	−	−−	−	＋

基礎的不均衡　basic unbalance　kisoteki hukinko　基礎性不均衡

IMFが認める以下の経済政策が国際収支の基礎的不均衡をなくすための政策である。

表2-4　基礎的不平衡への経済政策

		貿易黒字	貿易黒字	
デフレ	II	拡大政策	通貨切り上げ　I	インフレ
デフレ	III	通貨切り下げ	緊縮政策　IV	インフレ
		貿易赤字	貿易赤字	

　自国に貿易赤字が発生すると自国通貨の切り下げを通じて、自国の財・サービスの相対価格を低下させて交易条件を悪化させ、他方で需要を外国財から自国財にシフトさせる。つまり通貨切り下げで輸出拡大、輸入減少を図ればよい（IIIの政策）。このときに輸入価格の急騰や国内に超過需要が起こったりすれば貿易赤字はインフレ圧力に結びつき、経済は不安定化する。防止するためには国内金利を上げて超過需要が起こらないようにすればよいので緊縮政策を採ればよい（IVの政策）。自国の黒字は自国通貨の切り上げを通じてインフレ圧力を抑える（Iの政策）。貿易黒字による自国の輸出財価格の相対的上昇で輸出産業の生産や雇用を減少させる。この際は金利を低下させ、財政拡大を図る拡大政策が必要である（IIの政策）。

3.　アジア地域における新人の採用

　アジア企業は新人をどのように採用しているのか。年次の定期採用は少なく、随時採用が普通である。大学の成績が良い学生でも大学を夏休み前に卒業して秋から働き口がすぐに見つかる者は少ない。アジアの資本主義国では新卒者で希望どおりの就職ができる者は、工学系の技術者である、コネがある、成績が優秀、特殊な能力がある、者のみである。希望どおりの就職ができなくても就職口があれば良い方で、就職できるまで家でブラブラしていることも多いが、彼らはフリーターとして仕事をしようとは考えない。

日本では大学は大衆化しているが、アジアの開発途上国ではまだまだ大卒者は社会のエリートと見なされている。そのようなアジア開発途上国では、大卒者は気位が高く、希望職種に就けなければ希望職種に就けるまで、家にいた方が良いと考える。金持ちだから、大学にも行けるし、卒業後家でブラブラしていてもよい。大卒者として初めから課長や係長といった中間管理職に就くのが普通である。開発途上国では、管理職と一般社員の給与差が大きいので、家でブラブラしていてもいったん就職できれば遊んでいたときの無給分にありあまる俸給が得られる。

　アジア企業で、良い人材とは業務を実際にこなせる人材ではなくて、業務をこなす能力があるだろうと考えられている人材である。顕在能力ではなくて潜在能力で見ている。しかし真の潜在能力の判定ではない。学歴、大学の名前と職歴そして親の職業で判断している。しかし潜在能力で判断しているのだと言わせる言いわけは容易である。英語力があることを見ればよい。英語力は金持ち階級の出身者の方が圧倒的に身に付けやすいのが、アジアの資本主義開発途上国の現実である。教材、英語情報へのアクセスを考えてみれば分かる。アジア資本主義国の開発途上国では大学生に苦学生は少ない。日系企業に働いていたというのは、顕在能力を見る際の有力な材料になる。転職するために日系企業に就職する大卒者もアジアには多い。

職業選択としての教育　the education for the choice of job　shokugyo toshiteno kyoiku　职业选择教育

　就職活動は学校から職業への移行過程であり、人々が職業へと配分・選抜される過程である。一方社会にとってみれば、どのような労働力をどのような職業に配分するかを決める社会的選抜である。職業選択には人々の側からの見方と社会からの見方の両面がある。

　日本の産業社会の成功要因は、一部のエリート層の優秀さより、平均的に優れた労働者の層が厚いことにある。戦後日本は駅弁大学といわれる新制国立大学を各県に作り、教育学部と工学部を置いた。小・中学校の教員の大量養成と太平洋沿岸に散在する工業地帯と地方に誘致した製造業企業に必要な技術者の大量養成をした。大都市と中核都市に集中する私立大学と旧帝大は大都市と中核都市に集中する企業と政府機関に働く質の良いホワイトカラーを大量に養成

した。大学で個別の職業に必要な職業訓練をしたわけではないが、大学で教わる知識と情報の集め方そしてその応用の仕方を身に付けることにより、職業生活に役立った。語学や歴史学といった人文科学も職業生活を続ける上での常識、他人とのコミュニケーションに役立った。短大卒の女性社員が補助職の会社員に大量に採用された理由である。無職と呼ばれた主婦という職業に就くに当たっての常識が戦前の手習いから知識に変わったので、女性の社会進出に先立ち女子学生の大学進学が増えた。

　急速な工業化を目指す開発途上国にとって、エリートの育成や特定階層の再生産は役立たない。欧州の大学が伝統的に採っていた人間形成やエリートの文化的特性の養成が、英国の経済衰退の大きな理由だと考えたマクミラン元首相は田園大学構想を打ち出し、Ox-Bridgeといった私立大学ではない国立大学を数校作った。Essex、Sussex等の大学である。大学は産業社会で必要とする基本的な知識と技能を持った質の良い学生を必要な量だけ社会に供給するのが市民社会セクターのプレイヤーとしての役割である。ここでいう産業社会とは企業セクターに限らず国家セクター、市民社会セクター、個人セクターを包摂した概念である。いわゆるある国のかたちを形成する社会セクターそのものを言う。

　仕事観と会社が必要とする能力　the needed ability for employce and work outlook　shigoto kan to kaisha ga hitsuyo to suru noryoku 事业观和社会所需的能力

　就職に当たって仕事観と雇用する側が必要とする能力が合っているかどうかは重要である。就職活動をする大学生と求人をする側の企業の意向は国のかたちによって異なる。しかしその違いはその国の経路依存性（path dependency）に規定されている部分もありその国の産業社会の要請と合っているとは限らない。

　日本では学生は就職希望先の会社の格を重視するので、職種にはこだわらない。日本の企業は学生の人柄、大学の格、職種への適合性を考える。タイでは大学生は会社の格を重視し、職業学校で資格を得た卒業生は資格が生かせる職種を選ぶ。

　タイの企業は新卒では大学の格と成績を重視し、中途採用では特定の仕事が

できるかを見た上で職歴を参考にする。米国では学生は自分の得た資格と技術に見合った職種を選択し賃金水準と職場環境で決める。米国の企業はまず特定の仕事ができるかを見てその上で資格と経歴を参考にする。

シンガポールは英国植民地時代の経路依存性によりエリート選抜の意識が高く、学生は格で職業を決める。公務員・国営企業、弁護士・会計士、多国籍金融機関、多国籍大企業、外資系企業、地場財閥系企業、小売・サービス業といった序列ができている。企業の側では自分の企業の格を考え、大学の格と成績で新卒を選び仕事と職歴で中途採用をする。

韓国の一流大企業は大卒文系新人を少人数しか採用せず、格付けしたMBAと中途採用者を、職種を考えて採用する。

フィリピンは資格社会で企業でも技術系大卒なら国家資格を持たないと就けない職種が多い。私立大学が多いため資格を取らないと差別化できないということの他に米国植民地時代からの経路依存性もあるのだろう。同じ資格でもドイツの場合、職業学校生が実習・検定試験で資格を取って就職し、エリート選抜で来た大卒者は人柄と職種で選抜される。

日本の大学に留学している国際学生やMBAで自国に戻って日系企業以外で働く場合には各国の学生の仕事観によればよい。留学生で、日本企業で働き、将来は自国にある日系子会社で幹部になりたいと考える場合、日本の企業は、学生の人柄、職種への適合性を重視し、大学の格を重視していない。

日本語はもちろんだが、職種に必要な知識と態度を学ぶ必要がある。先生への日頃の挨拶もできないで成績にこだわり先生に突っかかっていく態度は、およそ企業が採りたくない学生の典型である。企業、公務員の社会で、同じ組織の中ですれ違った部長以上の人に挨拶をしないで昇進できるはずはない。

日本人学生で日本の大企業に就職しようとする者は、職種に適合する能力と態度、人柄とコミュニケーション能力で採用されていることを知るべきである。英語力は職種、コミュニケーション能力の共に必要な能力である。大学の格に代わる即戦力、特にアジアビジネスでの即戦力がリストラ後の日本企業で必要になっている。

大卒新人の3分の1が就職してから1年以内に就職した企業を辞めているといわれる。「自分のやりたいことを会社はやらせてくれない」、「やりがいが

あってスキルアップできる仕事ではない」というのが大方の理由である。職種に適合する態度を身に付けていないとしか言いようがない。職種に適合する知識を 15 コマの講義だけで教えるのは困難だ。企業はこの学生の能力はこの職種に適合するだろうと推測して採用している。推測を確かめるのは新人時代の仕事の苦労が辛抱できるかどうかである。

試されているのが分からないで仕事を通して職種の知識を深めなければ、仕事が面白くなるはずもないから退職する。アジアビジネスをする職種に適合するための基礎知識が本書である。本書をもって参照・確認しながら新人時代の仕事をすれば 2～3 年間の苦労は面白さに変わる。

工業化の社会的能力　social ability for industrialigation　kogyoka no shakaiteki noryoku　工业化社会的能力

渡辺利夫拓殖大学学長が言い出し、末広昭東大教授が『キャッチアップ型工業化論』(2000) 年で理論化した。後進国はすでに先進国が開発した技術体系を、より迅速にかつ安く手に入れられるので後進国の工業化は突然の大発進 (a big spurt) をするとガーシェンクロン (Gerschenkron) は言った。いわゆる後発性の利益である。この後発性の利益を享受できる、つまり内部化できる条件が工業化の社会的能力である。強い政府と政策転換能力、企業経営能力、熟練労働の三者だと渡辺利夫は主張した。末広昭はこれを政府の能力、企業の能力、職場の能力と名づけ、職場の能力について「社会レベルでの技術形成能力」という画期的な考えを打ち出した。

職場の能力について個人の能力（輸入技術を理解して技能ないし知的熟練とする能力）、組織の能力（learning by making により技能と知識を現場で使いカイゼンしていけるように、作業組織を編成して現場の意見を生産管理に反映させる仕組み）、以上に社会の能力を重視した。社会の技術形成能力は在来技術の蓄積の度合いと教育制度による。教育制度では、実学教育より普通教育の重視、資格取得を重視する教育より職業選抜としての教育の重視、Off-JT（座学による研修）より OJT（職場での研修）の重視が途上国の工業化の成功のためには必要だとした。世界銀行が『東アジアの奇跡』で主張した contest based competition、つまり政府の選択的な介入は、政府の能力と企業の能力を高めることはあっても職場の能力とは無関係であるために、持続的な競争力

は期待できない。

　筆者は業務過程分析（OPA）において、フロントオフィスの業務を「投資環境」、「法規制」、「技術のレベル」の三者で分析せよと説いている。この技術のレベルとは末広昭の言う職場の能力を発展させたものである。工業化ばかりが経済発展の要因ではない。IT software 産業による経済発展はインド、シンガポールそしてマレーシアがそれなりに成功した。IT software 産業はサービス産業に属し工業には属さない。IT software 産業に続くサービス産業による経済発展としてインドは BPO（ビジネスプロセス・アウトソーシング）を考えている。そしてインド、シンガポール、マレーシアは医療産業、高等教育産業を次の経済発展の起爆剤にしようとしている。つまりサービス産業においては技術のレベルが競争力を分ける決定的要因になりがちである。医療産業とは外国人患者を誘致する病院産業であり、高等教育産業とは外国人留学生を誘致した大学産業である。

4. アジア地域における企業の業務過程分析

　会社に入るとして新人にやらせる仕事はあるのかを実際に見るためには、企業の業務の内容を理解する必要がある。会社の外から見ると会社に採用計画があるかという一般的な情報しか得られない。しかし会社のしている業務から見てみれば、実際の採用需要がどの業務から来ているのかを具体的に知ることができる。アジア企業、アジア進出日系企業に就職しようとする者は企業を内部から分析することが不可欠である。また会社を外から理解してどのような人材が必要になるのかを見る手法として国別投資環境比較がある。この2つの手法はこれらの就職という観点のみならず、それにも増して、アジア地域を企業の側面からを理解するための有力な分析手法になる。

　企業の業務を理解するためには、その業務の過程を分析することが必要である。筆者は、企業の業務過程分析の手法として、次のようなマトリックス分析を考えている。業務を、①商品開発、②研究開発、③調達、④生産、⑤ロジスティクス、⑥販売、⑦アフターサービス、⑧リサイクリングの各過程に分ける。これらはフロントオフィスと言い、それぞれの業務部門は直接にその企業

が扱う財・サービスを扱っている。しかし企業には直接財・サービスを扱わない部署もある。⑨トップマネジメント、⑩財務経理、⑪人事労務（人的資源管理）である。バックオフィスといえる。

他方で、各過程を21ビジネス環境、22法規制、23技術水準で分析してみるのである。この表は筆者が独自に考えたもので、業務過程分析表（OPA Matrix）と呼んでいる。

表2-5　OPA（operation process analysis）Matrix

	1	2	3	4	5	6	7	8
21								
22								
23								

9、10、11

卸売業や小売業のような生産の業務過程がない産業においても、サービスの生産（店内レイアウト、店頭販売等）、サービスの調達（仕入れ、フランチャイズの利用）、サービスのロジスティックス（ITの利用等）、サービスの販売（内部マーケティング、FSP、POS）が考えられる。技術水準には特許や生産技術のような物理的な技術水準のみならず、売り方のノウハウや顧客リストといった技術のレベルも入る。

分析の手法は特定の企業が儲けられるのはどの業務の過程であって、儲けられるのはその業務のビジネス環境が良いからなのか法制度が良いからなのか技術水準が良いからなのかを、ある特定の国・地域におけるある特定の産業に属するそれぞれの企業として考えてみて、特に重要だと考える欄に◎を1つ、重要と考える欄を2つ想定して○を付けてみる。重要なのにそれができないので儲けられないという欄があったら×を1つか2つ付けてみるのも有効である。

ある特定の国・地域におけるビジネス環境については、筆者の考える『国別投資環境比較』が役立つ。国別投資環境の違いを「労務の問題」、「物理的インフラの問題」、「知的インフラの問題」、「現地適応の問題」でくくられた各要素について想定する投資先国の間で悪い方から1、2、3…と順番をつけていくの

である。筆者の著作『アジア投資戦略』p.20 〜 21、『海外投資のニューステージ』p.3 〜 4 で筆者は既に評価の順番を良い順に付けているから、それが当該企業・産業に該当しない場合を除きそのまま引用すればよい。

　分析者がやらねばならないことは、当該企業の業務にとって「労務の問題」、「物理的インフラの問題」、「知的インフラの問題」、「現地適応の問題」がどの程度重要なのかについてウェイト付けをすることである。全体を 100% として「労務の問題」以下の各問題の配分比率を考えればよい。労働集約産業なら「労務の問題」の問題のウェイトが高くなるし、資本集約産業なら「物理的インフラの問題」のウェイトが高くなる。サービス産業では「知的インフラの問題」が重要だし、外国人技術者が多く現地に派遣されないと技術移転がうまくいかない産業では「現地適応の問題」のウェイトが高くなる。当該企業の web サイトの情報や当該企業について書かれた雑誌新聞の記事を読んで、このウェイト付けについての見当のつけ方ができるようになることが、すなわちビジネスセンスを磨くことを意味するだろう。

　法規制の分析では、具体的な法律とその現実の使われ方はすぐには判らない。しかし筆者の言う国のかたち分析を使えば、法制度のあり方が判るので、法規制についてある程度の見当がつく。青木昌彦スタンフォード大学教授の始めた比較制度分析では、法制度のあり方を関係型とルール型に分ける。関係型法制度は、参入・退出費用を多額になる一方で契約履行が曖昧になる、いわゆる開発主義という産業政策を採る国にある法制度である。ルール型法制度は、参入・退出費用はほとんどないが、制度の設定・履行に多額の費用がかかる欧米型法制度である。筆者の国のかたち分析は、社会セクター間の関係を見ることによって、アジア諸国に多い関係型法制度の中の濃淡と、立法・法律の執行・履行強制のあり方を国別に推測する方法である。

　ある国・地域の技術水準の分析においては筆者が小著『アジア新興市場投資実務ガイド』p.22 〜 24 で紹介している技術の水準で見たアジアの諸国の技術のピラミッド分析が役立つ。技術には基盤技術、中間技術、先端技術があり技術の幅と高さにより技術の裾野の幅と技術の高さが三層のピラミッドで示され、各技術のない分野と空洞化している分野を白抜きで示すという方法である。技術移転契約を締結するに当たり現地政府の介入度といった知的インフラ

の問題が絡まってくる場合もあるが一般的にはこの分析を引用すればよい。

各業務過程での儲け方の個々の基礎理論は、筆者の『アジア投資戦略』で説明しているが、他の経営学関連の図書で学べるものもある。以下に挙げてみる。

表 2-6　OPA に役立つ経営学の学問

	1	2	3	4	5	6	7	8
21	製品開発戦略	技術経営	国際貿易	生産管理	ロジスティック論	マーケティング	消費者行動論	製品開発戦略
22		ビジネス法		管理会計		国際取引、アジアビジネス法		
23		アジアビジネス法	新制度派経済学			国際マーケティング		環境論

9　経営戦略論、比較経営、アジア投資戦略
10　会計学、財務会計、国際会計、アジアの金融市場、コーポレート・ファイナンス
11　人的資源開発論

ここには語学がない。語学は英語と他のアジア語 1 か国語がそれぞれ実際に使える水準に達していなければ一流企業に受かる水準ではない。アジア語は日常会話水準でもよい。

5.　アジア型経済システム　Asia gata keizai system　亜洲型经济系统

アジアビジネスはグローバルビジネスの論理では、通じない事が多い。アジア経済システムはグローバル経済システムと対立するものだとは言わない。システムとは繰り返しに本質がある。繰り返すに値する経済システムはアジア経済に生まれてはいない。

原洋之介東大教授が 2000 年に出版した本の名前が『アジア型経済システム』である。副題として「グローバリズムに抗して」とある。よほどグローバリズムがお嫌いらしい。

原洋之介教授は「経済取引の地域圏がモノの動産化、所有の流動化をとも

なってあまりにもグローバル化してしまうと、経済社会が不安定化してしまう。それを安定化させるには、個性的な地域単位に沿う経済システムの社会文脈に特殊的な進化モデルを構築すべきだ」という。その進化モデルとは「長期的信頼関係を伴う組織を構築してモノづくりをして長期的利益を上げ、それを社会全体に拡散させるという目標で統御された経済システム」らしい。羊頭狗肉か龍頭蛇尾である。

「仲間の商人を裏切ると華人ネットワークから永久に追放されるという集団制裁メカニズムが経済取引を活発にしていたことは、欧米社会の西欧の市場取引の活発化のためには公権力による財産権の保護や私的契約履行の法的強制機構を必要とするという欧米の理念型の代替モデルになり得る」というに至っては問題だ。「通俗の仁義が日本の法的システムの代替になり得る」と言っているに似ている。華人の商人の倫理が、モノづくりに使えるとの保証はない。

産業資本になった華人は商人資本の考えを維持するのが困難になっている。外資と組んである特定国の現地パートナーとなった華人は、国を超えて地域圏で規模の経済を求めようとする外資側の意向により、従来の華人ネットワークを破る行動をしたとしても、他の華人達が集団的制裁ができない事態が生じている。他方で、サービス産業化で新事業の機会が増え、仲間の商人を出し抜いたり、華人ネットワークを無視する行動も多い。

さらに、「東アジア諸国の経済実態は、債務超過による破綻ではなく、一時的な外貨準備不足という流動性の問題だった。それをIMFが経済構造改革を強く要求したことでグローバルマーケットは、構造改革がない限り経済回復はないと勝手に判断して通貨を売り続けたために、経済破綻へと深刻化した」とまで言う。発想が逆転していると言わざるを得ない。一時的にでも外貨準備不足額が巨額過ぎたら経済破綻だ。IMFの資金では助けられないからだ。

企業の場合破産申立ができる条件は債務超過か支払不能である。支払不能が一時的ならtechnical delay（技術的支払遅延）として誰も破産申立なぞしない。支払不能が巨額だから再生型の倒産システムである会社更生の申立をして、裁判所の指導下に更生計画を作り債権者の了解を得る。IMFの要求した構造改革とは会社でいえば更生計画である。経営者を代えて事業を再編し儲かる事業を行い、担保実行を差し止めて債務をカットして資金繰りを良くするこ

とを考える。事業で必ず儲かるためには、市場構造を変えた方が良いのなら、直接に関係なくても構造改革は必要だ。

原洋之介は「国内金融システムは国内経済システムの構造問題とは直接関わらない」と言うが間違いだ。金融仲介のタイプは国内経済システムによって規定される。アジアが間接金融中心だったのは、「右肩上がりの経済ならダボハゼのように新規事業に食いついた方が良い、そのための資金は関係者が少ない相対取引の方が良い」と地場資本家と現地政府が思ったからである。

6. アジアの地域経済圏と水平分業

アジアにおける地域経済圏（regional economic zone、REZ、chiiki keizai ken 地域经济圏）には以下がある。アジアにおける地域経済圏の考えはイイトコドリであるところに特徴がある。国民国家の主権を何ら捨てないで経済的な利益を得ようとしているからである。そんなに事がうまく運ぶはずもない。地域の利益と国益は必ず齟齬を起こす。

2006年反米を掲げる大統領チャベス率いるベネズエラは、コロンビア、ボリビア、ペルーとの地域経済共同体（REZより進んで一律の対外関税を持つ関税同盟）であるANCOM（アンデス共同体）を離脱し、ブラジル、パラグアイ、アルゼンチン、ウルグアイで形成している地域経済圏Mercosurに加盟した。ANCOMが米国と経済共同体を作ろうとしているからである。2006年3月には中米カリブ諸国と米国の間に地域経済圏に関する条約（DR-CAFTA）が結ばれたことに引き続くものである。このように、国家主権からの政治的国益と経済的国益は地域経済圏で齟齬を生ずる。齟齬を生じさせないで地域経済圏を実現させようとすることは、経済的統合は進まないことをも示唆している。

この地域経済圏という考えは、企業にとっては水平分業によって産業内貿易を進める要因になる。地域経済圏内では、関税をなくそう、税関での引き取り引き伸ばしや認証といった非関税障壁をなくそう、貿易取引を活発化しようといった、市場経済化を進めようとする政府間取り決めができやすい。外資系企業は、同じ経済圏を1つの市場として取り扱う事ができるから、水平分業して

表 2-7

REZ	Members	特徴
ASEAN	Indonesia, Philippines, Malaysia, Singapore, Laos, Vietnam, Thailand, Cambodia, Myanmar, Burnei	自動車、家電での主導権争い、華僑
成長の三角地帯	SGP, Johor Malaysia, Riau Indonesia	電子部品
華南経済圏	Guandong China, Hong Kong, Taiwan	電子部品、三料三来
環日本海経済圏	Hokkaido, Niigata, Toyama, Ishikawa, Fukui, Tottori, Korea, North Korea, Jilin, Heilong Jain, Liaoning, Russian Far East, Mongol	政治、ADBと日本海側地公団体の妄想、朝鮮族がどれだけ活躍できるか
北の成長の三角地帯	South Thailand, North Malaysia, North Sumatra (Indonesia)	宗教
東の成長の三角地帯	South Philippines, Saba, Salawak, North Sulawesi, North Karimantan	農産品で機能せず、ADBの妄想
バーツ経済圏	Thailand, Laos, Myanmar	タイの経済的支配
環黄海経済圏	Korea, Shangdong, Kyushu Japan	韓国企業用、九州は弾かれ勝ち
両岸経済圏	Taiwan, Fujian	台湾華僑
SAARC	India, Pakistan, Bangladesh, Sri Lanka, Nepal, Bhutan, Maldives	インドにメリット、政治
メコン川流域圏	Laos, Vietnam, Thailand, Cambodia, Myanmar, Yunnang	ADB主導、東西回廊
環黒海経済圏	Turkey, Iran, Turkmenistan, Ukrine, Russia	トルコにメリット

大量生産によりコストが低い生産ができる。

水平分業（horizontal international specialization　suihei bungyo　水平分工）とは、例えば日本の親会社とアジアにある子会社間である製品の工程を分業して生産することをいう。半導体製造の後工程は労働集約的なのでアジアの子会社で行い、半導体製造の前工程は資本集約的ないし技術集約的なので日本の本社で行うという考えが典型的な工程間分業である。水平分業の下では企業内貿易（正確には企業グループ間貿易だが）と産業内貿易が進む。産業内貿易とは以下のように説明される。

産業内貿易　intra-industry trade　sangyo nai boeki　产业内贸易

戦後の世界貿易の発展は先進国間の同じ産業に属する財の双方向貿易によ

る工業品貿易の増加によるところが大きい。資源の要素賦存が異なる国の間で貿易が行われるとするヘクシャー・オーリンの定理によれば、先進国と途上国間の貿易が増えるはずだが現実はそのとおりにはならなかった。そこでVernon の説く product life cycle のような技術の独占、格差、技術移転に注目する貿易理論が生まれた。技術水準が高い商品が先進国で売れ、中進国の金持ち層にも受け入れられると、規模の経済が働き生産コストが安くなるに従い価格も下がっていく。そのためにより安いコストで生産する必要が生じ途上国に投資して生産する。企業の直接投資と企業内国際分業を説明できる。

7. アジアの FTA

　FTA は free trade agreement の略で地域的自由貿易協定と訳す。協定当事国同士は自由貿易地域となるので FTA を free trade area の略だとして自由貿易地域という訳を与える学者もいる。自由貿易協定は 2 か国以上の間で取り交わす貿易自由化を目指す取り決めである。当事国間で関税率の引き下げ、貿易障害の排除などを決める。当事国相互の貿易・サービスに関わる優遇の供与である。当該国以外は優遇の対象とはならず、このことは WTO 規定（最恵国待遇）に反するが、GATT 第 24 条の例外規定があり、一定の条件が整えば FTA は許容される。協定締結後、約束事項は 10 年以内に実行されることが記されている。21 世紀に入り WTO メンバーが 150 か国以上に増加し、ルールの策定交渉が難航していることもあり、各国は FTA 締結に熱心になっている。2006 年 7 月の WTO ドーハ・ラウンドの交渉締結が典型である。日本はシンガポール、メキシコ、マレーシア、フィリピンと FTA を締結している。アセアンには、AFTA がある。
　FTA を個別に締結した国々が地理的に隣接している場合の FTA ネットワークを地域経済圏の一種と考えることもできる。NAFTA がその典型である。地域外関税率について共通にすれば FTA より進んだ関税同盟となる。原産地証明が要らないので貿易が進む。EU、Mercosur の例がある。
　日本政府は日本の締結する FTA を EPA（economic partnership agreement、経済連携協定）と言っている。貿易の自由化だけでなく、投資、知的財産権、

競争政策や人の移動についても規定しているからである。フィリピンとのEPAではフィリピン人看護師1,000人の日本での就労を認めている。2005年日本政府がタイ政府との間の交渉が基本合意したFTAでは、市場開放の例外や先送りする品目が少なくなく、メリットは交渉決裂を回避できたことだとの皮肉もある。タイに競争力ある農産品については米を例外とし、砂糖を先送りした。日本に競争力がある鉄鋼と自動車はタイの保護政策からの抵抗が激しく、鉄鋼は10年後に関税撤廃、3,000cc以上の大型乗用車は2010年までに関税を80%から60%に引き下げ、中小型車については5年後に関税につき再協議となった。自動車部品については2011年までに関税が撤廃される。製造業関連サービスの外資進出も自由になる。

　先進国と開発途上国間のFTA交渉では先進国側でより自由化を打ち出さないと途上国側も自由化を提案し難い。日本企業にとって有利な貿易自由化交渉は本当にFTAなのか。WTOの多数国間の関税引き下げ交渉の方が、一律関税引き下げが可能になる場合もある。

　米国は農業国であり、自国の市場を開放することでFTAでリーダーシップを取れる。東アジア共同体構想が言われており、日中韓の間でFTAを結ぶべきだという議論があるが、実現性は乏しい。

　タイはFTA交渉に熱心な国で中国との間には熱帯農産物でファーストトラックの合意を取り付け、CPの子会社である上海Lotusではマンゴスチンやドリアンが安く買える。インドとタイの間では2004年7月からFTAのファーストトラックが施行され、Tata Motorがタイに工場を作り、トヨタのインド子会社がタイ・トヨタで組み立てるIMV車（世界戦略車）のためのトランスミッションを関税ゼロで供給することになっている。豪州との間でもFTAを締結済みである。

　ASEANがアジアFTAのキーになっている。域内でAFTAを強化し2015年までに、モノ、サービス、人の自由化による経済共同体創設を目指している。ASEANと日本のFTA（EPA）交渉では、95%のモノの関税自由化に日本が90%を主張し抵抗している。中国・ASEAN間のFTAは締結済みで、90%のモノの自由化が2010年までになされる。2006年内にサービス自由化についてもFTAに加える予定である。同じ条件で韓国はタイを除くASEAN9か国と

FTA を締結した。インド・ASEAN 間の FTA は未締結で、インド側の関税撤廃例外品目を少なくした妥協案で締結を目指している。ASEAN・豪州・ニュージーランド間の FTA はモノ・サービスの自由化を対象にして 2007 年内に締結予定である。

　FTA のプラスの経済効果として、貿易創出、交易条件、市場拡大、競争促進がある。貿易障壁がなくなるので、加盟国間の貿易が創出され、規模の経済性と最適立地を求め市場が拡大する。加盟国間の貿易が増えれば非加盟国への影響力が強くなるので、加盟国の交易条件が良くなる。中国が 2004 年に示した東アジア FTA 構想、そして日本が 2006 年 8 月に示した東アジア EPA 構想は、それぞれ中国・中国系企業、日本・日系企業の市場拡大を図る政治的・経済的主導権争いの色合いが濃い。違いは、東アジア FTA が ASEAN ＋日中韓の 13 か国を加盟国とし、政府間交渉 2009 年開始・2011 年終結であるのに対して、東アジア EPA は ASEAN ＋日中韓＋インド＋豪州・ニュージーランドの 16 か国を加盟国とし、政府間交渉 2008 年開始・2010 年終結としていることだ。アメリカは APEC ベースの FTA を主張している。アメリカ企業外しは許されないとする立場だろう。

　市場が統合されれば加盟国国内の寡占産業が、他の加盟国との産業との競争にさらされ効率的な生産ができる。現実には、AFTA の進展を見込んで、ASEAN ではエチレンプラントと鉄鋼プラントの過剰設備投資が行われた。国内寡占企業による、ASEAN 域内での寡占を目指す動きだった。この過剰設備はアジア通貨危機の一因となった。他方、FTA のマイナスの経済効果として貿易転換がある。効率が高くても、非加盟国なら、非効率な加盟国の輸入に負けるのが貿易転換効果である。日本政府が FTA を主張する主な理由である。

第3章
社会学と経営戦略論を使ってアジアビジネスを理解する手法

1. アジアビジネスで使える経営戦略の用語

(1) 経営学で使われるビジネス戦略用語と業務過程分析

経営学では様々のビジネス戦略を学ぶ。それらをアジアビジネスの場で使えることが、学びがいというものだろう。それらの使い方を考える際には、企業の業務を考えながらそれらの用語の使い方を考えるのが一番実践への近道である。筆者は企業の業務過程分析（OPA：operation process analysis）という手法を最適のアジアビジネスにおける分析手法だと提案している。

以下は、業務過程ごとに分けた、使われ得るビジネス戦略の用語である。アジアビジネスで使えるビジネス戦略用語とあまり使われないビジネス戦略用語（sub）に分けてみた。会社の仕事の場でどのようにこれらの用語が使われるのかを、考えながら勉強して欲しい。

(2) 現実の使い方を示す問題

問題1. Brand Equity:http://www.matchingstudio.com/EN/portfolio_peter.html の TVCM を見て、ベトナムで Pepsodent の歯磨粉を売るのに、どの Brand Equity の Value を高めているかを考えよ。Brand Equity の価値とは、名前の認知、知覚品質、ブランド連想、ブランド・ロイヤルティ、知的財産権である。

問題2. タイの財閥 Lamsom（伍）Family の Product/Market Matrix は以下のように描ける。home page www.loxley.co.th、http://www.kasikornbank.com、

第3章 社会学と経営戦略論を使ってアジアビジネスを理解する手法　43

表3-1　アジアビジネスとビジネス戦略

OPA	アジアで使えるビジネス戦略の用語	アジアビジネスでは sub なビジネス戦略
商品開発	Porter's Five Force, PARTS, PPM, PLC, Product/Market Matrix, Customer Value	PDCA
R&D	Distructive Innovation	
調達	Outsourcing, SCM	Risk Management
生産	カンバン方式, Experience Curve, PERT	Knowledge Management, TOC, Benchmarking, 6σ
ロジスティックス	ERP	
販売	4P, Lanchester Strategy, Market Leader, 3C, Brand Equity	Pareto's Law, ABC analysis
アフターサービス	Customer Loyalty, CRM, Lock-in Strategy	
リサイクリング		
経営陣	企業理念, コアコンピタンス, ドメイン, ビジョンと戦略, Porter'3 Competitive Strategies, Value Chain, SWOT, Scenario Planning, Corporate Governance	MECE
財務経理	B/S, P/L, ROE, Cash flow management, Knowledge Management, Balance Scorecard, break even point	EVA, ABC/ABM
人的資源管理	日本型経営, coaching	competency management

www.tisco.co.th、やSET（タイ証券取引所 http://www.set.or.th/set/companyinfo.do?type=profile）での上場企業のデータから、この財閥の多角化戦略での成否についてコメントせよ。なぜ、Loxleyは自らなすビジネスと子会社でするビジネスを分けているのか。なぜ金融と事業会社を分けるのか。Beer Laoの持分は2006年APB（Tiger Beer）に売却した。なぜか。

表3-2　Lamsom 財閥の事業

	既存の製品/技術	投資先において新規の製品/技術
新規の市場	Lao Softdrink (Pepsi Cola, 30%)	Loxbit（Computer program、79%） Loxley Pacific（北朝鮮の電話網30%）
既存の市場	Kasikorn Bank Beer Lao (50%) Loxley (trading)	Transportation infrastructure（信号機） TISCO（証券、投信 Mizuho 銀行8%）

(3) アジアビジネスで使える主要用語とその創作者

表3-3 アジアで使えるビジネス用語

アジアビジネスで使える主要用語（OPA別）	用語概念の創作者、関連用語
OPA1 Porter's Five Force（新規参入、ライバル、代替商品、買い手、売り手） PARTS (Player, added value, rule, tactics, scope, Game Theory), PPM (product portfolio management, cash cow, star, question mark, under dog), PLC (product life cycle) Product/Market Matrix, Customer Value（基本価値、使用価値、感性価値）	Michael Porter Boston Consulting Group Philip Kotler Igor Ansoff
OPA2 Dilemma of Innovation（イノベーションのジレンマ） Chain-linked Model R&D	Christensen Rosenberg
OPA3 Outsourcing, SCM (supply chain management) と IT (information technology)	IC Foundry, EMS, 3PL, BPO
OPA4 カンバン方式 Knowledge Management と IT Experience Curve（経験曲線） TQC (total quality control) PDCA (plan, do, check, act) PERT (program evaluation & review technique)	大野耐一、Toyota 野中郁次郎の tacit knowledge（暗黙知） Boston Consulting Group 全社的品質管理（日本発の考え、6σの元） Deming & 品質管理
OPA5 3PL (third party logistics) ERP	 SAP (ERP package software)
OPA6 4P (product, price, place, promotion) AIDMA (attention, interest, desire, memory, act) AISAS (attention, interest, search, act, share) Lanchester Strategy と孫子の兵法 Market Leader, Challenger, Follower, Nicher 3C (company, customer, competitor), Brand Equity	Philip Kotler Lanchester Coopman's law（74% 独占 share、42% 相対安定 share、26% 差別的優位 share、7% 存在 share） Philip Kotler David Aaker

第3章　社会学と経営戦略論を使ってアジアビジネスを理解する手法　45

OPA7 Customer Loyalty（忠誠者、傭兵、敵対者、人質）、 CRM (customer relation management), Lock-in Strategy (intimacy, membership, convenience, brand, learning, community, series)	サッサー 野村総研
OPA8 Eco-friendly management	Toyota
OPA9 企業理念 コアコンピタンス（core competence） ドメイン（domain） ビジョンと戦略（vision & strategy） Porter' 3 Competitive Strategies, Value Chain, SWOT (strength, weak, opportunity, threat), Scenario Planning, Corporate Governance とアジア的経営 アジアの財閥企業 Alliance（提携）M&A（買収）Joint venture company（合弁企業）	Visionary Company として James Collins, Prahalad Levitt, Mintzberg Michael Porter Michael Porter 不確定性 企業統治、取締役会 ファミリー経営
OPA10 B/S（balance sheet、貸借対照表） P/L（profit & loss account、損益計算書） ROA（return on asset、総資本利益率） ROE（return on equity 自己資本利益率） Cash flow management (CF), Knowledge Management ナレッジマネジメント Balance Scorecard, break even point（損益分岐点）	資産（売掛金、固定資産、棚卸資産）、負債 （買掛金、借入金）、資本（自己資本＝資本 金＋利益） 売上高、売上原価、一般管理販売費、減価 償却費、支払利息、税引前利益、純利益 売上高利益率×総資本回転率＝ 当期純利益 / 売上高×売上高 / 総資本 売上高利益率×総資本回転率× financial leverage＝ROA×総資産 / 自己資本 営業CF、投資CF、財務CF Caplan & Norton 固定費と変動費
OPA11 日本的経営 coaching	Abegglen、終身雇用、年功序列、日本の高 度成長期

(4) sub で使われるその他のビジネス用語とその創作者

表3-4　アジアビジネスで使えるかもしれないビジネス用語

ビジネス用語（OPA別）	創作者
OPA1 Destructive Innovation（破壊的技術革新）	Christensen
OPA2 Risk Management	
OPA3 Knowledge Management, TOC (theory of Constraint), Benchmarking, 6σ	野中郁次郎のtacit knowledge Goldratt Campp, Jack Welch Jack Welch & GE
OPA4　なし	
OPA5 Pareto's Law (2 by 8 rule), ABC analysis 4C marketing (customer value, cost, communication, convenience)	Vilfredo Pareto
OPA6, 7, 8　なし	
OPA9 3C (company, customer, competitor), Scenario Planning, MECE（ミッシー）	Hyden, Royal Dutch Shell
OPA10 EVA (Economic Value Added), ABC/ABM (activity based costing)	税引後営業利益－株主資本コスト－有利子負債コスト
OPA11 competency management	Mcleland

(5) アジア企業のブランド力

　米国週刊誌"Businessweek"による2005年の世界100大ブランドをみると、(http://en.wikipedia.org/wiki/100_Best_Global_Brands)。アジア企業ないしアジアの製品ないしサービスのブランド力は強くない。日本企業で、トヨタ、ホンダ、サムスン、ソニー、キャノン、任天堂がベスト50に名を連ねている。ベスト100になると、これらにPanasonic、Hyundai、Nissan、LGが入る。全部で10のみがアジアのブランドである。日本企業7社、韓国企業3社である。ブランドはB2Cビジネスで重要である。アジア中間層における消

費爆発が起こっている現在、今後もこのような傾向が続くのだとしたらアジアビジネスの成長は、欧米企業の利益にはなっても、アジア企業の利益にはならないことも考えられる。それでよいとの考えもある。また隠れたブランド力をB2Bビジネスで持っていることの方が重要だとの考えもあろう。とみるとビジネス戦略だけでは、B2Cの分析には不十分だとの言い方もできる。B2Cビジネスでは、大衆消費社会のあり方が問題となる。大衆消費社会の分析について経営学が足りないところをを補完するのは社会学という学問かもしれない。社会学の用語をどのように使うかについて次節2で示してみる。

2. アジアビジネスで使える社会学の用語

(1) 業務過程分析と社会学用語

　社会学、環境学、文化人類学、国際関係論、コミュニケーション論、観光学といった学問も、アジアビジネスに役立つ場合がある。社会学は社会問題に関する学問だとする考えと社会の構造・機能を考える学問だとする二者がある。後者の立場をとって分析してみる。前者によれば、方法論が統一されないからである。理論・体系として理解すると、理解しやすいというのが社会学理論を学ぶメリットである。この考えは、情報が錯綜することが多いアジアビジネスを理解する上でも有効である。

　社会学の用語を、投資環境、レギュレーション、技術の水準という3者の縦軸で分析する。しかし3分類では、分類するに値するだけの効果は出ない。レギュレーションは国のかたち分析と具体的なビジネス法の2者から分析する。ビジネス法は法律学の世界だ。国のかたち分析は、アジア諸国の国のかたちを、国という社会セクターは、国家セクター、企業セクター、市民社会セクター、個人セクターの4者からできていると考える。この4社会セクターは、縦軸も横軸も無く関係づけられて並列していると考えた方が良い。アジアビジネスの具体的なケースが、社会学の用語と業務過程分析に社会学の用語を当てはめて説明できると、錯綜したビジネス情報が体系づけられて楽しくなる。

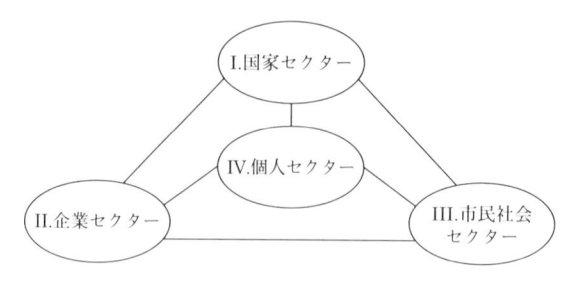

図 3-1　国のかたちと社会セクター

表 3-5　各社会セクターの目的と手段

	I. 国家セクター	II. 企業セクター	III. 市民社会セクター	IV. 個人セクター
目的	支配	利潤	共生	自由に選択
手段	法律	市場競争	ボランタリズム	自由に選択

(2) 社会学行為論の用語と業務過程分析用語

表 3-6　社会学行為論の用語と OPA

OPAでの分類	使える社会学用語
投資環境	マクドナルド化する社会
国のかたち	グローバリゼーション、オートポイエシス社会システム論
国家セクター	公共財、文化の否定性
企業セクター	集団思考、信頼の構造
市民社会セクター	マイノリティとジェンダー
個人セクター	行為と構造、エスノメソドロジー、多元的自己
技術の水準	文化、行為と構造

使える社会学用語とそのポイント

　行為と構造　役割取得を通じての自我の発達、安定的な状態で持続する相互行為が社会システムを作る。

　文化　シンボルによって表された意味の体系（パーソンズ）。

　エスノメソドロジー　個人の主観的世界の分析、日常的世界の自明性の分析、ガーフィンケル、シュッツが主導者。カルチュラルスタディーズでは文化

帝国主義による影響を考える。

オートポイエシス社会システム論　ルーマンが主張した。成員に共有された一般的な役割期待が偶然にせよ生まれると規範化してシステムが生まれる。システムは自らを再生しようとする。その自己組織的なシステムが、環境に対する。したがって、偶然や歴史の違いにより、複数の社会システムが存在する。環境が変わってもシステムは容易には変わらない。システム変革の取引コストは高い。既存のシステムの中でそれぞれの目的のために投資してきた大多数の個人と組織は、システム変革により埋没コストが生じるとして、システム変革の動きを無視するからである。環境への不適合による不効率性が目立つようになっても、システムは例外を認めることでシステムの維持を図る。そこでシステムの硬直化はいよいよ進む。システムには慣性が働くと説明される。硬直化されたシステムの維持コストが高くなり過ぎたときシステム変革が起こる。静態的な説明であるパーソンズのAGILでは、動態を説明できていない。

マイノリティとジェンダー、エスニック　少数者に社会システムの歪みは典型的に現れる。性差と民族は少数者問題の典型であり、社会システム変革の兆しがいち早く現れるので、多くの研究者により研究される。

集合的帰結　囚人のジレンマ、集団思考、信頼の構造との関連で考える。

集団思考　成員の過剰同調に基づく画一的思考は、個人の行う決定よりも間違う可能性が高い。バブル期の過剰設備投資、日本の官僚の産業政策への過剰な自信が貿易摩擦を生んだ、ミッドウェイ海戦における南雲提督の判断ミス（1.5時間前に策敵に成功したのに攻撃してくると思わなかった）、米国政府のイラク侵攻と・ベトナム戦争・キューバ侵攻・朝鮮戦争の拡大が例となる。

信頼の構造　集団への依存は信頼を生まない。山岸俊男北大教授の造語。

公共財　国防、警察、道路、堤防など私有財ではないもので、多くは政府が提供する財。個人が共同消費し、対価を支払わない人（ただ乗り"free rider"）を排除できず、他の人の消費と競合しないという性格を持つ。国際公共財という考え方も生まれている。インドネシアのカリマンタン島の森林火災によるシンガポールの煙害（Haze）と森林伐採、オランウータン保護が国際公共財問題となっている。

多元的自己（multi self）　個人の自我は、他者との相互行為から生まれる社

会的自我であるとするのが、ミードのいう、他者役割取得である。現代人は場面に応じて役割の切り替えを行っている。複数の役割間に統一を求めないで多元的な顔を保持するのが現代人の特徴である。しかし自我の使い分けは役割間葛藤を生みやすい。

neo functionalism としてのギデンス 文化理論に再帰的（reflective）という用語を通じて社会構造要因とグローバリゼーションを取り入れた。

(3) 社会学の社会過程論・集団論の用語と業務過程分析

表 3-7 社会過程論・集団論の用語と OPA

OPAでの分類	使える社会学用語	あまり使えない社会学用語
投資環境	弱い紐帯の強さ	
国のかたち	自己組織性、多文化社会、規範	
国家セクター	想像の共同体、権力、マスコミ、条件プログラムと目的プログラムの二元性	
企業セクター	権力、マスコミ、Diaspora、networker、contingency theory	
市民社会セクター	社会的葛藤、association、官僚制のチェッカー、network性	逸脱、社会財、Gemainschaft
個人セクター	印象操作	
技術の水準	印象操作、ゴミ箱理論	

マスコミ マスコミではオピニオンリーダーと共感がキーワードとなる。

市場取引されない社会財の交換 恋愛、規範、権力が典型例である。

権力 Weberによれば、権力とは、社会的関係の内部で抵抗を排してまで自己の意思を貫徹するすべての可能性を指す。

逸脱の説明 社会と弱い関わりしか持っていないと逸脱する（統制理論）、サブカルチャーの規範に従順なことが逸脱に見える（サブカルチャー理論）、逸脱の利益と罰を計量して合理的選択をしている（合理的選択）、非難されるものが逸脱となる（レッテル貼り）。

社会的葛藤（conflict） 資源が稀少ないし価値観が違うから社会的葛藤が生

まれる。

自己組織性 今田高俊の造語。目標達成のための自己制御を持つ機能主義だけでは行為は分析できない。行為の意味を自省する作用がなくては、行為はシステムに影響を与えるものとはならない。構造は機能によって、機能は意味によって、意味は構造によってその存在意義を問われ、システム次元と行為次元の間を巡る循環をしているが、意味があるために循環は螺旋的に高次化（多様化）していく。外部環境とは独立に完結しているので自己組織的という。行為とシステムが以下の表のような複合螺旋構造を作る。

表3-8 自己組織性の複合螺旋構造

システム次元	構造	機能	意味
制御	社会構造自体がコントロール装置となる	目標からの隔たりを測定して最適制御をする	自省的制御をする
行為次元	慣習的行為	合理的行為	自省的行為
選択	規則として無反省的に従う	目標達成のために最適な手段を選択する	もとの行為に立ち返りなぜそうなのかを問う

条件プログラムと目的プログラム ルーマンの造語。法治国家という条件プログラムと社会国家という目的プログラムの二元性を近代国家は持っている。

ネットワーカー Rogersの主張。gate keeper、liaison、opinion leader、cosmopoliteがネットワーカーとなり、システムと環境の境界の再編成と維持を行っている。

ゲマインシャフトとゲゼルシャフト （Tonnies、Gemeinschaft und Geselschaft）近代化とは共同社会（ゲマインシャフト）が利益社会（ゲゼルシャフト）への変遷だった。とテニースはいった。ポスト近代（post modern）ではゲゼルシャフトからゲノッセンシャフト（協同組合）など自立的なアソシエーションからなる市民社会セクターがキープレーヤーとなる。((4)のテニースの項も参照)。

association MacIverの用語では、communityの一部としての人為的集団としてのassociation（家族）をいう。国家は機能集団で国民社会と違う。

Diasporaとしての華僑 移民、他の民族マジョリティに侵略・植民地化さ

れたエスニック集団で、マジョリティからしばしば冷ややかな眼差しを注がれる。移民には遠隔地ナショナリズムを持つ人も多い。しかし最近は脱国民化のコスモポリタンも多くなっている。印僑の分析もある。

多文化主義　人種主義を否定し人種・民族・エスニック集団の尊重の考えの下で社会統合を進めようと多文化主義が生まれた。そこでは、文化・言語維持、社会参加、多文化・人権教育が行われた。そのような施策は少数を優遇し過ぎだという考えの反動的ナショナリズムを主流国民の中に生んだ。それに対抗するべく先鋭集団が過激な行動をするようになり、社会の分裂を促進するというパラドックスを生む。オーストラリアに典型が見られる。

官僚制（bureaucracy、Weber）　専門分化と規則と文書主義による効率性と予測可能性、逆機能としての規則ずくめによる現実対応能力の欠如とセクショナリズム、民主主義という名の下での草の根民主主義が地元癒着を生む。

コンティンジェンシー理論　Lawrence & Lorsch の造語。不確実性理論と訳される。組織の有効性は組織を取り巻く環境との適合性による。官僚制は比較的安定した環境の下でだけ効率的である。コンティンジェンシー理論は、組織変動を言っても成員の行為について語っていないという欠点を持つ。「組織は戦略に従う」として事業部制をいうチャンドラーが出てきた。

ゴミ箱理論　March の造語。ゴミ箱理論は以下のように考える。組織の意思決定は不合理なものになりがちである。組織は一貫性のある選好順序を持たず、望ましい結果を導く効果的な技術は存在せず、成員は頻繁に変わる。ゴミ箱に誰が何を投げ入れるかは偶然的事情による。ゴミ箱とは、意思決定の場であり、投げ入れるのはたまたまゴミ箱の近くにいた人であり、投げ入れられたゴミは、有用か無用かのアイデアである。R&D（研究開発）がゴミ箱に捨てられないようにするには、試行錯誤の経験で学ぶしかない。だから R&D をする研究所と事業部門は分けろ、技術開発は事業部門で行えと、chain linked model は言うと考えるとよい。

Network 性　今井賢一、金子郁容が有名にした。情報ネットワークに代表される全体デザインを想定していない自己組織型ネットワークは関係性を作るが、意味を創造するかは不明である。そのような high-modernity に対抗する alternative network として、ボランティアや NPO が情報ネットワークから

生まれている。ネットワークの外部性とは、IT機器やITネットワークの利用者の数が増えることで、IT機器、ITソフトウェアそしてITネットワークから得られる利用者の便益が飛躍的に向上することを言う。

弱い紐帯の強さ　弱い紐帯の方が社会統合に貢献する。情報ネットワークは分散していく。情報は弱い紐帯の方が共有されるので、情報は革新し続ける。閉鎖的な堅いグループでは、権力や貨幣の独占のみならず、情報も独占されてしまうので、情報の価値が低くなる。

（弱い紐帯の強さの例）

　投資を誘致する側は良い投資環境の情報しか出さない。他方投資に失敗した側は失敗した原因についての情報を出さない。そのために別の投資家が同じ失敗を生む投資をする。投資誘致をする多くはアジアの国家セクターであるために、悪い事を言うと情報を得られなくなるとして、マスコミと誘致に協力する投資母国の国家セクターは、悪い投資環境の情報をネットワークに流さない。悪い情報も流してしまえば、失敗する人は少なくなるし、悪い投資環境は改善される可能性があるし、fatal（決定的な）な事態にまで至らないで済むことが多い。中国の電力不足を言わな過ぎたために、中国リスク回避策が過剰に採られるようになった。ベトナムの低賃金ばかりを言い過ぎて政府の過剰な経営への介入を言わな過ぎたために、ベトナムでの投資の失敗が多い。弱い紐帯の強さを無視した対応である。

ライフスタイルとワークライフバランス　自己組織的なネットワークでは、エリートより密度が高く均質な中間層が多く存在している場合の方が、機能別の異質性分布が大きくなり意味を生む情報の相互作用が活発になる。ライフスタイルの多様性を認める社会は、多様な価値観や嗜好に基づき自らの存在意義の確認を求めて関係づけられる社会である。そこでは情報は所有されず利用される。情報の使用価値（意味）が大きくなっていく。仕事と生活のバランスをとれる社会の方が、情報革新が進みやすい社会となる可能性がある。

(4) 社会学の社会変動論、現代思想の用語と業務過程分析

表 3-9 社会変動論、現代思想と OPA

OPA での分類	使える社会学用語	あまり使えない社会学用語
投資環境	ポストモダン、公共圏	ノマドロジー
国のかたち	国民国家、エイジング	文明の衝突、クレオール
国家セクター	近代社会	福祉社会の危機
企業セクター	ゲゼルシャフト、福祉社会の危機、ワークライフバランス、属性原理を超えるアイデンティティ	
市民社会セクター	組合主義（ゲノッセンシャフト）	
個人セクター	ポストモダン、個人主義	オリエンタリズム
技術の水準	ポストモダン	解釈学

エイジング ageing、高齢化社会。日本の高齢化問題は、団塊世代の消費、快楽消費の問題（楽しみのために消費する）、年金・財政負担の問題として捉えられている。社会福祉が、シンガポール、マレーシア、韓国以外十分でないアジアでは、高い消費意欲（必要のための消費）の下で、いかにして将来の財政負担を少なくする社会保障制度を作れるかが問題となっている。韓国、中国も急速に老人人口が増えている。

近代社会 機能分化、合理主義、個人主義、国民国家を特徴とする社会で 19 世紀以降に生まれた社会である。モダニズムの対象となる現代社会は、近代

表 3-10 社会学者ともダンへの適合性

社会学者	中心概念	モダンへの適合性
デュルケム	分業による有機的な連帯、アノミー（無秩序）	機能分化
ジンメル	集団の分化と個人の分化は対立する	機能分化、個人主義
ウェーバー	価値合理性としての正当な利潤を神の使命とするプロテスタンティズムと資本主義の精神、そして目的合理性としての官僚制	合理主義
テンニース	ゲマインシャフト、ゲゼルシャフト、ゲノッセンシャフト	合理主義

社会での市民が増大して大衆化した際の、合理性を追求する結果生まれるある種の歪んだ姿である。国家社会主義（ファシズム）下での自由からの逃走、大衆消費社会における象徴交換と死、民主政治の名の下でのポピュリズムが典型である。アジアでは、それぞれ、権威主義的支配体制とその消滅、新興中間層の経済的向上と民主化要求、ポピュリズム政治が、問題となる。

テンニース Tonnies は、ゲゼルシャフト化する社会では、相互に非人格的な結合が進む結果、緊張・敵対、不信が進むとして、その克服のためにゲノッセンシャフト（生産組合、消費組合）を提案した。ゲノッセンシャフトは分離化が進む中で人格的結合が続けられる組織である。共生のためにボランティズムを使う市民社会セクターの中で組合という組織が生まれた。これは無政府組合主義（アナルコ・サンディカリズム）として、フランス、イタリアで、世界大戦戦間期のマルクス主義社会主義に対抗する社会主義思想となった。組合主義は現在でもヨーロッパにおける協同組合主義として大きな影響力を持っている。成功例としてスペインの Mondragon が参照されることが多い。日本の生協運動や農協という考えもこの戦間期にヨーロッパから輸入した思想が基礎になっている。

ジンメル Simmel は近代の個人主義は他者との差異（各個人に特有な性質）における個性を唯一比類ないものとするものだとして、18世紀に生まれた人間性一般に信頼を寄せる人格的な個人主義と異なるとした。18世紀の個人主義は芸術活動として古典主義を生んだ。美術ではプッサン、音楽ではハイドン、モーツァルト、ベートーベンの古典主義である。ジンメルの『レンブラント』は、バロックの光の画家レンブラントを、18世紀の古典主義の方法論を採用した個人主義の先駆者として捉えていると、筆者は見る。

post modern 自律的で自己決定的個人がモダニズムを生んだ。モダニズムは、合理的理性に基づき自然を人間が支配するという機能を正当化した。しかし同時に浪費としての消費と取り返しのつかない自然破壊を生んだ。そのようなモダニズムへの反発としてポストモダニズムは生まれた。1930年代建築で、1960年代以降芸術活動に広く現れるようになった。モダニズムは芸術を枯渇させると考えたからである。ポストモダニズムでは、キッチェ文化、大衆文化、パロディ、アイロニーの強調、エリート文化への反発が見られる。リオ

タールやデリダが脱構築 deconstruction として理論化した。ポイントはモダニズムが、1920年代の芸術運動であるということである。そこでは統合されたパーソナリティの視点を拒否し、現実を曖昧で不確定で変化し続けるものと見る美的自己意識が強調された。

リオタールが言ったポストモダンは大きな物語の終焉そして非枠組み化である。大きな物語とは進歩、理性、主体といった概念を信頼する事を指す。非枠組み化されたものは構造、共同価値、目標、中心、ヒエラルヒーである。つまりポストモダンの社会とは、差異、不確定性、脱中心性、脱主体性、無根拠であるにもかかわらず存在するのが社会であるという見方である。

権力の操作性を言ったフーコー、ハビトゥス（習慣）を言ったブリュデュー、再帰性を言ったギデンス、そしてオートポイエシスを言ったルーマンはそれぞれ、ポストモダンに対応した理論を提出している。

表3-11 社会学者とポストモダンへの適合性

社会学者	中心概念	ポストモダンへの適合性
リオタール	大きな物語の終焉	ポストモダン
デリダ	脱構築、差異	ポストモダン
フーコー	権力の操作性	脱中心
ブリュデュー	ハビトゥス	脱主体性
ギデンス	再帰性	不確定性
ルーマン	オートポイエシス型社会システム	無根拠

音楽では、近代音楽以降現代音楽の時代が続いている。つまりいまだモダニズムを行っている。アドルノはジャズ批判を大衆文化批判として行った。他方で啓蒙主義がナチスを生んだとして批判した。モダンジャズの後のポストモダンジャズは生まれていない。浪費としてのモダン、捨てる自由としてのモダンを批判したが、健全な鋭い自由の精神を信じていたという意味ではモダニストである。だから、シェーンベルクとベートーベンの信奉者になり得た。モダンジャズは、浪費としてのスウィングジャズ批判から生まれ、パロディをアドリブでやっているからポストモダンだというのは強弁である。バップの後のモダ

ンジャズである、ハードバップ、ファンキー、フリージャズ、新主流派、新伝承派もアドリブでパロディをやっていることに変わりはない。しかしそれが受け入れられた時代はポストモダンの時代だったということは重要である。大衆文化における流行の問題だと考えるより、脱中心の考えが支配的だったので、別のモダンをポストモダンだと思いたかったといった方がよい。

しかしジャズは今や癒しの音楽となっている。癒しの音楽は、好悪が絶対的に個人の感性から引き出されているとする、モダンの考えに染まっている。そのような好悪が遍在しているから脱中心のポストモダンになっている。タルい自由の精神の横溢する世界である。村上春樹が「時代がソフトな混沌を求めている今にシューベルトは合う」と言っている意味である。彼は、バップへの対抗であったウェストコースト・ジャズの信奉者だから、「鋭くない理性の下での鋭い感性はどうして生き延びられるか」を追求していることについてしたたかである。

公共圏 official sphire、Habermasの概念、自由な意志に基づく非国家的、非経済的な結合関係（association）が生かされる場。行為者がコミュニケーション的日常実践を成立させる経験の地平で、了解過程を可能とする文化的知のストックで成り立っている世界を生活世界と呼ぶ。パーソンズが共通価値による制度の内面化が統合と秩序を生むとしたのに対し、ハーバーマスは相互行為をする行為者が、生活世界の再生産しているネットワークが秩序を作るとした。つまり秩序は所定のものでなく、文化（文化的再生産）、社会（社会的統合）、人格（社会化）といった生活資源を出し合い、文化的再生産、社会的統合、社会化の形地を変化させてしまう危ういものから成り立っている、とした。この点（大きな物語は終わっており、秩序は秩序として正当性を持っていないと考える点）は、ハーバーマスも、ポストモダンを意識している。しかしコミュニケーション的行為（相互主観性を持つ行為）によって生活世界は変えられ得るのだと、主体の行為を重視した点が、モダンであり、ポストモダンから批判されている。その典型がハーバーマス・ルーマン論争である。

公共圏の考えにより、企業に対し、アフターサービスへの不満、リコール不足、P/L（製造物責任）を主張する消費者が多い。これらの権利主張が、自らのポイ捨て、省エネルギーへの不協力を伴うときに、その消費者は、モダンの

信奉者なのだといえる。企業はモダンの合理効率を広く考えて、これら消費者の要求に応えられる場合もある。しかし消費者の側が、自らの拘束になる公共圏を受け入れられるかは、共生原理が内面化するかの問題なので、難しい。特にアジアでは共生原理は、功利的ないしは、外面からの規制（道徳ではない）と考えられている事が多いために困難を伴う。green consumer は cool だとのアピールは機能するかもしれない。

生活世界　現象学的社会学の創始者シュッツ Schutz が作り出した概念。ハーバーマスが換骨奪胎した。生身の行為者が経験している社会において、直接経験する他者と間接経験する他者がいる。他者は固定的ではなく、行為者の移動によって他者の位置づけが変わる。集団や組織も「想像の共同体」になっているといえる。現象学とはフッサールが考えた哲学で、現象学的還元によって自我の姿を反省的に捉え直すことである。要素還元的な心理学の手法は間違いだとした。Schutz も、行為者の身体が位置している今、経験している社会を反省を通して記述する。方法が現象学的なので、現象学的社会学と言われる。フッサールは晩年になると、近代科学によって隠蔽された客観的世界を生活世界として記述することを現象学の課題だとしたために、Schutz はそれを実践したのだと、認識されるようになった。

福祉社会の危機　資本への服従を余儀なくされた労働者の生活世界の危機を、国家の介入主義によって回避しようとするのが福祉社会である。そこで救われたはずの生活世界は、人格的なアイデンティティ危機（精神病理）、相互人格的な連帯感の欠如（アノミー）、そしてコミュニケーション的行為から文化的意味を失わせることになった。日常的な社会的統合にまで、貨幣化と官僚制化が及ぶようになり、生活世界が物象化されたためである。それをハーバーマスは生活世界の植民地化と呼んでいる。ワークライフバランスもそのような観点から見直される必要がある。

解釈学（解釈学的哲学）　ガダマーの造語で解釈者が現在の問題意識（actuality）を先入見として認識しながら、過去のテキストを未来に向けて解釈する事をいう。actuality が無ければ解釈は、過去の表現者の身になって感じるだけの心理主義と、解釈対象は自分と無関係な歴史的事実だと見なす歴史主義に陥ってしまうとしてガダマーは批判した。再現が想像になる事を目指し

ているといえる。ハーバーマスは新たな保守主義だと批判し、デリダは伝統との断絶が必要だと批判した。

オリエンタリズム サイドが主張した文芸批評の用語。東洋は西洋によって区切られ対象化された政治的・文化的な区分であるとの考え。帝国主義による植民地支配を正当化するために理解された東洋的知だと批判した。ポストコロニアル理論として利用されている。日本におけるポストコロニアル論者として姜　尚中（カン サンジュン、강상중、東大教授）が有名。日本における韓国意識の歪みを摘発している。

筆者は、アジアンの世紀だとして、都会風に変質させたエスニックが、全世界の都会の中間層が実際に生活空間に採り入れるようになっている現実において、オリエンタリズムは、当たらないとみる。それは、旧宗主国側にも植民地側にとっても、イデオロギーにしかなっていないと考える。オリエンタリズム信奉者にとって、金芝河の詩は解説できても金光林の詩は説明がつかないだろう。

cultural studies 文化は流動的、可変的でその変わっていく過程のうちに文明の本質があると考える。文化的同一性や文化的アイデンティティとは、想像の共同体としての国民国家よろしく、権力の固定化の手段として唱えられていると考える。クレオール、周辺文化研究の基礎となる考え。

文明の衝突 ハンチントンが1993年に言い出した国際政治の用語。イデオロギー対立がなくなり、民族間の対立は文明となり、文明間で対立し、文化的一体感を持つ文明同士が連体し統一する動きを見せるとした。西欧文明は中国とイスラム両文明の台頭から相対的力を失いつつとある。8つの文明があるとした。中国、日本、インド、イスラム、西欧、東方正教会、ラテンアメリカ、アフリカである。筆者にはハンチントンは文明への見方が甘いと思える。オリエンタリズムの影響を受けているとしか言いようがない。ロシアとブルガリア、セルビアは同じ文明か。東南アジアと韓国は中国文明に属するのか。同類の文明を持つからこそ憎しみ合うという現象を捉えていない。シーア派とスンニー派の争いはどう見るのだ。

クレオール 南米生まれのスペイン人支配者階層に属し、南米の独立運動や現地人との混血を厭わず、独自の文化を建築した人々が典型的なクレオールで

ある。文化創造には、独自な言語の共有がある（ピジン語）ことと、混血、雑種（hybrid）によりダイナミズムを持つことが必要であることを意味する。

ジャズはフランスのはやり歌と黒人の持つアフリカ由来のリズムが、ニューオーリンズのフレンチクォーターで結びついて、1900年頃生まれたクレオール文化の典型である。それが1920年代シカゴに行きユダヤ文化と混血し、全国興行権を握っていたユダヤ人興行主に認められて、シカゴジャズ以降のジャズの隆盛期を迎えた。いわゆるスイングジャズの流行である。

1975年シンガポール生まれのヴァイオリニストNing Kamに"Transatlantic"というCDがある。西欧、米国人、南米人の作曲家が米大陸を素材にした作品を、英国と米国で学んだアジア人が演奏するという面白いレコードだ。一番できの良いのはPiazzollaのグランド・タンゴだ。彼女の共感（empathy）に溢れている。雑種によるダイナミズムが創造性に達している。

インドネシア人のピアニストBudiardjoが演奏したGodwskyの"Impression of Java"は、1999年に出た世界初録音CDである。このリトアニア出身の米国でテクニシャンとして20世紀初頭に活躍したピアニストは、インドネシアのガムラン音楽に、物珍しさ以上の自分の演奏と同じ太い音色とスピード感を見いだしたようだ。辺境出身で太い音色とスピード感溢れる演奏をする米国で活躍するテクニシャンという点に、自分との共通点を見いだしたインドネシア人ピアニストが理解したオリエンタリズムである。Yundi Liなど中国勢演奏家は、欧米文化を取り入れるのが楽しくて仕方ないという演奏をするので、およそクレオールではない。1984年韓国生まれのピアニストDong-Hyek Limの、Chopin解釈は溌剌としていて、ダイナミズムが創造性を生んでいる。アジア人による欧米文化を素材にしたハイブリッドな演奏芸術となり得ている。

ロン＝ティボー国際コンクールのヴァイオリン部門で1990年日本人初の覇者となった小林美恵の演奏には、整然、丁寧、才気、成熟はあるが、ハイブリッドの逞しさとダイナミズムはない。別府でその名を冠した音楽祭をしているアルゲリッチはアルゼンチン人だからクレオールのはずだが、ダイナミズムはあっても逞しさはない。現在世界最高の人気ピアニストとなっているのは、モダンの正統性に一歩距離を置いているからだろう。クレオールの文化創造からは遠く離れて、モダンの正統性をやっているアルゼンチン人としてバレンボ

イムやゲルバーがいる。ラテンアメリカ文学の魔術的リアリズムは、欧米が飽きてしまった正統を超えた正統をやっているので、ポストモダンになっていると言える。すべては語られているので後は引用の織物しかないという、デリダの考えだ。

ノマドロジー　ドゥルーズ＝ガタリの概念。遊牧民（ノマド）的なあり方、考え方をいう。遊牧民は、定住的配分の行われる空間（条理空間）に住まず、数える事なく空間（平滑空間）に住んでいる。条理空間では国家が点と点をまとめて支配できる。しかし平滑空間では、定住がないので線しかなくある点は立ち止まるだけである。平滑空間は海、砂漠、ステップにたとえられる。

遊牧民は、定住民との商品交換ないし略奪が不可欠なために、戦争機械を持っている。しかしその戦争機械は死と破壊をもたらす事は通常はない。戦争機械は国家装置に組み込まれるときのみ死と破壊をもたらす。国家装置に組み込まれない際、戦争機械は抽象機械として機能し、生成と逃走線を描く武器として用いられるから、芸術、思考において創造的になる。シューマンのチェロ協奏曲で生成のノマド体験（脱領土化）をドゥルーズは語っている。

CMM理論（coordinated management of meaning）　コミュニケーションを行う人間は社会的ルールに照らしてメッセージを解釈または生成し相互作用し合う。そのルールには制定的ルールと意味のルールがある。制定的ルールは過去の経験などに照らしながら得られる意味のルールである。規制的ルールとは、言動や行動する際にそれをコントロールするための行為のルールである。相手を理解していなくてもコンテキストからコミュニケーションは成立するとした。同じ意味を持たないコミュニケーションがある。

この考えは異文化コミュニケーションに有用である。筆者には、アジアにおける異文化コミュニケーションは、ほとんどが分立であると思えるからである。対人コミュニケーションの原型は文化と無関係なのだが、志向し、基本型を作り応用する場合のすべてに、情報の安定を求めて文化に逃げ込みたいと考えるからである。それはcontextを読み過ぎるから、危険に近づくコミュニケーションはしないのだと言う事もできる。対話する両者は幾ら議論しても、対話過程での変化により精神の一致が起こることはほとんどない。行動の一致は、統合によっては起こらず、他方が歩み寄る、という同化により行われる場

合はある。友好や支配服従というコンテキストが要求されていると考えれば、「言う事には従おう」という行動は出てくる。ましてや、異化作用による精神・行動の変化をビジネス世界で起こすことは、ほとんど不可能に近いから、R&Dがアジアで成功することはまれだろう。すなわち感性の独自性をいうことにより理性の同化と異化を避けるのである。異文化だと考えないコスモポリタンの場合にのみ統合と異化は起きる。しかしそれはオリエンタリズムの影響下にある行動かもしれない。

リスク社会 ベックの造語。近代合理性と統制が生んだものが破局の一般化である。原子力発電は CO_2 を生まない、事故は科学技術で防止できる、という合理的な考えが、原子炉ひび割れを隠す行為を生む。遺伝子組み換え食品は、殺虫剤が要らず、人体に安全だという合理的な思考が、遺伝子組み換え作物の作付け地の隣地の作物と交配してしまうことで雑種を生んでしまう。全頭BSE検査をするから米国製の牛肉は安全だという合理的な考えが、検査を免れた牛肉の輸入を招く。鳥インフルエンザ（bird flu）があると、鶏肉の輸出ができなくなる、観光客が来なくなるから、と症例発生の発表を遅らせたり、人体への転移はない、と発表したりする。ヨーロッパ（日本）の渡り鳥は鳥インフルエンザが発生している北アフリカ（タイ）から飛んでくる。

属性原理を超えるアイデンティティ 出自、宗教、男女、学歴、国籍などの属性による拘束を否定して、平等に扱う事で自由を保障する近代市民社会は、ジェンダー、同性愛者、黒人であること等マージナルな分野で、自由と平等を保障していなかった。属性原理は生物学的決定論ではなく、社会的役割と権力配分の1つの方法であった。1つの属性によってアイデンティティを規定され続ける社会システムへの異議申し立ては、価値あるものだと見なされるようになっている。ただしこのような憲法による平等の保障は、国家と個人の関係においてであって、企業と個人の関係には及ばない。

樋口陽一東大名誉教授は、憲法の保障が企業に及ばないとする議論を内部社会論とし、そこが憲法の問題だとした。共生原理による企業への申し立てが認められるかを考える事で、属性原理を超えるアイデンティティは共生原理と接近している。CSR（企業の社会的責任）、CRI（社会的責任投資）、eco friendlyという考えは、「企業の利害関係者には、属性原理を超えたアイデンティティ

もある」と考えた方が、コストが低くて済むと考えたからで、利潤追求という目的の範囲内の話である。「利潤追求が悪だ」というアンチモダンの考えを受け入れたわけではない。

機能主義　Functionalism　kino shugi　机能主义

機能とは当事者または観察者から設定された目的から見た合目的作用を言う。変数の制約作用としての数学的関数（function）や概念や影響関係一般の因果的作用（function、causing）とは機能は区別される。ルーマンは雑多な個々の諸作用を交換可能＝代替可能な抽象的視点（機能的等価物、functional equivalents）としてだけ機能というとした。問題の機能的説明は、対象を1つの意味としてしか見ない存在論的思考だとして批判した。しかし機能主義的見方は強い。つまりある事象をそれ以外の事象ないしそれを含む定義された全体事象に対する何らかの貢献ないし非貢献の作用だとして考える立場を言う。

⑸　知識を実際に使ってみる

知識は実際に使わないと意味はない。自分の言葉で言い換えるノウハウだ。以下にその例を示す。大学で学んだことなど人生や会社では使い物にならない、大学の講義で得た知識と就職は関係ない、と考えている学生は以下の文章を読んで欲しい。

自分の言葉で言い換えるノウハウとは、野中郁次郎の暗黙知でいえば、共同化から表出化の過程だ。共同化とは、暗黙知から暗黙知に変換することである。言われたことをまず真似する、現場で一緒に仕事をして先輩の言うことを真似するOJTが典型である。教室で教えることも実は知識の使い方のOJTであり、Off-JTではない。表出化は共同化で得た暗黙知を形式知に変換する作業である。OJTで得たノウハウを類推したり、たとえたり、規範化したり、言い換えたりして、自分なりの言葉で言語化する。これは、レポート課題の作成に当たる。表出化の次に連結化が来る。形式知を形式知にする作業である。会議、電話、商談、公式文章、マニュアルがこれに当たる。そこでは数値や裏づけ資料での相手を納得させる作業が必要となる。

本書や教科書は連結化された知識である。OJTを軽んじ、すぐマニュアルを欲しがるアジアの日系企業で働くアジア人大卒者は多い。また講義に出ずに

教科書さえ読めば判るとする学生も日本そしてアジアには多い。前者は、表出化を飛ばし共同化から連結化をしている。後者は、共同化、表出化を飛ばし連結化している。自分なりの言語化という表出化の過程を無視して、知識の使い方が判る人間は少ない。知識はピラミッド構造になっており、積み上げだからだ。講義に出る意味、OJT の意味はここにある。

「ここはアジアだ、日本で使えるマニュアルは個々では使えない」と言い放つ現地従業員も多い。この従業員は連結化の後の内面化ができていない。形式知を体化する過程で新たな暗黙知が生まれる。マニュアルができた途端に役立たなくなる場面が出てくるのは内面化があるから当たり前のことなのだ。だから内面化から共同化にもう一度循環する。しかし今度の共同化は前のそれと異なる次元のものなのだ。これを筆者は知識ないし仕事の螺旋階段（spiral staircase）だと言えると考えている。仕事の深みを知るということの意味だ。だから本書や講義が難しすぎる、一部に事実誤認があるから全体が信用できない、という場合、自分は螺旋階段のどこのことを言っているのかを考えて欲しい。マニュアルとして本書を読み課題が書けないと不満を言うのは、繋がっていない螺旋階段を飛び降りているようなものなのだ。

属性原理を超えるアイデンティティの問題例　子供の権利条約、男女平等、そして外国人の平等雇用までは個人（自然人）の問題だから許すが、法人の場合は許す必要はないと考える人はアジアに多い。またアジアでは外国人の平等雇用は自国民の雇用機会を失うとして認めない国が多い。その理由として、ワーカーレベルの外国人雇用を認めると、現地人への技術移転がなされないので発展の権利が侵されるとする考えが挙げられる。個人の人権や企業の権利を跳ばして、国家の人権を言う。外資系企業という企業の出自によるアイデンティティの規定を外すかが、アジア諸国で問われている。先進国ではすでに外されているので、M&A が盛んに行われる。アジアでは、外資による内資企業の買収は自由でないことが多い。中国、ベトナムは、外資系企業はグリーンフィールド投資（新規設立）を基本とし、内資企業への資本参加は 25％、30％ までかつ外資 1 社の出資持分は 10％ 以下とするのを原則としている。タイの銀行は 10 年間のみ外資支配を許すが、その後は内資銀行に戻せとしている。2006 年、タクシン前首相の親株が経営する通信会社シン・コーポレーション

のTemasek子会社への49%株式売却は、タイ通信企業の外資参入限度を20%より49%に上げた勅令が出た2日後だったので、インサイダー問題と売却益非課税が問題とされた。しかしそれ以上に売却で得た資金で潤沢になった政治資金を使って、民主主義政治の私物化を強化するだろうことが問題となった。野党民主党の2006年4月2日の総選挙ボイコットの原因である。

オリエンタリズムの例 オリエンタリズムに染まっているのは、リーボック、ナイキ、ジーンズ、コーラ、アメリカンロックミュージックを後生大事に抱え込んでいる全世界の消費者である。米国発の経営学、経済学を後生大事に抱え込んで教えている多くの大学教員も同様だ。東洋人研究者が、東洋を対象として欧米の手法で研究した論文を、欧米の研究雑誌に登載されることで研究者の職を得ることも、オリエンタリズムの考えだ。文化帝国主義の手先になっているとの批判がある。西洋の学者にデータを提供することで研究者となれると考える東洋人学者もいる。欧米機関投資家の投資手法の物まねしかしない、東洋の証券会社にもオリエンタリズムの影響下にある。

CMMの例 宋の新法を行った政治家、王安石「明妃曲」の中に以下の句がある。「漢恩自浅胡自深　人生楽在相知心」漢恩は自ずから浅く、胡は自ずから深し、人生楽しきは相知の心に在り。武帝の後宮にいた美人王昭君は、賄賂を画家に送らなかったので、醜く描かれ、天山北路にいた異民族烏孫の王に妻として送られた。中国人は可愛そうと思うが、異民族に対する公平な目を持っていた王安石はそのようには思わなかった。王昭君は琵琶の名手だったので、洛陽に迎えに来た胡人の女性たちと言葉が通じなくても、琵琶を弾いて心を打ち明けたという。漢の武帝は王昭君も含めて側室たちを目と鼻の先にある宮殿内に閉じ込めておいただけではないかと王安石は言っている。長門宮に閉じ込められていた皇后阿嬌は賄賂を贈って武帝の寵を回復したが、王昭君はしなかった。人生の失意に南北無し、と言っている。南は長門宮、北は天山北路を言う。中国の三大美人は、西施、王昭君、楊貴妃ということになっている。それぞれ呉王夫差、漢の武帝、唐の玄宗の妻である。これに三国時代の呂布の愛人であった貂蝉を入れて中国四大美人ともいう。

福祉社会の危機の例 国家と社会への責任転嫁は、生活世界の物象化の表れと見ることができる。生きる権利、生活保護、定年延長と年金開始年齢の高齢

化、男女雇用機会均等と少数民族への優遇。生きる充実まで、国家が与えた福祉が享受できること、年金があること・働き続けられることに置き換わってしまった。

これら社会学用語を業務過程分析表に当てはめてみる。応用する場合のヒントになる。

表3-12 業務過程分析表に社会学用語を位置づける

	1	2	3	4	5	6	7	8
21	国民国家	Post modern		弱い紐帯の強さ	マクドナルド化する社会			国民国家
22	多文化社会			グローバリゼーション		オートポイエシス社会システム論、自己組織性		国民国家
国家			文化の否定性	権力、マスコミ			条件プログラム	公共財、近代社会、想像の共同体
企業	集団思考、Contingency Theory			ゲゼルシャフト、ワークライフバランス	信頼の構造	福祉社会の危機、Diaspora、Networker		
市民社会	ジェンダー		組合主義、官僚制のチェッカー			Association		属性原理、Network性
個人	エスノメソドロジー、印象操作					個人主義、行為と構造	Post modern	多元的自己
23	印象操作	Post modern、ゴミ箱理論	文化（AGIL)			行為（生活世界）と構造		

第4章

国内市場型産業
——小売業、食品産業、不動産業、華僑ビジネス——

地場企業・中小企業保護、フランチャイズ、トップダウンの経営方針とダボハゼ経営

1. 卸売業、小売業

(1) アジアにおける卸売業、小売業の特徴

　国内市場型産業の典型として、小売業、不動産業そして華僑ビジネスを取り上げる。これらは、ヒト、モノ、カネ、情報のいずれも、華僑資本を含めた地場資本で調達しやすいために、外資系資本がなかなか入れない分野である。従業員としてのヒトは現地人だけで十分だし、モノは地場でなければ調達できない土地という有力な資源が中心になる。小売で売るものが地場で調達できなければ輸入すればよい。カネは借りてこられ、情報は別に資本を入れなくても得ることができる。WTOはモノとサービスの貿易に関する国際協定であるために、直接投資に関するルール作りは貿易関連投資措置（TRIMs, trade related investment measures）でしかできない。そして途上国は、WTOのサービス貿易についての協定であるGATS（general agreement of traded related service）は批准しないでもよいことになっている。

　2006年9月に日系資本の百貨店は香港から姿を消した。売場面積1万1,000m^{2}の香港三越は利益が出ているにもかかわらず撤退することにした。建物所有者が賃貸契約の期限切れを理由に立ち退きを要求し、代替土地は高過ぎて採算が取れないからだ。大丸、伊勢丹、松坂屋、ヤオハンすべて、不動産価格の高騰で撤退させられている。外資にカネと売るモノを持ってこさせて、売

り方のノウハウを現地人に教えさせたら、土地代を理由に撤退させて、地場資本で百貨店業、ブティック専門小売業をするという戦略だ。インドでは外資の小売業参入はいまだ認められていない。地場小売資本を保護するためだ。地場中小小売資本を保護するために外資を参入させないというのは、理由の１つに過ぎず、地場の大資本が小売業をして、地場の零細小売業を圧迫することになっても規制はしていないのが現実だ。そこで外資は、地場資本が参入しにくい小売業の仕組みを考えた。それが、資本をあまり必要としないが、技術・ノウハウ・ブランドが必要なフランチャイズだ。

　香港にも西武とそごうはある。地場の消費者は外国のブランド名で百貨店を選ぶことがあるからだ。西武とそごうを経営するミレニアムリテイリングは資本を出しておらず、ブランド使用料を取る商売をしているだけだ。ジャカルタ、クアラルンプール、台北のそごうも同じで、資本は出しておらず地場資本からブランド料だけ得ている。ブランドだけだと業務提携の実が上がらず差別化できず、現地化してしまう危険もある。クアラルンプールのそごうの庶民化とジャカルタそごうの超高級化がその例になるかもしれない。

　日系資本百貨店の現地消費者を取り込む戦略の１つは、紀伊国屋書店の取り込みだ。シンガポール、クアラルンプールには、英語の図書を扱う大規模書店が少ない。紀伊国屋書店は現地駐在日本人向け用として日本語図書を扱っていたが、次第に英語図書が多くなっている。仕入れが容易で、現地大学生は英語のテキストで勉強していることが多いので、地場の中間層消費者が来店するからだ。せっかく来たのだからと百貨店にも寄ってくれる。シンガポール高島屋、KL Twin Towerの伊勢丹が紀伊国屋店と組んで成功している例だ。百貨店の現地店員に日本風のサービスの良さを訓練したり、レイアウトを良くして、サービスとレイアウトの悪い現地店に対抗しようという戦略は失敗している。レイアウトはすぐまねされる。他方サービスはなかなか向上しない。東南アジアでは店員の社会的地位が低すぎるので、給与水準が低く、大卒者を店員として修行させるという日本風の教育訓練ができない。そのため顧客ニーズを商品開発に生かすという仕組みができない。地場資本の他店よりサービス・マナーが良いという水準で我慢しようと経営者は考えてしまう。

　最終消費者に販売することを業とする場合小売業（retailer）と言い、それ

以外の販売業は卸売業（wholesaler）である。販売業とは製造販売業者（maker）から商品を仕入れ他の販売業者ないしは最終消費者に売ることを業とする者を言う。卸売業があると、取引回数が少なくてよいために、メーカー、小売業双方にとって便利である。日本の場合、一次卸、二次卸、三次卸と多段階になる場合が多く、外資の日本市場に参入できない参入障壁になっていると1980年代にあった日米構造協議で問題になった。卸売業は、SCM（サプライ・チューン・マネジメント）、大規模小売店のメーカー直接仕入れ、B2Cのdirect marketing、メーカーによるリベート廃止により、衰退すると日本では2000年以降言われてきたが、実際には卸売業の統合のみならず、小売店へのコンサルティング機能の充実、メーカーないし小売店の業務の一部引き受け（いわゆるアウトソーシング、小売店用のピッキング作業、小売店の棚ぞろえ、商品企画の提案）で生き延びている。卸売物価指数は、現在は企業物価指数と呼ばれ、消費者物価指数と並んで有力な物価指数になっている。卸売物価指数といっても必ずしも卸売業者の販売に限るものではなく、メーカーに最も近い卸売業者の販売価格を指すので、企業物価指数というようになっている。

米国では卸売業者とは小売業に依頼されて商品を仕入れるブローカーであり、アジア途上国では卸売業者が小売業者を兼ねる場合が多い。このためアジアに進出した日系小売店は皆、現地に卸売業がないことで困っている。現地品の仕入れを一々メーカーと交渉しなくてはならない。シンガポール、クアラルンプール随一の書店となっている紀伊国屋書店の苦労はそこにある。そこで輸入本を中心に取り扱うことになる。シンガポールに手を組んで進出したスーパー・ヤオハンとベスト電器も現地に卸売業者がいないことで苦労した。仕入先がメーカーからの大量仕入れか多様なメーカー、仲買人（ブローカー）からの小口仕入れになる。生鮮品を主に扱うヤオハンにとっては面倒なことだった。そこでカルフールは棚料を仕入業者から取る手法を開発した。売って欲しければ棚の使用料を支払えといって仕入れ業者を選別し、多様化に伴うコスト増に対応するのである。優越的地位を濫用した不正競争に当たるとインドネシアの公取委は判断した。

日本の卸売業の特色を生かしてアジアで競争優位を作ることは可能である。

ただしアジア諸国は、販売業は地場中小企業に留保させる産業分野だとして、外資に自由に参入させていないので、輸送・倉庫業も行う流通業者として、ないしは小売フランチャイズにサービスを提供する総合流通業者として進出するのが最適である。

　アジアにおける小売業の特徴として、①フィリピンのサリサリストアのような超零細小売商店がある、②野菜、精肉、魚のような生鮮食料品の他に日用食料品および日用雑貨を扱う零細小売商が一堂に集まる市場が町の中心地にある、③大都市では、コアになる大規模小売店を抱えたショッピングモールが都心部と周辺部にできつつある、④フランチャイズと直営でのコンビニが増えてきた、⑤大規模小売外資は業態を考えて進出している、点が挙げられる。

　街の中心地にある伝統的な市場の典型は、ホーチミンのベンタイン市場、ビエンチャンのタラサオ、ヤンゴンのアウンサン市場である。ジャカルタのパサールブルン（趣味の鳥専門の市場）は伝統的な市場の雰囲気を残しているが、パサールバルやBlock Mはモダンになっている。ショッピングモールに対抗するためである。Block MではPasaraya、Matahariというショッピングモールが市場に隣接している。

　2006年9月、タイの中小小売店の要請により、タイ商務省は、外資系の大型小売店とコンビニに出店の自主規制を要請したが、合弁の外資系小売店とコンビニは大反発している。Makroに至っては、零細小売店は我々より仕入れればよいと開き直っている。日本の大規模小売店舗立地法のような行政協定や、競争法による規制がタイに無いゆえの問題だ。零細小売店は我々のフランチャイジーになればよいと言った、インドネシアのコンビニ最大手の地場資本Indomaretは、公正取引委員会から零細小売店の多い地域への出店禁止を命じられている。Indomaretは当初Indomacroと言っていたが、インドネシアに進出済みのMakroから商標権違反を主張され改名している。インドは、地場大型小売店が成長するまでとして、外資系小売店の進出を2006年現在認めていない。しかし地場大型小売店が地場中小零細小売店と共存できる保証はない。そしてインドの公取委もまた力が弱い。

　アジア小売市場は幻想だという矢作敏行法政大教授のような考えも日本には強い。日本のような売り方ができないだけの話を幻の市場であると言ってみ

ても始まらない。例えばベスト電器はシンガポールでは15年かけて高級電器小売業であるブランドを作ってきたが、日本では大型安売り電器店である。アジアにおけるヤオハンの失敗は上海浦東（Putong）の百貨店の失敗であり、香港と上海では土地ないし土地使用権を持つ者がテナントを追い出すために法外なテナント料ないし土地使用権代を要求するという華僑的行動を取るという事実を軽視し過ぎたゆえである。現在は合弁の現地側だった上海第一百貨が経営している。第一百貨は中国有数の卸売業者でもある。

(2) 中国における小売業

中国における小売業は外資に対して段階的に開放されている。中国資本の小売業を保護しながら、外資のマーケティング・ノウハウを学ぶためである。中国の中間層が大きくなるにつれ、従来の中国地場小売業による品揃え、サービス、店舗レイアウトでは対抗できなくなったのである。中国の小売市場の規模は2,400億ドルだと言われている。

2006年家電量販店の第1、3位の国美と永楽が合併した。米国No.1の家電量販店Best Buyの中国進出に対抗するためだと言う。筆者は、独占禁止法が中国で制定される前に合併してしまえば、独占として批判されることがないとの思惑もあるとみる。本音は、中国の地場および外資系の家電メーカーからの仕入れにおける優位性の確立ではないか。それほど中国国内市場における消費者の価格志向が強い。Best BuyがWalmart張りの中国戦略を展開することは必然なので対抗する必要がある。Walmart張りとは、中国企業から全世界市場と中国市場両方のための大量仕入れをして仕入れコストを安くする一方で、ITを駆使して物流と在庫コストを少なくするという手法である。

国美と永楽は、中国市場分の仕入れはできても海外に店舗を持たないので、世界市場分の仕入れがないために、仕入れ価格交渉でBest Buyに不利になることを恐れている。国美の社長はここ数年連続して中国一の金持ちとなっている。個人資産を増やさず、IT投資で物流、在庫コストを少なくするための投資に向けるべきだったのではないか。国美も永楽も香港市場に上場している。市場がこの合併を中期的にどう判断するかが興味深い。

表4-1　中国の小売業

China			Sales02	
聯華超市	Lian Hua	China	18billion yuan	Shanghai based super market（上海百聯）、1420 stores、Quick（快客）convenience store、H share
華聯超市		China	14	Shanghai based（上海百聯）3PL、Lawson、McDonald
上海農工商超市				GSM、meal solution owner of farms、Alldays（好徳）CVS
北京国美		China		Mass sales of home electric goods
大連商場		China	18	Purchase Mycal
三聯商社		China		
蘇寧電器		China		Mass sales of home electric goods
華潤万佳		HK	9	
上海永楽		Taiwan		Mass sales of home electric goods, land owner of Chengdu Ito Yokado
太平洋百貨		Taiwan	11	8 department store, 蘇州
百盛	Parkson	Malaysia	7	15 Department store, Dalian, Chengdu, HCM, Lion Group
家楽福	Carrefour	France	12	World GSM Nr.2, Jialefu, 32 GMS、天津、武漢、長沙、成都、北京、大連、上海 JV 聯華（55%）、KL、JKT、Korea
沃爾王馬	Walmart	USA	6	World GSM Nr.1, woerma, 27 GMS、深川、北京、大連、上海 JV CITIC、西友
伊藤洋華堂		Japan		Japan retailer Nr.1, yiten (yang) huangtang, Beijing, Chengdu, 7eleven
伊勢丹		Japan		Department Store、上海、天津、済南
上海蓮花	Lotus	Thailand		CP7eleven, GSM
佳世客	AEON	Japan		Japan GSM Nr.1, Jusco, 8 GMS 広東、HK
華潤	CRC	HK	5	343 GMS in Beijing、万果百貨（広東）、蘇果超市
欧尚	Auchan	France	10	37 Hyper mart in 上海、蘇州、無錫、68%of 大潤発（RT Mart 台湾）、Moscow
7eleven	Daily Farm	HK		94 CVS in Guangdong
麦徳龍	Metro	Germany	5	17 Cash & Carry、上海 JV 錦江集団、Hanoi
万客隆	Macro	Nederland		5 C& C、広州、北京 Bangkok, Bali, closed in Taiwan

(3)　中国国内小売業の成功と競争

1)　中国成都における大型小売店競争と消費性向

2005年8月末から9月初め、成都と上海に行ってきた。成都は大型小売店

の競合が沿海地域以上に激しい。それだけ成都の消費意欲は高い。これは同じ内陸部でも観光中心の西安と違う要素である。沿海部の大連のような消費形態とも違う。大連は大連商場のような安い大型小売店は集客力があるが、マイカル、イトキン（伊都錦）、パークソン（百盛）といった中高級大型小売店は閑散としている。購買力のある階層の層が薄い。国有企業から転換した民間企業がいまだ少なく、日系製造企業と外資系コールセンターに勤める中国人従業員は若すぎて購買欲が高級日用品に向くまでの生活のゆとりがない。

　伊勢丹が成都で2007年春に開店させようとしているのはイトーヨーカ堂成都一号店の隣で成都一番の繁華街で歩行者天国になっている地域だ。店舗面積は2.4万m^2とイトーヨーカ堂（華堂商場）1号店の50%増しで1号店にない150台分の駐車場スペースを地下に確保している。では伊勢丹上海店のように成功するのか。高級衣料中心のマレーシア系百貨店パークソンはこの歩行者天国地域にあった店を閉めて他の地域に移った。高級ブランドばかり扱う店は成都にもあるが閑古鳥が鳴いている。成都出身で小生が勤務する大学に留学している女子学生の話によれば、場所が悪い、高い、入ってもちょっとした出費で買えるものがないので面白くないということらしい。偽物まがいのものがおよそないからだという。富裕層を狙うのなら駐車場スペースと店舗面積そしてそれに見合う適切な家賃が必要だ。伊勢丹は高すぎる家賃に耐えられるかがポイントとなるだろう。1980年代末の香港の大丸やヤオハンに見られる家賃倍増による撤退を思い描けばよい。済南や天津のようにはいかないだろう。

　イトーヨーカ堂1号店周辺は、2009年までに半径500m以内に新規に20万m^2の売り場面積が増える。すでに大型店舗だけで30万m^2はある。この中で勝ち残っていくにはよほどの工夫が必要だ。伊勢丹メンズ館のような富裕層を狙うのだろうが、中国の富裕層の男性は身なりに気を配らないし、中国では医者や弁護士は金持ちではない。民間企業の経営者層がターゲットだが、彼らは家族同伴で買い物に来るために、女性従業員の過剰サービスは奥様方に嫌われる。中国人小売の従業員には日本人従業員が持っている愛想と細やかさがない。これは社員教育や賃金を良くしても無理かもしれない。

2）　成都の消費性向

　売り場面積2万m^2、500台の駐車スペースを持つイトーヨーカ堂2号店は大

成功している。テナントで入っている衣料アパレルショップは、現地人にとってはちょっと高い価格帯の外国ブランドのカジュアル衣料で勝負している。日本のように世界どこでも知られているブランドでない。デザインとカラーがしゃれている中国製品だが、ブランド名は外国というのが受けるらしい。この戦略は上海でイトキンがMichael Kleinでやって成功している。イトーヨーカ堂中国のプライベートブランドの衣料品も日本よりデザインと色が派手である。男性用衣料品も女性衣料品につられたデザインと派手な色使いである。外資系企業として独自に貿易権を持っているので男性用カジュアルを中心に直接日本のイトーヨーカ堂で売った経験もあるが、期待したほど売れなかった。発色がもう一つという点と日本人中年男性用衣料の保守性が売れなかった理由だ。安い中年用男性カジュアル衣料は主婦が1人で選ぶからだろう。中国では夫婦連れで買いに来るから、共に背伸びをしてより若者向けのカジュアルを着こなしてみようという事になるらしい。

　9時開店10時半閉店なのだが、1階の3分の2を占める食料品売り場は8時半から開けている。店には自家用車がひっきりなしにやってくる。数人の男性店員がイヤホーン一体型のマイクで車の誘導をしている。黄色と白のレンガが敷き詰められた店舗前の広場は、イベント会場を兼ねた屋外パーキングになる。週に一度はイベントをやる。ちょっとした賞品しかでないのだが、カラオケ大会をやると参加希望者が殺到する。

　食料品売り場の活気はすごい。男性の誘導整理の店員が数人いて大声で「いらっしゃいませ、ありがとうございました」を叫んでいる。小生は日本語で挨拶されてしまった。彼らは万引き監視係も兼ねている。魚、貝、海老専用の生簀が数個置かれており、隣に新鮮な魚が並べられているので、ここが海から3,000km離れていることを忘れてしまう。上海にも調達用の営業所があるとのことだが、これは確かに他店にまねができないコールドチェーンを含めた物流部門の素晴らしさだ。麻婆豆腐は「麻婆」とあだ名された陳ばあさんが清末に成都で始めた店が発祥だそうだ。2号店では同じものを店の4分の1の4.8元で売っていた。陳婆さんのものに限らず麻婆豆腐の素だけで数種あり、漬物搾菜、豆板醤、当地特産こんにゃく麺など1元以下から十数種ある。四川料理の素と当地名産の剣南春以下の白酒は所狭しと並んでいる。日本のデパ地下にあ

る試食品を置く販売方法は成都で初めて当店が始め他店もまねしている。

さすがに酒の試飲コーナーはない。それは店の前の広場を囲む喫茶店、食堂、居酒屋、銀行、ジーンズショップの中から探してくれということらしい。店を出てブランコで有名な喫茶店に入った。大連にもあったので全国チェーン店らしい。恋人同士がブランコに隣り合わせに乗って2人でパフェを食べるデートコースらしい。

中間層に属する若者の消費性向は全世界どこでも同じだ。特に中国は一人っ子政策のために子供の好みを親は極端に大事にしてくれるので、娘は日本の女性ファッション雑誌の中国版を買って日本の流行のファッションを身につけるべくイトーヨーカ堂成都店に来る。中国語版『ViVi』2005年9月号を見ると表紙は浜崎あゆみで「アユのサマースタイル」が特集である。この特集とコーセー、DHC、エリザベス・アーデンなどの外資系化粧品会社の広告ページ以外は、雑然とした写真ばかりが多い編集になっている。cool sexyとのページに載っているファッションはエゲツナイとでも言えるようなもので、大胆露出と下品が一緒になっている。これを日本のファッションだと早判りする若者が多いのだろう。

成都には高級四川料理店街がある。皆木造3階建てで夜のネオンサインがすごい。陳麻婆豆腐店は有名だが高級料理店とは見なされていない。食材が豊富でかつ安いので人々は裕福感を持つのだろう。四川料理は山椒が大量に入った辛さに特色があり、舌がしびれる感覚がここの人には何とも言えないらしい。真っ赤な唐辛子スープと白いスープに分かれている鍋でしゃぶしゃぶをするのが四川料理の一種にある。辛すぎて涙が出る。ピーナッツ牛乳で舌の火照りを冷ましてまた真っ赤な唐辛子スープに挑戦する。寄生虫など死んでしまうから四川人は健康に過ごせるし発汗がすごいので太った人は少ないのだろう。

3） イトーヨーカ堂成都2号店の戦略

イトーヨーカ堂成都2号店は二環路外資戦争と言われるほどの競合の激しい地区にある。高所得者と中所得者が共に居住している地区なので、高級品も売れかつ低中級品も売れるらしい。東京でいえば中目黒と柿の木坂がある目黒に位置しているようなものだろう。東京の環七と環八の性格を併せ持つのが二環路西半分の13.5kmだ。カルフール2店、プライスマート、メトロ、オーシャ

ン、イトーヨーカ堂が競っている中に、内資5店舗、家電量販店2店、ホームセンターがある。2005年中に進出する予定だったWalmantとタイ系資本で広東省と上海に数店進出させた実績のあるLotusは進出を2007年に先延ばしした。競合の激しさに恐れをなしたともいえる。

2号店の食品売り場の正面にあるのはタイから輸入した熱帯フルーツであるドリアン、マンゴー、パパイヤである。中国とタイのFTAのファーストトラックを利用しているのでドリアンは現地と同じ価格である。女房を質に入れてでも食べるというドリアンのねっとりした味を同行の中国人女子学生2人は初めて食べる味だといって楽しんでいた。

CD・DVD売り場も雑誌・ビジネス書・文芸書のフロアも、そして食堂フロアも充実している。北京朝陽店より数段進んでいる。家電売り場はこのビルのオーナーでありかつ合弁パートナーであり、2006年家電量販店トップの国美電器と合併した「永楽」が自前の家電量販店として入っている。食堂ではまず入り口で食券ならぬ定額カードを買う。日本食、韓国食を含めた屋台が30店ほどあり、さらに飲み物屋でビールや清涼飲料水を自分の好きなように注文し定額カードで決済する。成都のお札は上海や北京に比べ汚い。使い残しは次回使ってもよいし払い戻ししてもらってもよい。

ナショナルの衛生陶器を売るコーナーが2005年9月から新設された。隣にはルームランナーが置いてある。「こんな高いもの買うのですか」と聞くと、「いますね」との答え。成都では民間企業は強くない。国有企業、地方政府の役人がかなり現金を持っているらしい。これは沿海部と違う消費者だ。リベートと賄賂での現金収入もかなりあるらしい。

2号店1階正面では「先生の日プレゼントアイデア集」として20種類くらいの商品が展示されていた。200元のスカーフから3万元の化粧品セットまである。最近は男性用化粧品がよく出るそうだ。先生の日である9月10日までに親が買って先生の自宅に届ける。先生は副業で家庭教師をする。場所は同じ学校の教室を使う。中秋の名月である9月15日に月餅のセットと言って二重箱にし、底には現金、XOのブランデー等過分なものを上司や取引先に贈る贈賄工作は有名だ。現金や宝石を入れた場合は贈賄と見なすという政府の行政指導さえ出ている。教育熱心の裏に先生への付け届けがあるのでは、暗記中心の

中国人式勉強法は治らない。信用より関係（ガンシー）を重視する国らしい現象だが、これでは中国ビジネスマンは実力ある日本のビジネスマンに勝てないだろう。組織に圧迫され、調整役に汲々として、実力を発揮できない日本のビジネスマンを解放するだけで中国に勝てる。

　百貨店でも調達係りはどこでも賄賂を取るらしい。しかしイトーヨーカ堂中国ではそのようなことが判った途端に解雇になると規定しており、過去に数人リベートを取って退職した社員がいたそうだ。社員評価は毎月行う。解雇はD評価だそうで、Aが2％、ABで7％、Bが50％、その他がC評価だ。C、D評価を除きそれぞれ2、6、2回連続して取ると昇給するそうだ。そのために同じ等級でも30％近くの給与差が生ずる。決算が良ければ決算賞与として従業員に還元している。これは全従業員の半分である250人を占める時給4元（60円）から始まるパートにも同じく適用する。正社員は1,700元支払えばいくらでも集まる。大卒の定期採用も始めた。中国人大卒者は売り子もさせられる小売業を敬遠するという話は沿海部の話でしょうといなされてしまった。評判の悪いカルフールの棚料徴収も調達担当のリベート取り防止策だと見ればよいのだろう。

(4) アジアの大規模小売業と外資

　アジアの国内市場において欧米の大規模小売業は必ずしも成功しているわけではない。日本におけるCarrefourの撤退、Walmartの西友ブランドの継続が典型だが、この世界の第1、2位の小売業は共に2006年韓国から撤退した。タイ資本のLotus（CP 7elevenの一業務分野）も進出した広東省での業績が思わしくなく業務を縮小することにした。Lotusは英国スーパーTescoとタイで合弁事業をして培ったノウハウで中国に進出したはずだった。

　韓国の大規模ディスカウントストアの順位は、新世界（Shinsegae、Emart、79店舗）、Sumsung Tesco（英国Tesco 89％、Sumsung 11％の合弁企業）、Lotte Shopping、Carrefour、Walmart（16店舗）で固定されていた。Walmartは進出して8年、4％のマーケットシェアしか取れず、2005年、7,290億wonの売上げで100億wonの損失を出し8.82億ドルで新世界に売ることにした。Carrefourは韓国地場アパレル企業E-landに売って撤退した。

両社共に中国の2,400億ドルの小売市場そして外資開放間近のインドの小売市場を狙うためであり、韓国のディスカウントマーケットの市場は220億ドルで小さくかつ閉鎖的だと言っているが、韓国の消費者の好みを甘く見た結果ではないかと筆者は考える。Carrefourはメキシコから撤退しブラジルで大成功しているが、Walmartは逆にメキシコで成功しブラジルで失敗している。彼らの南米市場での戦略も成功と失敗の連続なのである。日本のヤオハンは当初ブラジルに進出し大失敗し、シンガポール、香港、ブルネイで成功し、上海で失敗して本社自体が破産してイオンに身売りした。

イオングループの中核小売スーパージャスコ（佳世客）は、香港、台湾、クアラルンプール、広東省では成功しているが、他のアジアで成功するかどうかは不明である。タイでは伊勢丹のみが成功し、大丸、そごうは撤退した。

2005年、ベトナムではホーチミンで韓国の中堅小売企業と、マレーシアの華僑系デパートParksonが進出したが、日系小売はいまだ大規模な進出はしていない。ディスカウントストアではドイツのMetroがハノイに大規模店を進出させたが、バイクで買い物に行くには遠すぎる立地であり、かつ130cm以下の背丈の子供は入店させない方針でハノイのヤングファミリーに不評である。

日本の家電量販店ベスト電器はヤオハンと共にシンガポールに進出して成功したが、成功の秘訣は安売りではなく、品数の多さと従業員の対応のうまさである。ベスト電器はマレーシア、香港、台湾、インドネシアにも進出している。日本の家電量販店の中で唯一積極的なアジア進出を行っている。日本の紀伊国屋書店がシンガポール、クアラルンプールで成功しているのも同じ理由だ。消費者が価格以外で選択するようになると地場企業、世界の多国籍企業も成功するとは限らない。このようなアジア新興中間層の消費性向を筆者は、「アジアンの世紀」というキーワードで捉えている。

アジアンの世紀　century of Asian　Agian no seiki　亜洲人的世紀

亜州奈みづほが主張し始めた、アジア大衆文化のダイナミズムを指す言葉がアジアンの世紀である。アジアの越境文化による国際化された大衆文化が快適だとする考えはアジアの大卒中間層を中心に広まりつつある。日本のエスニック・ブームが典型であり、韓流ブームは日本のみならず中国、台湾、香港、シ

ンガポールにも広まっている。ネット社会の広告理論でいうAISASにより、他人に商品の快適さを伝えようという消費者の多くがアジアンになっていることも大きい。「アジアのヘンなモノ」を中小メディアで紹介する知ったかぶりはスノッブとして嫌われない。インターネットの「アジア地域研究」の検索サイトを見れば、旅行、エンターテインメントといったポップな軽さを持ったものが主であり、ビジネス、経済、芸術、人文科学といった重い硬派は圧倒的少数である。新世代の異文化交流は「お勉強」ではなく「お手軽なお楽しみ」である。欧州の文化資本は教養主義で面白くなく、米国のポップカルチャーは文化侵略的でうっとうしい。この点日本の軽くて活気があって楽しさを分け合うタイプの大衆文化はアジアンにアピールする。日本の若い女の子ファッションがアジアを席巻しているのも、押し付けがましさがないからである。

　極めて表層的なファッション感覚がアジアは好まれている。エスニック風というところが味噌で、アジア現地の文化をそのまま取り入れていない点にも特色がある。アジアの大都市生活の中で「アジアの農村の民俗を表層的に取り入れてみました、シャレているでしょう」と情報をシェアする感覚が受けるので、アジアンは増えるばかりである。

　日本と同じネーミングの「午後の紅茶」を上海で大ヒットさせたキリンベバレッジが2005年3月に日中同時発売したウーロン茶の日本版「上海冷茶」はおよそ売れず、上海版「花間清源」はばか売れした。上海では無糖飲料が新鮮だったことと、森の中で踊る加藤ローサのTVCMが森の中の森林浴という快適さを思わせ、ラッピングバスによる移動販売といった街頭キャンペーンの目新しさがアジアンを意識する上海の女子大生やOLにアピールした。日本のTVCMは加藤ローサと共に大地真央を使った。華やかであっても宝塚歌劇団の色はアジアンの世紀に合わない。宝塚は芸名にしか残っていないヒョウキンもできる天海祐希のような美人女優がアジアンに売れ出すだろう。軽薄なアジアンはカワイイだけでなくビジンも大好きである。石原裕次郎ならすべて良いとするのは国民国家の文化ではあってもアジアンの文化にはなり得ない。

　筆者は、アジアンの世紀の消費傾向は、都会文化、young family志向（double income one kid）、ethnic tasteを入れた快適な生活の重視、feeling oriented、面白好き、だと捉える。feeling orientedなので、教養主義や議論好きは嫌われ

る。しかしオタクのような知識は面白いとして評価される。マクドナルド化された社会は欧米文明のアジア席捲を意味しない。ハリウッド映画とパンク・ロックのエゲツナサはアジアでは嫌われている面もある。

(5) フランチャイズビジネス

　フランチャイズが、アジアのB2Cビジネスとしてはやっている。別の経営主体に、ノウハウとロゴを使わせて、ロイヤルティを得るというビジネスモデルは、フランチャイザーとしてリスクの少ないビジネスだ。土地代、店舗代、仕入れ代、従業員人件費すべてフランチャイジーの負担だから、急速に統一ブランドで市場を拡大できる。土地代や人件費が外資には高く内資には安いことが多いアジアビジネスでは外資にとって投資リスクが少なくできる。中国も2005年から外資によるフランチャイズビジネスを認めた。ベトナムも2005年商法でフランチャイズビジネスを正式に認めた。フランチャイザーとして現地に進出するのは新しい外資の投資形態となっている。

　日本のコンビニ店のアジア進出では、セブン‐イレブンと共に、ファミリーマートが伊藤忠商事の出資も得て積極的である。ファミリーマートは台湾、韓国、タイ、上海に進出しているが、上海では2006年現在直営店のみである。中国では、ファミリーマートとローソンは上海を拠点にしているが、セブン‐イレブンは北京を拠点にしている。華南と華東は、香港、台湾、タイのセブン‐イレブンのフランチャイザーとの関係があり、日本のセブン‐イレブンが自由に活動できない部分があるようである。インドネシア、タイ、中国、台湾、韓国の大手コンビニは、フランチャイザーが食品会社のことが多い。フランチャイズは食品会社の販路拡大の戦略になっているので、流通合理化・IT投資に注力しておらず、経営指導の質も低い。日本のフランチャイザーは流通専業なので、ここに勝機があるが、投資コストが高くなる。

　ファーストフードのフランチャイズ展開はマクドナルド、KFC、ピザハットなど米国勢が力アジア各国で成功している。しかし現地資本による類似フランチャイズに悩まされたり、広告で現地社会に謝罪させられたりと問題もある。日本企業のファーストフードとしては、吉野家や熊本の味千ラーメンの直営店での中国進出は成功しているが、失敗している例も多い。地場の嗜好に合

第4章　国内市場型産業──小売業、食品産業、不動産業、華僑ビジネス── *81*

わせると、特色がなくなる上に、大量の材料供給というフランチャイズのメリットが生かせない。アジアンの世紀を意識したフランチャイズ展開が求められている。

表4-2　アジアにおける典型的なフランチャイズ・ビジネス

Japan	7eleven Japan	Top shareholder of Southland (7eleven US)	Convenience store, Family restaurant
Thailand	CP 7eleven	CP	Family Mart
Indonesia	Indomarco	Indofood	αMart, Ajinomoto
Malaysia	McDonald Malaysia	Bumiputra	Kinder garden
Taiwan	7eleven Taiwan	Uni (Nr.1 food maker)	頂新（Nr.2 food maker)
China	Family Mart	頂新、康師傅 from Shanghai	Uni with 7eleven Japan from Beijing, Lawson from Shanghai
India	MacDonald India	Master franchisee in North & West	Franchisor is a FDI joint venture
Vietnam	Trung Nguyen (Hiland Coffee)	Chain store	New Commercial Law

2.　国内市場向け産業としての食品産業

(1)　国内市場向け食品産業

　日本の味の素に相当する韓国の食品メーカーはCJである。「味の素」に対する調味料は「ダシダ」という。冷凍食品はGoodwellというブランドで展開している。飼料・レジンでは同じだが、中国・ベトナム・カンボジアへの飼料展開はCJの方が早い。味の素が強いタイ、ブラジルには進出していない。味の素より多角化している。それらはCinema Complex、TV shopping（シェア27%で第2位）、レストランチェーン「Skylark」（日本のそれとは無関係）、ゴルフ場経営、物流等々である。飲料事業は2001年ロッテに売却し、洗剤、歯磨き粉、石鹸の日用品事業は国内第2位にまで育てたが、日本のライオンに2005年に売却した。インドネシアの養鶏事業もBirdfluで危ないのではないか。ミャンマーに進出して味の素共々撤退した。調味料原料の砂糖黍を安いタ

イからではなく高いミャンマー産を使えと政府に言われ、タイからの調味料の密輸品に対抗できなくなったからだ。

アジアの地場食品会社は、国内市場で強いばかりでなく輸出でも強いことが多い。タイのCPやBetagro、インドネシアのIndofoodは共に華僑系企業で、国内市場で強い。タイのCPは国内ばかりでなく、鶏肉のブロイラーと飼料の輸出でも強い企業である。

インドネシアの即席ラーメンはIndo Mie、Sari Mieという2大ブランドだが、共にIndofoodの製品である。インドネシアでは小麦は取れないから輸入である。スハルト体制下で小麦粉の輸入はBogasariというスハルトファミリーが経営する半国営企業に独占されていた。IndofoodのオーナーSalimは、スハルトがスラウェシの軍人時代に軍服の調達で関係を作ったと言われている。そのコネを利用して30年間、小麦粉の優先割り当てを受ける一方で、ライバル会社が即席ラーメン産業に入れないような小麦粉の割り当てを働きかけてきた。

タイとインドネシアのNo.1コンビニエンスストア・チェーンは、CPセブンイレブン、Indomartであり、それぞれCP、Indofoodのグループ会社である。そのコンビニ店で扱う品物の3分の1程度は自グループの食品である。つまりコンビニ展開は食品マーケティングにおけるチャネル戦略になっている。台湾も同じである。セブン-イレブンは台湾最大の食品会社統一のグループ会社であり、ファミリーマートは台湾第2位の食品会社頂新のグループ会社である。したがって、フランチャイザーである日本のセブン-イレブン、ファミリーマートの仕入れノウハウは台湾では必ずしも使われてはいない。

1998年5月のスハルト退陣のきっかけとなったアジア通貨危機対策により、Salimグループの持つIndofood株式は国有化された。外国から調達した資金で国内市場向け投資をしていたビジネスモデルが通貨下落で破綻したからである。自国通貨でしか入ってこない資金では、強くなった外貨による返済義務を賄えない。そのために中央銀行から借金をする担保として所有株式を担保に入れた。しかし返済不能になったので所有株式の所有権が中央銀行に移った分が国有株式である。Indofoodの国有株式は国際入札にかけられた。財政赤字幅を少なくせよとのIMFの指示に従ったのである。日清食品の応札価格が

第4章　国内市場型産業——小売業、食品産業、不動産業、華僑ビジネス——　83

一番高く有力視されたが、First Pacificに負けた。First PacificはSalimグループの香港企業であることは周知の事実だが、インドネシア政府はグループによる買い戻しではないとした。First Pacificはフィリピン企業であり経営者はフィリピン人だからbuy backではないと言った。

インドネシア政府にとっては、自国の最大の食品会社が日本企業にわたるくらいなら、政府が損をしてでも元オーナーによる買い戻しの方が良いと考えたのだろう。この考えはSalimグループによる自動車会社、自動車販売会社Indomobilの国有株の国際入札でも繰り返され、Tri Mega SaktiというSalimグループと思われる証券会社による買い戻しが行われた。Indomiobilとの車生産の合弁相手であるスズキやSalimと様々な事業を行っている、丸紅、住商には応札のチャンスさえ与えられなかった。インドネシア公正取引委員会はこの入札を不公正取引だと判断したが、政府は無視し、民事裁判所は公正取引委員会の介入する政府調達案件ではないとの判決を出した。国内市場を支配する地場企業が華僑企業であっても、外資に支配されるよりは良いとの考えである。

財政赤字幅が少なくなるように、インドネシア政府に貸し込んだ全世界の銀行は、リスケジュール（債務繰り延べ措置）で協力した。インドネシアの企業に貸し込んだ全世界の銀行は、債務カットとリスケジュールを行い、インドネシアの企業の発行する社債を買った投資家は、社債の返済不能で大幅な損失を被った。インドネシア向け融資の70％は邦銀だったと言われ、その貸し込み方が異常だと言われた。それが2006年までの10年間にわたるゼロ金利政策により邦銀支援の一因になっている。他方で現地市場向けの大型M&A投資において日本企業が得たものはおよそ少なかった。自国有力企業を外資に売るなというナショナリズムが、市場取引を形だけのものにしている。そこでは華僑企業は自国企業だと見なされている。

外資系食品産業は、食品安全と食品表示を理由としたナショナリズムに常にさらされている。味の素は、インドネシア、タイ、ベトナム、ブラジルで成功している。調味料原料であるサトウキビの現地調達がうまくいっているからである。しかし原油価格高騰でエタノール事業がこれらの国で検討されており、エタノールの原料であるサトウキビ価格は値上げ傾向にある。

インドネシアでは、消費者保護法に反してHaral表示をしなかったとの宗

教団体からの告発で、3か月生産停止に追い込まれ、その後違法でないと証明された後も、ジャカルタの大手スーパーでは味の素食品のすべてを扱ってくれない状態が続いている。タイでは政府高官がしばしば味の素は太るので健康に悪いと口先介入をする。タイの屋台では、テーブルにあるお椀に入った味の素をスプーンで2さじほどかけて焼きソバやソバを食べる。味の素の評判を落とすことで地場ライバルメーカーの商品が売れる仕組みになっている。

そのため、味の素にとって現地でのCSR（corporate social responsibility）活動は重要なPR活動になっている。マレーシアでの養護院訪問、タイでの栄養学を学ぶ大学生への奨学金、ベトナムでの洪水被害者への寄付、香港での歩け歩け運動をしている。広告よりもこのような社会貢献の方が有効なマーケティング戦略になる。

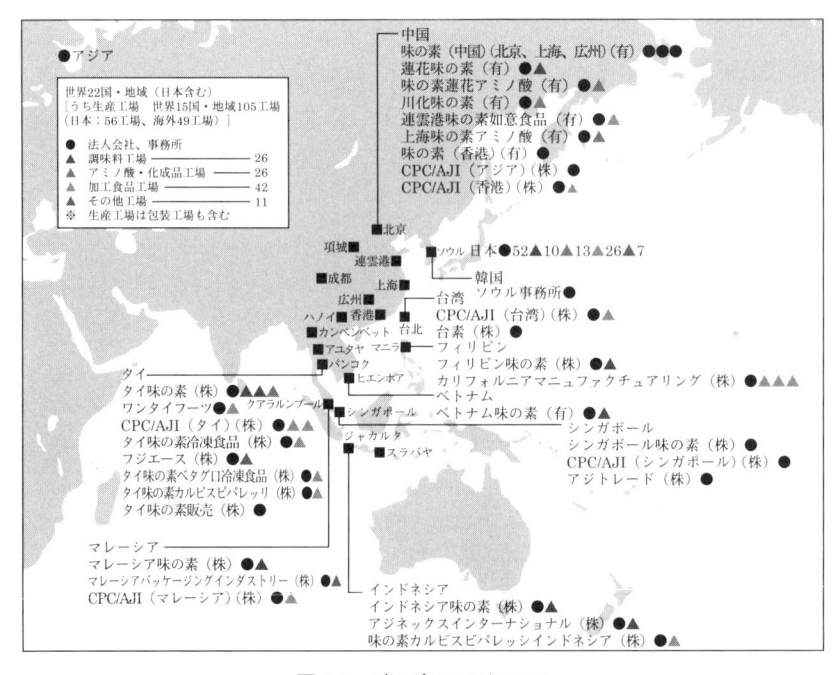

図4-1　味の素のアジアFDI
（出典：http://www.ajinomoto.co.jp/）

第4章　国内市場型産業——小売業、食品産業、不動産業、華僑ビジネス——　85

　ベトナムのエースコックは即席フォーという表示が、認められなくなるリスクを抱えている。フォーは米粉から作るものをいうのであって、即席フォーは小麦粉から作っているではないかという批判を、屋台のフォーのオーナー達が言い募り始める事態があり得る。現地パートナーだった国有企業が民営化のために持分の買取をエースコックに要求し100％外資企業になった現在のリスクである。強力ライバルがおらず、輸出に注力しているので今のところ批判は出てきていない。

　インドと中国ではコカ・コーラがそのような対象になっている。瓶の消毒薬の残留、不衛生な材料・資材の使用、食品基準で使うことが認められていない原料の使用といった批判である。IT社会になって、インターネットで言った者が勝ちというリスク社会になっている。反論しても評判回復には繋がらず、むしろナショナリズムに火をつけかねない状況になりがちである。不衛生や不認可原料の使用といったことは数からすれば地場企業に多くあるが、それらは話題性がないので無視されがちだ。有名税だと言うにはリスクが多すぎる。食品の賞味期限の表示を要求するアジア諸国は増えている。使い回しをした雪印乳業のようなことはおよそしてはならない。しかし現地パートナーが経営支配権を握り、収益性を上げねばならないという環境の下で、経営の現地化を進めると、このような国際的なコンプライアンス遵守はおろそかにされがちである。現地におけるブランド価値の喪失のリスクを、少ない外国人アドバイザーの力で防止するには限界がある。

　外資系食品企業には、タイ味の素のクッキング教室のような、常日頃のPRが必要となっている。味の素は現地営業員を使って零細小売店に商品を置いてもらうために巡回させるといったきめ細かい販売方法を採っている。外資系食品企業は、資金力に任せてTVCMを中心とした広告戦略と販促に力を入れがちであるが、マーケッティングの4Pにおけるpromotionは、広告、販売促進の他に、PR（public relation）と人的販売があることを忘れてはならない。

　台湾Uni（統一企業、統一超商）の中国、東南アジアへの積極的な直接投資は興味深い。インドネシアでは地場No.2の食品会社ABC Centralと合弁で、Indofoodの牙城である即席麺で勝負している。フィリピンでは100％子会社で即席麺と食用油に注力している。Uniのタイ子会社は、清涼飲料水に注力

し、日本語を使った虫の TVCM と共に、ペットボトルを買って車を当てようという懸賞の販売促進でも話題になった。

　統一は日本企業の台湾進出における地場パートナーとなると共に、中国進出における共同の外資側パートナーになることもある。前者には、セブン‐イレブンとのコンビニ、日清製油との合弁統清食品による食用油、キッコーマンとの Tun wan Co. による醤油、ダスキンとの楽清服務による掃除サービスがある。物流では3社と別個に組んでいる。ヤマト運輸との Transnet、三菱商事との合弁、菱食との合弁である。後者には、台湾で成功した事業を中国に持っていくセブン‐イレブンとのコンビニ、日清製油との張家港統清食品による食用油がある。珠海キリンビールは中国でだけ組む例だったが、2006年キリンビールに持分を譲渡した。統一が北京オリンピックの公式スポンサーになったのはアジア市場を狙ってのものだろう。

(2) 国内市場向け食品産業としてのビール業界

　国内市場向け食品産業としてアジアのビール業界を見てみる。ビールは、新鮮さが勝負であり、重くかさ張りあまり揺らして運ぶと瓶が割れたりするので、輸出用に向いていない。日本に輸入ビールが多いのは、発泡酒や第三のビールの開発競争で見られるように酒税が高すぎるからである。中国のように、清涼飲料水の方がビールより高い国もある。

　したがって国別のビール消費量はビール生産量とほぼ同じである。以下はキリンビール発表の世界の国別ビール消費量に筆者が若干手を加えたものである。

　アジアのビール業界で注目すべきは、Tiger のブランドを持つシンガポール企業 APB（F&N のグループ会社）と Chang のブランドを持つタイ企業 Thai Beverage の動きと、中国における地方の優位シェアを巡る内外入り乱れての乱戦である。

　シンガポールという国内市場が小さい国でビール事業をする F&N は当初は Coca Cola のシンガポール、マレーシアにおけるボトラーとして成長してきた。ビール事業に参入するに当たり、APB を作り Heineken のライセンシーとなり、インドネシア、ベトナムに進出し、プレミアムブランドとして Heineken、レギュラーブランドとして自社ブランドの Tiger を売り込んだ。

第4章　国内市場型産業——小売業、食品産業、不動産業、華僑ビジネス——　*87*

表4-3　世界のビールの消費量

04年順位	03年順位	国名	消費量（万kl）	構成比（%）	前年比増加率（%）	大瓶換算（本）/人	有力ブランド
1	2	中国	2,864	19	15	35	青島、燕京、華潤、珠江、三得利、武威
2	1	米国	2,397	16	1	129	Budwiser、Miller
3	3	ドイツ	946	6	−1	183	Luitpold、Als、Beck's、Lowerbrau
4	4	ブラジル	845	6	3	75	Brahma、Antartica、Skor
5	5	ロシア	845	6	10	93	Baltika、Kirin
6	6	日本	655	4	1	81	Asahi、Kirin、Sapporo、Suntry
7	7	英国	582	4	−4	156	Carlsberg、Skol、Guiness
8	8	メキシコ	544	4	2	82	Corona
14	14	韓国	190	1	2	61	Hite、OB
15	15	チェコ	188	1	2	248	Budweiser Budvar、Pilsner Urquell
18	17	豪州	168	1	1	171	Foster、Lion
20	21	タイ	160	1	10	39	Chagn、Shingh
22	25	フィリピン	141	1	14	29	San Miguel
		ベトナム	137	1	10	28	333、Hanoi、Tiger、Bia Hoi
25	22	オランダ	127	1	−1	124	Heineken
		シンガポール					Tiger、Anchor
		香港					Carlsberg、San Miguel
		インドネシア					Bintang、Anker
		ラオス					Beer Lao
		ミャンマー					Mandaley、Myanmar
		インド					Kingfisher、Golden Eagle
		台湾					Taiwan Beer
総計			15,039	100	4		

（出典：http://www.kirin.co.jp/company/news/13/051215_4.html）

　Heinekenのライセンシーとして次第にTigerの品質と価格を上げ、流通チャネルを支配していることから、Tigerを優先的に出荷するようにし、現在ではHeinekenとTigerのどちらも同質だと見られるようになっている。しかし自国以外では、地場銘柄より高い価格を付け、ベトナム、インドネシアではプレミアムビールと見られることに成功した。
　プレミアムビールと見られるということは、レストランで缶ビール、瓶ビールを飲むことが多いアジアでは有利な取引となる。ベトナムでは道端のどこにでもそれぞれの店のBia Hoiがあるという生ビールの文化を持っていたが、冷えておらず、品質が悪いために、缶ビールの方が良いビールと見られるように

なっている。レストランで生ビールが飲めるアジアの途上国は少ない。この点ロシアでキリンが「一番絞り」の生ビールで成功したのと違いがある。ロシアでNo.1銘柄BalticaはCarlsbergの孫会社の持つブランドで、Carlsbergの銘柄Tuborg、Kirinの3銘柄の生ビールはモスクワのどこのレストランにも置かれている。これはロシアが先進国であるという意味ばかりではなく、ロシアでレストランに行くことは贅沢なことだという食生活があることも見逃せない。

表4-4　APBの海外事業

出資比率	社名（国名）
100%	カンボジア・ブルワリーズ
100%	DBブルワリーズ（NZ）
100%	ハタイ・ブルワリー（ベトナム）
100%	アウランガバード・ブルワリーズ（インド）
76%	サウス・パシフィック・ブルワリー（パプアニューギニア）
68%	社名未定（ラオス）**
60%	APB（ランカ）（スリランカ）
60%	ベトナム・ブルワリー
55%	MCS-APB（モンゴル）**
35%	タイAPB
26%	ギネス・アンカー（マレーシア）
50%	ハイネケンAPB（中国）*
	→ 100%　海南APB
	→ 97%　上海APB
	→ 49%　江蘇大富豪
	→ 22%　金威ビール集団

同社資料。*残りはF&N25%、ハイネケン25%。**は醸造所未稼働。NZはニュージーランド。2006年のベトナム・フォスターの買収案件は除く。
（出典：http://nna.asia.ne.jp.edgesuite.net/freetop/top/free_spd_daily.html）

APBは2006年8月ベトナムのフォスターズのベトナムの中部ダナンと南部ティエンザンの2工場を1.5億ドルで買収し、南部ホーチミンと北部ハタイの既存工場と合わせ全4か所の工場で年産4.1億ℓ体制にした。「フォスターズ・

ラガー」、「ビア・ラルー」、「BGI」「フラッグ」、「ソン・ハン」の商品ブランドを得た。APBの営業利益の4割はベトナムから得ている。フォスターズはインドのアウランカバードの工場をミラーに、中国上海の工場をサントリーに合計8,000万ドルで売却しアジアから撤退した。対してBeer Laoが支配的なラオスにAPBは新規進出が認められ2007年末から独自ブランドでラオス国内販売が始まる。

　Thai Beverageは、ジャルーン・シリワタナパクディーが育てた会社で、同氏は軍部の利権だったMekong Whiskyを買ってから、Singhaビールが圧倒的シェアを握っていたビール業界にChang（象）のブランドで進出した。デンマークのCarlsbergのライセンシーとなり、質を上げるビールの製法を学び、国内の流通チャネルを握っているところから、Carlsbergを出荷せずChangを優先的に出荷する手法を採った。Carlsbergはライセンス契約違反だとして契約をキャンセルしたが、時すでに遅しで、ChangがSinghaを出しているBoon Rawdを凌ぐシェアを取ってしまっていた。売れているMekong Whiskyを仕入れたければChangも買えという、不公正な販売手法を採ったために公正取引委員会から警告も受けている。2002年の日韓ワールドカップサッカーのタイにおける公式スポンサーになりTVCMにも注力したこともシェア第1位になった理由である。アサヒビールがBoon Rawdと販売合弁会社を設立したのは、そのようなときだった。Thai Beverageの外資をダシに使うやり方はAPBよりエゲツナイ。

　ジャルーンはタイ最大の富豪で、2006年7月雑誌『Forbs』の発表では資産推定32億ドル。次いでドリンク剤「レッドブル（クラティンデーン）」の創業者チャリアウ・ユーウィタヤー氏で27億ドル。同氏は宮本とアレックスが入ったオーストリア・ザルツブルクのサッカーチームのオーナーでもある。第3位はCPグループのタニン・ジアラワノン会長で23億ドル。そして第4位がタクシン前首相で22億ドルである。

　2006年5月Thai Beverageはシンガポール証券取引所に上場した。大規模ビール工場の新設資金の調達のためである。当初はバンコク証券取引所に上場するはずだったが、仏教団体から、タイ人を酔っ払いにするつもりかと社会的批判を受け、短期の社債発行で繋いだ上での上場である。ジャルーンの資産に

はこの上場益が、タクシンの資産には、Temasek に Shin Corp の持ち株を売った利益が含まれているのだろう。2003 年にタイに日本風の緑茶ペットボトルを導入して成功した Oishi を 2005 年に買収し Oishi の最大の株主にもなった。

フィリピンの代表的ビールである San Miguel は代々 Soliano family のものだったがマルコスの死後フィリピンに戻ったマルコスの取り巻きだった Cojunco に買収された。Cojunco は三菱商事を San Miguel の大株主に迎え入れ、輸出およびキリンビールとの連携を探っている。

2004 年は外資が中国のビール業界に M&A をかけた年だった。中国には 600 社程度のビール会社があり、中国一のシェアを持つ青島ビールでさえ 15% のシェアに過ぎない。地方政府が地場の国有企業出自のビール企業を保護し、他の省から流入してくるビールを様々な手段で排除する。中国の独占禁止法が制定できなかったのは、この地方政府による保護主義（行政独占という）を取り締まれる目処がつかなかったからだ。このような状況下で外資が新規にビール産業に参入するのは至難の業である。そのため中国の地場企業に出資して、資金と技術により企業ブランド名を上げ、商品ブランドのラインアップを充実する方針を外資は採った。2004 年はこのような外資による中国企業の M&A

表 4-5　外資ビール会社による中国企業への M&A

出資時期	出資企業	出資先企業	出資比率	出資金額
2004.1	Heineken	粤海ビール	21%	81 億円
2004.2	Carlsberg	蘭州黄河	50%	20 億円
2004.2	Carlsberg	チベット発展	50%	16 億円
2004.3	華潤―SAB	浙江銭江ビール	70%	37 億円
2004.3	Interbrew	金獅集団	50%	139 億円
2004.5	華潤―SAB	安徽龍津	90%	36 億円
2004.6	Interbrew	浙江紅石梁ビール	70%	57 億円
2004.6	Anheuser―Busch	ハルピンビール、SAB	100%	700 億円
2004.9	華潤―SAB	ライオンネイサン中国	100%	165 億円
2004.12	キリン	大連大雪ビール	25%	38.7 億円
2006.1	Interbrew	雪津ビール	100%	860 億円

第4章　国内市場型産業——小売業、食品産業、不動産業、華僑ビジネス——　　*91*

がラッシュした年となった。新興中間層の購買力が増え、たとえ世界一の消費量を持っているといえども、一人当たり消費量がまだまだ少なく、プレミアムビールとして売るのなら値上げの余地が高いからだ。別掲の表は外資ビール会社によるM&Aの実績に2006年の例を加えてものである。

インターブリュー社は福建省最大の雪津ビールの買収で、中国8省で30ビール工場を持ち、年間生産量が350万tに達し、12%の市場シェアで青島ビールに次ぐ、中国ビールメーカー第2位の会社となった。中国全土で自社のブランドを販売するより、資本提携先の地方ブランドによって、まず地域ごとにトップシェアを獲得する戦略である。それにより浙江省、広東省、湖北省、湖南省で第1位、江蘇省で第2位のシェアを取った。インターブリューはもともとベルギーの会社だが、Brahmaの買収でブラジル市場第2位となり、BecksでドイツとEU市場の瓶ビールでのプレミアム市場を握り、ベルギー独自のStella Artoisブランドは他国に推し広めない戦略で成功してきた。

2003年にマレーシア資本のライオンの中国におけるビール事業の半分を1.32億ドルで買ったことで弾みがついたようだ。2004年に残りの半分もライオンより買った。中国企業に出資したのではないが、中国進出にににつき第三国でのM&Aを使っている。

日本のビール会社の中国進出は、日本のビールブランドを中国でも広めようとするものだが、成功するかは怪しい。この方式は、サントリーが上海で第1位のブランドになったこと、および武漢の現地会社に出資しBudweiser（武威）を華東地域に広めるのに成功したAnheuser Buschの戦略のひそみにならったものである。この方式が成功するのだとしたら、地場企業がプレミアムブランドとして出資した日本ビール会社のブランドを認めることが先決だが、そのようなことは認めたくないのが中国のビール会社であり消費者なのではないかと筆者は考えている。キリンは2006年1～6月期、46%を出資している豪州第2位のライオンネイサン社から70億円の特別配当を受けた。ライオンネイサン中国を華潤SABに売った現金収入を特別配当に回したからだ。ライオンネイサン中国の「太湖水」ブランドは蘇州、無錫で強い。日本企業が多く日本人の単身赴任者が多い蘇州でキリンブランド「麒麟清醇啤酒」が売れなくなるのはつらい。当座の現金と将来のブランド構築のどちらがよいかという問

題だ。

　タイと華南の文化価値は不確かさを何でもよいからカバーしようとする点で共通だ。ChangとTigerは欧州銘柄のライセンシーにより得た技術で品質が向上しているという、不確かさをカバーする言葉に、タイの消費者は酔い、シンガポールの消費者は社会的権威を感じた。それだけの品質感覚を日本のブランドに持ってくれないのではないか。そして華北は権威に従う文化である。日本のビールの権威など認めないだろう。インターブリューの戦術しかないように思える。ただしChangとTigerのownerが自己実現を目指す文化価値を持つ華僑であることによる不利は、中国にあるの華北華東ように思える行政独占という社会的権威と集団への発展意識との衝突だ。キリンが珠海ビール共々組んでいる台湾企業統一食品は国民党関係の企業から発している。何でもよいから不確かさを回避する方策を目指せば、足をすくわれる事なく華南では成功できるだろう。

3.　華僑ビジネスと不動産ビジネス

　アジアビジネスがグローバルビジネスと異なる典型は、アジアには華僑というビジネス主体が重要なプレイヤーになっている、ということである。東南アジアでは人口の4%しか占めない華僑が経済力の60%を握ると言われている。東南アジア全体にいる華僑は2億人程度いる。

　華僑経営の特色の1つはファミリー経営である。ファミリー経営の事業運営の原理は、あくまで個人・家族・同族の資産の最大化であるので、企業の利潤率ないし成長率の最大化や市場シェアの最大化はそのための二次的な手段と考えられている。ファミリー経営が数世代にわたって持続していくためには、同族内で人材が確保される必要がある。幸い華僑社会は均分相続が原則であり、かつ、創業者は複数の妻を持つ場合が多かったために、子供が多く、無能な長男に事業を継承させないで、より有能な息子・娘婿に事業を継承させることができたために現在までファミリー経営が続いている場合が多い。

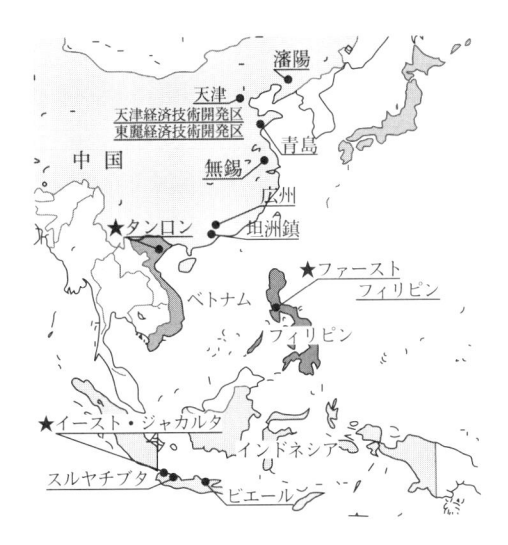

第 4 章　国内市場型産業——小売業、食品産業、不動産業、華僑ビジネス——　93

図 4-2　住友商事のアジア工業団地事業
（www.sumitomocorp.co.jp/lindpark/）

　他方印僑や韓国財閥の場合、均分相続の考えが徹底していないために、成功した財閥も 2 代目になるとグループ企業の間で経営権の奪い合いが子供の間で生まれ失敗することも多い。また華僑でもインドネシアの Astra グループの創業者 William Soeryadjaya のように、権力を持ち過ぎて 1996 年財閥が崩壊したケースもある。子供、娘婿への帝王学教育の時間がなく、財閥総帥としての娘は、人は良くてもやり手のビジネスパーソンになれず、スハルト末期の権力最大化の時期に重なったこともあり、インドネシアの Salim グループと Soeharto 一族および Bob Hasan に財閥を乗っ取られた。
　ファミリー経営をする華僑はどのようなビジネスをするのだろうか。ポイントは、華僑が、(i) 現地においては地場資本として機能し、かつ (ii) アジア経済において華僑ネットワークを利用した多国籍にわたる事業をする、ということである。儲かるものなら、先に取ってしまった者が勝ちだ、ということからダボハゼ経営と筆者は言っている。ダボハゼとはハゼという魚は「何にでも食いつく」ところから呼ばれている。しかし筆者は「うまいものがあったら他の魚にと先に取られないように見境なく食いつく」という意味に使っている。「うまいもの」とは上記 (i)、(ii) が機能することであり、「見境なく」とは、

企業情報開示、CG（企業支配）、そしてCSR（企業の社会的責任）にあまり顧慮することなく、という意味である。

(i)により、外資規制産業において、外資の技術と資本が必要な場合、外資系合弁会社の現地パートナーとなり、外資の資本と技術が必要でない場合は、自らの事業として寡占状態を作る。外資の要不要にかかわらず、現地市場が寡占市場になる、点に特徴がある。(ii)は投資資金の調達において有利だった、香港とシンガポールの金融市場が彼らのネットワークの最大の資金調達源となった。また事業のリスク分散においても華僑ネットワークは機能した。タイの複数華僑資本が一緒になってラオスの事業に投資することが行われた。Kasikorn Bank（前タイ農民銀行）がその情報センターとなっていた。

インドネシアの最大華僑Salim Groopの中核会社である食品会社Indofoodは、1997年アジア債務危機当時、返済不能から1998年インドネシア政府に経営権がわたった。2001年に行われた政府持分を民間に売る、民営化入札において、フィリピン資本First Pacificをとおして買い戻したのが典型である。華僑ネットワークを複雑にしたからである。

日本で使うコピー用紙の最大の輸出者APPの2004年における、8,000億円の債務救済計画でも華僑ネットワークの巧妙な利用が行われた。インドネシアNo.2の華僑グループSinar Masは、製紙会社APPをNew York証券取引所（SE）に、パーム油会社をSingapore SEに、APPのインドネシア子会社2社をJakarta SEに、China Strategy（中策集団）をHong KongSEに上場させた。それぞれの最大の株主はWidjaya Faminly Trustである。Widjaya Faminly Trustは非利益の信託だからと、APPの債務救済に何もしないで済んだ。実質familyの持株会社である。APPの信用力で子会社に社債を発行させ、APPに資金を預けインドネシア子会社の設備投資資金を賄うといった、資金使途が不明な資金調達が繰り返された。

アジアにおける代表的な華僑資本の例は表4-6のとおりである。

第4章 国内市場型産業——小売業、食品産業、不動産業、華僑ビジネス—— 95

表 4-6 アジアの代表的華僑資本

華僑名	国	事業分野、top
Salim	Indonesia	食品 Indofood、自動車 Indomobil、銀行（BCA）、コンビニ（Indomaret）、Lim Soe Leong、Kunchana
Sinar Mas	Indonesia	製紙、工業団地、タイヤ、パーム油、Eka Cipta Widjaya 中策集団
Lippo	Indonesia	銀行（Lippo Bank）、Mochtar Riady、SGP 百貨店 Robinson を買収、力宝
Bangkok Bank	Thailand	銀行、Sophonpanich Family
Kasikorn Bank	Thailand	銀行、貿易、Lamsam Family、Roxley で貿易
CP Groop	Thailand	食品、コンビニ（CP7eleven）、Charoen Phokpand、正大企業 Cheravanont Family
Saha Pattanapibul	Thailand	日用品（ライオン、金鳥）、繊維（ワコール、敷紡、イトキン）
Thaksin Sinawatra	Thailand	通信、首相（2006.4 反対運動で辞職を迫られ、2006.9 クーデターで失月却）
Hutchison Whampoa	香港	不動産、港湾、電力、通信（PCCW）、小売（Parknshop）李嘉誠、和記黄埔、長江実業
Robert Kuok	香港	Shangri-La Hotel、television broadcast
Gordon Woo	香港	建設、Hopowell、合和実業
OCBC	Singapore	銀行、Lee Kong Chian Family
Hong Leong	Singapore	不動産
Cycle & Carriage	Singapore	自動車販売、インドネシアの自動車・バイク大手 Astra Int'l（トヨタ、ホンダのパートナー）を買収
Sime Darby	Malaysia	プランテーション、タイヤ、不動産、自動車・建機販売
Lim Goh Tong	Malaysia	Genting Highland、カジノ、レジャー
YTL	Malaysia	建設、Yeoh Tiong Lay
Tan Chong	Malaysia	製造業、日産のディーラー、Tan Family
Lion	Malaysia	製造業、小売（Parkson）、Wiliam Cheng
Danding Cojuanco	Philippines	ビール（San Miguel）、不動産、銀行
Lucio Tan	Philippines	Phillipine Airlines
Tony Tan	Philippines	Jollibee Food、ファーストフード・レストラン

　不動産ビジネスを行う華僑が多いのは、土地という資源が有限で、かつ利権により取得できること（OPA3）、資金力が必要なこと（OPA10）、そして外資とのネットワークにより、外資系企業の誘致や外資の駐在員事務所といった外貨ベースで支払ってくれる安定的な優良顧客が囲い込めること（OPA6）によ

表 4-7　ポーターの競争優位と華僑の戦略

ポーターの競争優位の要因		華僑の戦略	華僑の戦略が機能不全になる要因
（ⅰ）業界構造の分析	①新規参入の脅威	利権で入れない分野に入るか、有力外資と組んでしまう	WTOのドで輸入関税が低くなる
	②業界内の競争	新規参入が技術と資本でしにくい分野を選ぶ	新規参入業種はIT等サービス＋生産が必要になってきた
	③代替品の脅威	代替品がない（不動産）か、輸入品以外に代替品がない（輸入代替産業）分野を選ぶ	投資金額の調達が華僑ネットワークとグループ銀行のみでは、過剰債務を抱えかねない
	④買い手の交渉力	小売業・消費者が零細・弱小な分野を選ぶ	変化ない
	⑤売り手の交渉力	生産会社の株主として、B2Bで買い、自らの流通網で売るので、交渉力がある	外資100％子会社が製販することも可能になった
（ⅱ）業界の競争要因	⑥競争相手の反応と行動の予測	利権で国内での競争相手は1～2社しかなく、国内市場では厳しい競争はしない	規模の経済を求めて地域経済圏で活躍できる業界が少ない
	⑦買い手の選択と対応	外国では売れている買い手にとって新商品なので、QCDSを考えるが必要がない	金融をつけないと買ってくれない商品が増えた
	⑧売り手の選択と対応	生産会社に出資している株主として、B2Bで買い、自らの流通網で売る	流通網に生産会社の外資も介入できるようになっている
	⑨業界の変化	国内市場の成長と共に売上が増え、利幅は落とさないで済む寡占分野を選ぶ	ノウハウがなければ、資金があっても参入できない新規業種が増えた
（ⅲ）競争戦略	⑩コストリーダーシップ	使用しない	安い中国製部品でKD生産販売をする中国系合弁企業が低コスト戦略を採る
	⑪差別化	使用しない	日系品なので中国系品より良い
	⑫集中	現地での販売に集中	債務返済に追われ売却する事業も生まれている

る、と考えられる。

　ポーターの競争優位の分析手法により、華僑ビジネスはどこまで分析できるかを試してみる。

　上述華僑の戦略を見ると、競争戦略では、⑩コストリーダーシップを取らないでも、そして⑪差別化戦略を採らないでも、⑫集中しさえすれば儲かる業界で華僑は成功してきたことが判る。不動産ビジネスが華僑にとって良いビジネ

第4章　国内市場型産業——小売業、食品産業、不動産業、華僑ビジネス——　97

スだったのは、この競争優位の典型的な例なのである。土地という資源が有限で、かつ利権により取得できることは、(i) の業界構造、資金力が必要なことは (iii) の競争戦略、そして外資とのネットワークにより、外資系企業の誘致や外資の駐在員事務所といった外貨ベースで支払ってくれる安定的な優良顧客が囲い込めることは、(ii) の業界の競争要因による競争優位なのである。

　そして華僑にとっての新しい脅威は、⑫の集中の問題となる中国品と資金調達能力そして、⑨の問題となる新しいノウハウがなければ参入できない新規事業にどう取り組むかの問題だろう。

　華僑の中国ビジネスは、CP、Sinar Mas のような成功例ばかりではない。マレーシア華僑 Lion は、2004 年中国でのビール事業をインターブリューに売って撤退した。中国に 43 店の Parkson デパートを展開している投資の見返りとして、中国の東風汽車のトラックをマレーシアで組み立てて東南アジアで売ろうとしている。中国自動車メーカーの東南アジア進出のお先棒を担がせてもらえて成功するかは不明である。中国家電メーカーに PB（private brand）の家電品を作ってもらってマレーシアで売っている華僑がいるが、このビジネスモデルの方が成功するのではないかと思える。インドネシアの Salim は Indomobil で日野自動車と Volvo と組んで合弁で製造販売している。日野はトヨタグループだが、トヨタが組む Astra とは組んでいない。他方 Astra は日産ディーゼルと組んでいる。しかし日産の乗用車のディーラーは Indomobil である。生産会社に主導権を握られないようにインドネシア華僑はしたたかな戦略を採っている。東南アジアの華僑がしたたかに築いてきた自国市場を、マレーシア華僑と組んだ東風汽車が安価をもって打ち破れるとは思えない。

　この点成功しているのは、米国帰りでインドにおいて IT ビジネスで成功している印僑である。彼らの BPO というビジネスモデルは第 6 章で扱う。IT ビジネスのような、自分で技術ノウハウを持たなくてはならない点が Overseas Chinese と成功した Overseas Indian の違いだろう。インド政府は Overseas Indian を non-resident Indian（NRI）として印僑によるインド投資を歓迎している。印僑は華僑ほど東南アジアにおいて成功しなかった。インドの東地域に住む Bengal 人が繊維商人となって東南アジアで活躍している程度である。インド商人の典型はマルワリ商人といってインドの西地域にあるラジャスタン

州出身である。インド国内で活躍はするが、海外で同じ地域出身ということでネットワークを作ることは華僑ほどにはなかった。

　Gomez他の"Chinese Business in South East Asia"では華僑ビジネスの特徴を、①仲買人、②文化決定論、③ファミリー経営とビジネスネットワークから論じている。筆者は④文化価値（cultural value）から論じる方法もあると考えている。①は起源の説明にはなっても産業資本家化した華僑の存在を説明するのには不足である。②は儒教主義であるが、家長尊敬、目上尊敬の説明にはなっても、儒教はそもそも国を治める思想ではあっても商業思想ではないことと、なぜ広東省出身者ばかりが華僑として成功するのか、の説明にはなっていない。③は儒教の家長尊敬主義の一部をもなし、広東省出身者たちが海外で協力し合うことにより成功することを説明している。しかし、どこの国でもファミリー経営はあるし、人脈ネットワークが商業的成功には不可欠であることから、十分な説明にはなっていない。

　筆者の言う④とは、自らの文化価値は、高度な自己実現意識と相互依存的傾向が強くかつ強い社会規範の存在を前提としているが（cluster IV）、彼らが根付いた国における文化価値は、強い社会的権威への従属、強い家族主義と集団への帰属意識を特徴とするcluster IIの国（香港、インドネシア、マレーシア、シンガポール、フィリピン、華南以外の中国）か、不確かなものを回避すめ傾向と個人主義の未成熟を特徴とするcluster IIIの国（台湾、タイ、中国華南、韓国）だった、ことを特徴とする。すなわち自らと別の文化価値を持っていることを意識して事業を行う必要があった。場合によっては、自らの文化価値を表面は隠して事業を行ってきたことを成功の原因だと見ている。文化価値の違いの意識が強ければ相手とうまくやる方法への意識は高くなる。

　華僑が華南の文化価値を共有しないのは、自らが華南を出て外国に出稼ぎに来ていて、2代目、3代目になっているからだ。故郷があってもそこがしょっちゅう帰れる場所ではない場合、自己実現意識の強い、逞しい根無し草（デラシネ）の心情を持つようになる。ディアスポラ（故郷喪失者）とも言われる。祖国追放者としてユダヤ人を指すために使われた言葉が、今はより広い意味で使われている。

　筆者は栃木県出身なので知っているのだが、栃木県小山市にある数社の酒造

第 4 章　国内市場型産業——小売業、食品産業、不動産業、華僑ビジネス——　99

店は近江商人であり、今でも家族を滋賀県において単身赴任している酒造店主人がいる。秀吉により伊達政宗に対抗すべく会津に領地をもらった蒲生氏郷について行った近江商人が会津の手前の東山道に居ついたのである。韓国ではギロアッパ（渡り鳥の父）と言われる単身赴任の父親達がいる。アメリカやカナダに留学する子供に母親がついて行ってしまったために渡り鳥である母子の父親になって、韓国で稼いだ金の送金を強いられている。自国でディアスポラになっている。彼らの価値観が出身地の価値観と異なり、自己実現意識が高いのは判らないことではない。

図 4-3　中国各省の英文表記

第5章

輸出市場型産業としてのアパレル産業と食品加工業

中国は世界の工場か、人件費が安ければ競争力はあるのか

1. アパレル産業と委託加工

アパレル産業や運動靴製造業の多くは中国やベトナムの企業に委託加工をしていることが多い。中国やベトナムの人件費が安いからだと答える事が多い。しかしアパレル産業の典型、ユニクロのHPでビジネスモデルを見てみると、人件費の安さ（仕入価格の安さ、サービスにおけるOPA4）と大量販売（OPA6）だけで儲けているのではなく、調達（素材の調達、OPA3）が重要なことが判る。

ユニクロ、GAP、Beneton、Nikeのように人件費の安い外国にある地場企業ないし外資系企業に生産委託し、全世界でその強力なブランド力で全世界の市場で売るビジネスモデルを持つ企業をglobal soucerともいう。global soucerは先進国の消費者団体から、途上国の安価な労働力を搾取していると非難されやすい。そこでCSR（corporate social responsibility）の一環として、委託加工先企業の労働法令遵守状況をモニターし、労働法令遵守企業からしか調達しないと調達方針を公表している。1999年4月NikeとGAPはNGOや世界銀行と組んでGlobal Alliance projectを発足させた。委託加工先企業の労働条件をモニターする組織である。このようなPRがないと先進国の消費者からボイコット運動を起こされかねない。

実際Nikeは、消費者団体から詰め寄られて、委託加工先の劣悪な労働条件を放置していたことを謝罪させられた。Nikeの運動靴の委託加工を請け負っていた韓国企業は、スハルト退陣後のインドネシアの賃上げ要求に辟易して、

1990年代末インドネシア子会社の現地工場を閉鎖して、ベトナムに新たに現地法人を作ることにした。そのために1万5,000人のインドネシア人従業員が失業した。これはインドネシアと共に米国の社会問題となった。B2C企業としてのNikeは消費者より不評を買うのを恐れ別途インドネシア企業よりの調達をすることになった。1980年代末、日本のスミダ電機が韓国の人件費アップに辟易して、韓国子会社を閉鎖し、中国に新規投資した際に、韓国人労働組合員が東京のスミダ電機本社工場前でムシロ旗を立ててピケッティング抗議活動をした。日韓のメディアは渡り鳥企業とスミダ電機を非難した。10年前に自分達がやったことを今やられているという思いを抱く韓国人もいただろう。

　2005年のNikeの年次報告書によれば、Nikeの運動靴は、すべてアジアの企業によりアジアで作られている。中国36％、ベトナム26％、インドネシア22％（9社が委託加工先）、タイ15％である。インドでも作っているがインド国内用である。他方NikeのアパレルもまたすべてNike以外の会社の38か国にある工場で作られている。top13の調達国はバングラデシュ、中国、ホンジュラス、インド、インドネシア、マレーシア、パキスタン、スリランカ、台湾、タイ、ベトナム、メキシコ、トルコであり、アジア以外は2か国しかない。これらの企業の仕入れ在庫ファイナンスはすべて双日米国が行っている。双日米国との契約は2008年5月まである。global soucerのoutsoucingビジネスで、委託加工先の輸出入金融リスクもヘッジしている。

　global soucerが資本関係のない会社に委託加工していることは、部品会社にも大きな影響を及ぼす。global soucerが製品の仕様を決める。YKKはGAP御用達のファスナー企業である。欧・米・日のような先進国の消費者はYKKのブランド名に絶対の信頼を寄せている。アパレルではファスナーの企業名はチャックに刻印されているのでアパレルではファスナー部品企業の名前はすぐ分かる。アジアの消費者はファスナーの企業名でアパレルの品質が変わるとは思っていないので、Venusのようなファスナー企業が発展できる余地がある。YKKがインドに進出したのはGAPがその生産委託地をインド企業としたからだ。当初タイYKKからファスナーを運んでいたが、輸送が間に合わなくなってインドに100％子会社を作った。GAPは、委託生産のみで投資はしていないので委託生産地をインドから別の国に移せるが、YKKは直接投資を

しているので簡単に移せない。YKK India の売上は毎年大幅に伸びているが、納入先ではなく納入先の客先による思惑に投資収益が左右されるリスクを負っている。

　YKK には偽物に悩まされるリスクもある。委託加工先ではないベトナム企業が、自らのアパレルを米国に有利に輸出するために、YKK の偽物ファスナーを中国から仕入れて使うのである。YKK と YKK の現地子会社では、ブランド価値を守るために、ベトナム、中国、米国で各々違った偽物摘発業務を同時にする必要がある。ベトナムでは偽物を使っているアパレル業者を把握して警察に摘発してもらう。中国では偽物を作っている業者を警察と公安に摘発してもらう。米国では輸入差し止めを税関当局に依頼する。これら偽物摘発の成果は、YKK の各国における現地法人の現地スタッフがどれだけ働いたか、そしてどれだけ姉妹会社間で協力できるかにかかっている。しかし、現地人スタッフは、これらの面倒で当局および関係子会社間との協力が必要な仕事を避けがちであり、偽物捜索専門会社に依頼すれば済むといった行動を採りがちである。

2.　食品加工産業とその他の輸出指向型産業

　アジア諸国はそれぞれ、その特色に合わせた輸出指向型産業を持つようになっている。特に中国とベトナムは安くて豊富な人材がいることがアピールできるアパレル、布製バック、運動靴、電子部品組立で優れている。タイ、中国、ベトナムは自国にある農産物資源を生かした特定の食品加工産業で優れた輸出指向型産業を生み出している。以下に例を挙げる。

　タイ、台湾、中国からは生野菜の日本への輸出が盛んである。日本の食品加工会社として有名な加ト吉は食品加工子会社を山東省だけで6社持っている。なお上表中にあるキャッサバ（シンコン、取れた澱粉がタピオカ）はインドネシアのではチップスとしても食べられている。日本では第5位の即席麺メーカー・エースコックはベトナムで輸入小麦を使って即席ラーメンを作りベトナム市場の7割を握り世界40か国に輸出している。ベトナム人は麺が好きという要素賦存を利用している。

第5章　輸出市場型産業としてのアパレル産業と食品加工業　103

表5-1　輸出指向型産業の例

国と商品	要素賦存	ビジネスモデル
中国のアパレル	安くて豊富な人材	委託加工、アパレル産地岐阜の企業は大挙して南通に進出、ユニクロの中国
ベトナムのアパレル	安くて豊富な人材	中国からのアパレル輸入で国内産業が被害を受けた国からの中国への輸出自主規制要求を回避
ベトナムの布製バック、運動靴（Nike）	安くて豊富な人材	委託加工
インドのGAP、スリランカの女性下着	安くて豊富で眼の良い人材	米国企業の委託加工
インドネシアの女性用パンプスとサマーセーター	安くて豊富な労働力と台湾華僑の介在	台湾華僑、現地華僑の開発輸入（女性用パンプス生産地神戸にインドネシア人が多い理由）
中国山東省での食品加工（冷凍加工食品、米菓）	安い食品材料と労賃	日系企業による投資
中国山東省と東北部の野菜と山菜	多数の農民と物価水準の違い	日本企業一世代物野菜の開発輸入、日本の居酒屋チェーン・GSイオン・専門商社、韓国企業はキムチの輸入
タイ東北部のキャッサバ（シンコン、芋）	痩せた土地に生えるシンコンと貧しい農民	タイ地場企業CPによる買い付けと飼料加工してEU（牛の飼料）と中国（豚の飼料）に輸出
タイの鶏肉ブロイラーの冷凍焼き鳥加工	安い労働力と鳥を食べる食生活、鳥インフルエンザが問題	タイ地場企業CPの冷凍加工品を日本商社が輸入。生肉輸出はBirdfluでできない。
インドネシア、ベトナム、ラオスのコーヒー豆	熱帯高地	単純輸出と現地合弁会社が栽培農家と契約して日本に輸出（木村コーヒーのトラジャコーヒー）
インドネシア、ベトナム、ラオスの木材加工品	加工木材なら輸出可能（原木輸出禁止）	インドネシア地場企業・合弁企業からのベニア板、床材
インドネシア、タイ、バングラデシュ、インド、ベトナム、養殖海老と天然海老	海産物資源と養殖漁民の存在、中国は養殖鰻の産地	日本の商社の買付と築地市場の動向、食品安全衛生からの視点が必要になっている（positive list）。
タイのキャットフード・ドッグフード缶詰	魚資源と安い労働力	外資系企業と地場企業による加工
フィリピン、インドネシア、タイのフルーツ缶詰と南洋果物	南洋果物資源と労働力	プランテーションないし契約農家からの買い付けと外資系企業による加工

タイのCPも、国内市場向け食品産業の顔以上に、輸出用の食品加工業、飼料メーカーとしての性格が強い。冷凍エビの輸出の成功からタイ中間層の消費量も増えると読んでタイ国内販売に乗り出した。「アジアンの世紀」の消費者にアピールするように、スーパー店内で大きなエビの着ぐるみを登場させ子供の人気を取り親に買ってもらうという店頭販促活動も使っている。

　タイは米の輸出国だ。米の仲買人、輸出業者の多くはタイ華僑である。精米輸出業者として有名なChia Meng Groupの看板はタイ語表記と共に「正明」と漢字表記もしている。タイの政府、観光業者と共に、タイ東北部（イサン）で取れる良質な香りの良い米Hom Mali Riceの輸出に力を入れている。2005年の輸出の3割に相当する200万tがHom Mali Riceである。香港、中国、シンガポール、マレーシアが主な輸出先である。これらの国の食に強い関心を持つアジアン新中間層に売る。それは同時にCPの冷凍海老の国内販売に見られるようにタイ国内のアジアンにも売れることに繋がる。しかしHom Mali Riceが美味しい理由は「雨量が豊富なイサンで手植えによる有機栽培だからだ」という宣伝文句には疑問がある。

　味の素は冷凍食品事業でも成功している。タイでは冷凍の鶏・豚肉とエビチリソースや鳥の唐揚げなどの調理冷凍食品の日本への輸出事業を、タイの華僑資本Betagroと行っている。Betagroは住友商事、三菱商事とも組んで別の事業を行う、タイの食肉事業ではトップをCPと争うメーカーである。味の素の中国拠点は江蘇省連雲港にあり、地場の如意食品との合弁で、冷凍食品の製造輸出の事業を行っている。

第6章

自動車産業、自動車部品産業、鉄鋼業

国内輸出同時指向型産業、タイ・中国・インドの産業クラスターは成功するか、ASEANにおける日系企業優位は続くか、5S・カイゼン・JIT生産

1. 自動車産業

アジアの自動車産業は日本と韓国が国内用と輸出用で大きく発展している。タイはアジアのデトロイトを目指している。タイの自動車産業は日系企業が強く輸出能力もあり、その他はGM大宇とフォードがあるが地場系企業はない。同じASEANであるインドネシアも日系が圧倒的なシェアを持ち地場系がない市場である。地場系企業があるのは中国、インド、マレーシアであり、中国は輸出能力をつけようとしている。

日系企業が強いのは、トヨタ生産方式に代表されるモノづくりの思想をアジアでも実践しようと、日々カイゼンに励んでいるからである（OPA4）。そこでは工場現場でのQC、5S、ムダを減らす方策が採られ、カンバン方式で多品種の車を同じコンベアライン上で混流しながら組み立て、部品在庫を最小限しか持たないようにするためにJIT生産が採られている（OPA3）。部品会社は1日のうちに何度も組立会社に必要なだけ部品を運搬するので、時間に即してという意味でJust in Timeと呼ばれる。中国では部品会社が時間に合わせて運び込むのが困難な場合が多いので、組立会社の方から定期便を出して部品を集めて回るミルクラン方式も取り入れて、トヨタ生産方式を実現しようと工夫している。

タイの2006年前半の輸出は前年同期比25%増の1,668億バーツ（Bt）だった。日系のトヨタ、三菱自工、ホンダの3社で輸出総額の75%を占める。ト

ヨタタイは日本では作っていない高級 pick up 車 IMV 車のディーゼル車 Vigo の全世界輸出基地となっている。同じ IMV 車として開発した one box 車 Inova のガソリン車はインドネシアのトヨタ・アストラで作っている。タイの車市場で一番売れるのは 1t pick up 車で 2006 年前半期 44 万台生産した。乗用車は 15 万台生産で、車全体で 60 万台生産した。乗用車で一番売れたのは 1,200〜1,500cc クラス車で 8 万台生産した。

日本自動車工業会によれば世界の自動車市場の推移と生産能力は以下のようになっている。

表 6-1　世界主要地域・国の自動車市場展望

(単位：千台、%)

	2002年	2003年	2004年	2005年見込み	2006年予測	03年/02年	04年/03年	05年/04年	06年/05年
アメリカ	16,848	16,676	16,913	17,061	17,194	−1.0	1.4	0.9	0.8
イギリス	2,888	2,945	2,959	2,817	2,838	2.0	0.5	−4.8	0.7
フランス	2,606	2,440	2,474	2,542	2,606	−6.4	1.4	2.8	2.5
ドイツ	3,523	3,502	3,550	3,667	3,745	−0.6	1.4	3.3	2.1
イタリア	2,596	2,490	2,520	2,472	2,482	−4.1	1.2	−1.9	0.4
スペイン	1,637	1,717	1,891	1,967	2,018	4.9	10.2	4.0	2.6
欧州主要5か国	13,250	13,094	13,395	13,484	13,723	−1.2	2.3	0.7	1.8
日本	5,792	5,828	5,853	5,898	5,917	0.6	0.4	0.8	0.3
タイ	411	533	626	711	774	29.6	17.4	13.5	8.9
マレーシア	403	371	452	520	560	−7.8	21.6	15.2	7.6
インドネシア	318	352	483	570	618	10.7	37.4	18.0	8.4
フィリピン	86	92	88	98	104	7.9	−4.6	11.6	5.8
ASEAN主要4か国	1,217	1,349	1,649	1,899	2,056	10.8	22.3	15.2	8.2
中国	3,225	4,397	5,068	5,676	6,477	36.3	15.3	12.0	14.1
インド	878	1,076	1,344	1,461	1,591	22.5	24.9	8.7	8.9

(注) アメリカは、中・大型トラックを除く。(資料) 実績値は CEIC、SIAM、ACEA、Automotive News、見込みは (株) 三菱総合研究所。

第 6 章　自動車産業、自動車部品産業、鉄鋼業　107

表 6-2　主要地域・国別の自動車生産能力の実績・展望

	生産実績		能力計画		
	2003 年	2004 年	2005 年	2008 年	2010 年
北米（3 か国）	16,217,173	16,227,375	20,938,700	20,572,700	20,772,700
南米（7 か国）	2,156,177	2,717,269	4,176,700	4,226,700	4,226,700
西欧（11 か国）	16,807,674	16,961,805	19,246,200	19,239,200	19,239,200
中・東欧（10 か国）	3,357,794	4,072,235	6,065,150	7,070,150	7,180,150
アジア・太平洋（12 か国・地域）	21,584,471	23,535,936	34,097,200	40,106,200	41,709,200
日本	10,286,318	10,511,518	11,751,000	11,571,000	11,721,000
韓国	3,177,870	3,469,464	4,671,000	4,671,000	4,931,000
中国	4,443,686	5,070,527	10,732,300	15,857,300	16,980,300
インド	1,173,467	1,517,878	2,269,000	2,719,000	2,769,000
タイ	742,062	928,081	1,349,000	1,679,000	1,679,000
マレーシア	424,107	471,975	1,172,900	1,326,900	1,326,900
アフリカ・中近東（4 か国）	1,117,174	1,311,642	1,836,100	2,006,100	2,006,100

（資料）FOURIN、『世界自動車調査月報』、No.241 September 2005、2 頁。

　上記 2 表をみると、中国、インドの国内市場の拡大と、日本からの輸出をアジアを中心とする現地生産に切り替えていくこと、がポイントだ。
　以下の表から、インドの中間層が確実に増えており、所得上位の 15% 階層が買える車を出すことが重要となっている。そのため、トヨタはダイハツにも出資してもらって、ダイハツ軽自動車の技術を使った 1,000cc 車をインドで生産しようとしている。インドで 52% の断然トップのシェアを、1980 年代初頭の進出時から続けているのは 800cc の車で市場を握ったスズキである。
　成長する市場への攻め方においては、製品ライフサイクルを考えた、マーケティング、生産、財務を考えなくてはならないことは、華僑ビジネスでも説明した。ここでもう 1 つ考えたいのは市場シェアに即したマーケティング手法である。クープマンは相対的安定シェアとしての 41.7%、市場存在シェアとしての 6.8% を主張した。相対的安定シェアを握れば強者の戦い方、市場存在シェアを握るための弱者の戦い方がある。強者と弱者のそれぞれの戦い方はランチェスター理論で説かれる。ランチェスター理論はポジショニングによる戦い方、弱い者いじめ、1 点集中による No.1 主義をエッセンスとするが、これは

表6-3 インドの所得階層別世帯数と乗用車の世帯普及率

	95～96年度	01～02年度	乗用車・ジープ普及率	09～10年度
90,000Rp未満	131,176,000 (79.6%)	135,378,000 (71.9%)	0%	114,394,000 (51.5%)
90,000Rp～200,000Rp	28,901,000 (17.5%)	41,262,000 (21.9%)	4%	75,304,000 (33.9%)
200,000Rp～500,000Rp	3,881,000 (2.4%)	9,034,000 (4.8%)	29%	22,268,000 (10.0%)
500,000Rp～1,000,000Rp	651,000 (0.4%)	1,712,000 (0.9%)	48%	6,173,000 (2.8%)
1,000,000Rp～2,000,000Rp	189,000 (0.1%)	546,000 (0.3%)	73%	2,373,000 (1.1%)
2,000,000Rp～5,000,000Rp	63,000 (0.0%)	201,000 (0.1%)	84%	1,037,000 (0.5%)
5,000,000Rp以上	16,000 (0.0%)	60,000 (0.2%)	175%	396,000 (0.2%)
合計	164,876,000 (100.0%)	188,192,000 (100.0%)	3%	221,945,000 (100.0%)

(資料) Federation of Automobile Dealers Associations of India, *The Great Indian Market 2005*。

表6-4 アジア自動車市場におけるポジショニング

	リーダー No.1	チャレンジャー No.2	フォロワー No.3-5	ニッチャー Under No.6	2004年生産台数（千台）
日本	トヨタ	ホンダ	日産、スズキ	ダイハツ、マツダ	10,511
韓国	現代	GM大宇	起亜（現代）	三星（Renaut）	3,470
中国	第一汽車	上海VW	上海GM、広州本田、天津豊田、	東風汽車（日産）	5,071
台湾	和泰汽車（トヨタ）	裕隆（日産）	中華汽車（三菱）		約350
タイ	Thaiトヨタ	TriPetchいすゞ	Thai Honda	Tata Thai	928
インドネシア	トヨタAstra	Imoraホンダ	三菱Kurama Yuda	いすゞ	483
インド	Marutiスズキ	現代	Tata India	トヨタKirolaskar	1,518
マレーシア	Perodua（ダイハツ）	Proton	PTA		471
ベトナム	トヨタVEAM	現代	GM大宇	起亜（現代）	約35

孫子の兵法でいうところの「敵を知り、己を知れば百戦危うからず」を実践化したものである。

アジア諸国における自動車市場における、シェアは大体以下のようなものだろう。

この表を作ったのは、生産技術はどこから来ているかを見るためである。日本と韓国は自国の生産技術である。韓国でGM、Renaultが参加しているのはアジア通貨危機で資本が必要になったからである。それまで韓国は外資参入を認めずに外資の技術を導入するだけで自国の自動車産業を発展させるという日本の戦後採った政策を踏襲していた。

中国とインドは自前の生産技術を持っているが、その高度化を図るために欧米・日韓の企業と合弁をしている。台湾、アセアン諸国は日本企業の技術である。マレーシアのProtonは三菱自動車・三菱商事の出資を入れて三菱自動車の技術で作っていたが、厳しい現地化政策で日本則は撤退した。

アジア途上国は自動車産業を輸入代替産業工業化の目玉とした。自動車はどこでも必要であり、部品の数が多いので、雇用吸収と裾野産業が大きくなり、海外から完成車を運ぶのはコストがかかる。自動車産業を基幹産業と見なす現地政府は、地場企業をパートナーとする外資との合弁企業を勧める。外資に期待される能力は優れた生産技術である。販売に外資を参加させなければ、地場パートナーは良い品質の車が自動的に売れるようになり儲かる。インドネシア、タイ、マレーシア、インド、台湾、中国皆同じである。ただし、韓国企業のインド、ベトナム進出は1990年代後半だった。WTO加盟の圧力もあり、流通市場の外資への開放が叫ばれ、外資規制が緩くなり、100%外資でも進出できることになった。現代Indiaがシェアを伸ばしている理由である。

2005年に中国政府が発表した新自動車政策は、地場企業を内外で発展させるために外資系企業を使うことを明確にしている。外資は地場企業と2社までしか組めないのに地場企業が組める外資企業の数は無制限である。外資は国内販売のため（OPA6）、地場企業は生産技術を得るため（OPA4）、合弁事業をしている。

その他、第一汽車は、海南島でマツダと組んでいる。北京汽車は、ダイムラークライスラーと組むと共に現代自動車とも組んでいる。東風汽車は現代自

表6-5 中国での外資系自動車企業の地場企業との合弁状況

	トヨタ	日産	ホンダ	VW	GM	PSA
第一汽車	天津でVios, Chared, 成都でSUV			長春でAudiA6, Jetta		
東風汽車		新東風汽車の武漢と東莞でTiana	武漢JVでSUV			湖北JVでCitroen
上海汽車				上海でSantana, Pasat	上海でBuick	
広州汽車	広州でCamry		広州本田でOdyssey, Accord, Fit			

動車傘下の起亜とも組んでいる。重慶にある長安汽車はスズキと組む他に、フォード、マツダとも組んでいる。南京汽車はフォード、フィアットと別個に組んでいる。GM大宇がMatizのモデルを盗んでQQを出したと主張している相手である安徽省の奇瑞汽車の大株主は上海汽車である。トヨタが意匠とエンブレムを盗んだと主張したが裁判所が認めなかった寧波の吉利汽車に、トヨタは第一汽車との合弁で製造していたエンジンを出していた。

トヨタ生産方式を使いこなすのは困難なので、日本的生産方式として、トヨタ生産方式の基礎にもなっている5Sが注目されるようになった。どこの日系企業でも5Sは必ず掲げられている目標となっている。それぞれ以下のように説明できる。

トヨタ生産方式 Toyota Production System　Toyota Seisan Hoshiki　豊田生産方式

多品種少量生産、真因を問う、Just in Time（JIT）生産、平準化、標準作業、ムダ取り、カンバン方式、チームワーク、にんべんのついた自動化、多能工化、といった要素からなる。大野耐一元トヨタ常務が開発した。トヨタ生産方式を米国の自動車産業用にMITが組み替えたのがリーン生産方式である。JITが実行されるために下請け会社との系列取引が生まれ、多能工化のためにクビを切らない長期雇用関係が生まれた。労働組合との安定的な関係もあるが本質ではない。

ムダには7つのムダがあるとトヨタ生産方式は教える。作り過ぎ、手待ち、運搬、加工、在庫、動作、不良品の各ムダである。このムダを以下に減らすか

について作業グループで考えるのである。

トヨタ生産方式への批判的な言い方として、「乾いた雑巾をさらに絞る」という言い方もあるが、絞れば絞るほど出てくるのは知恵であり、工夫であるから批判は当たらない。濡れ雑巾の絞り方や、雑巾がけという言葉を知らない人間は本当に雑巾掛けをした方がよい。日本のものづくり文化のエッセンスはトヨタ生産方式に現れているといってもよい。

5S　five S　Go S
　整理、整頓、清掃、清潔、しつけの頭文字がSで始まることから、5Sという。生産管理において現場のカイゼン方法の基本原則である。整理は要るものと要らないものを分け要らないものを捨てることで、整頓とは、要るものを必要なときにすぐ取り出せるように決められた場所にそろえておくことである。清掃とは、要るものを掃除してきれいな状態にしておくことで、清潔とは、整理、整頓、清掃を維持することである。しつけとは、決められたことを必ず守ることをいう。

アジアの日系企業では5Sをうるさく言う。終業時間が来たからと機械の清掃もしないで帰宅すると翌日の仕事が定時に始められない。仕事の段取りの考えの基本は5Sにある。段取りがうまくできるのは日本企業の経営文化である。アジアの多くの企業や政府は段取りがへたである。

生産管理では3Sも言われる。3Sは simplification（単純化）、standardization（標準化）、specialization（専門化）の頭文字を取っている。3Sは生産の合理化の基本的手法である。

2. ホンダはアジア戦略をどうすべきか

ホンダのアジア戦略をコトラーのマーケティング論におけるポジショニング戦略から見てみる。アジア市場におけるホンダの地位を利用して、ホンダのアジア投資戦略を国別に、かつバイクと車に分けて考える事が必要となる。つまり、世界のどこでも同じ水準の製品を最適調達・立地で作るという戦略が挙げられる。

ホンダ車は owner driven で乗られており、タクシーや運転手付き社用車と

表6-6 ホンダのポジショニング

ポジション	戦略	ホンダ・バイク・アジア	ホンダ・車・アジア
リーダー No.1	統合化、ブランド力の向上、業界の垂直水平統合、ビジョンによる業界牽引、マスカスタマイズ	Indonesia（Honda Astra JV）Thailand（AP Honda JV）Vietnam（Honda Veam JV）India（Hero Honda JV）	
チャレンジャー No.2	差別化、集中化、コンピタンシーをコアにした革新的転換、フォロワーの牽制、集中による市場変革		中国（広州本田 Oddesey、Accord、Fit、東風本田 SUV）
フォロワー No.3, 4, 5	集中化、新市場の開拓、低価格戦略、ビジネスモデルの変革、フォロワー同士の戦略的提携、既存製品・顧客の深耕	中国（新大州JV）	Indonesia（Honda Prospect）Thailand（100%FDI）
ニッチャー No.6 & under	差別化・集中化の徹底、戦略的アライアンス、カスタマイズによる顧客対応、狭いセグメントでの高付加価値化		India（Cielo）Vietnam（Honda VeamJVで2006年より）

（本表は、野口吉昭『マーケティングのノウハウ・ドゥハウ』p.91を参考にした）

して乗られるchauffeur drivenではない。しかし東南アジア、インドでは人件費が安いこと、社会的ステイタスとして運転手付き社用車という文化があること、また外国人が自分で運転して人身事故を起こすと大きな問題を引き起こすこともあって、chauffeur driven車としてホンダ車への需要がある。そのため社用車として東南アジアとインドではアコードを、中国においてはオデッセイを提供している。社用車では会社としてのステイタスと同時に維持コストの削減を図る必要がある。そこでアコードのディーゼル車をタイで作ればよいという考えが生まれる。タイではインド企業Tata Motorが開発した1,300cc diesel car Indigoが売れており、タイ・インド間のFTAを利用してタイの子会社で同モデルのKD生産を2004年に開始した。タイにおける部品調達率を上げていくと思われる。他方Toyotaは2,500ccのIMV車Vigoをdiesel carとして2004年より出してタイ国内のみならず全世界への輸出車としてヒットさせている。

現在タイからFit Saloon（Jaz）、広州ホンダ第2工場からAccord Saloon

(gasoline car）を輸出しているが、今後はタイから Accord Saloon（diesel car）が増えることになる。この際広州ホンダで作っている Fit Saloon をも輸出する戦略も考えられる。タイ・ホンダと広州ホンダを同車種同品種で争わせることにより、組み立て技術の向上（OPA4）と下請け部品メーカーの技術水準の向上が図れ（OPA3）、かつ広州汽車および中国政府の自動車政策の意のままにならないホンダの戦略が生かされる（OPA6）。つまり低価格で組み立てよ、地場企業に安くサプライヤー・サポートをしてあげた上で高く部品を買えという中国政府の思惑は、単にホンダの利幅を下げよということになりかねない。

　ホンダがリーダーであるバイク事業でブランド力、業界の垂直水平統合を進めることも必要である。ニッチャーであるベトナムの車事業とインドの車事業を成功させて、市場存在シェア 6.8% を得るようにする。そのためには、戦略的アライアンスの戦略が有効である。フォロワーとチャレンジャーである中国のバイク、車事業の発展拡大戦略をより考える必要がある。中国のバイク事業ではフォロワーの戦略のうち、ビジネスモデルの変革、既存製品・顧客の深耕と低価格化が有力な戦略になり得る。中国の車事業ではチャレンジャーの戦略の内集中による市場変革が戦略となるだろう。

　ビジネスモデルの変革と低価格化を中国におけるバイク事業で進めることは、中国における車事業でフォロワーの牽制になる。中国は、国内市場向けの製品を国内で作るのと同時に、ASEAN 諸国などに輸出する方策を採ると見られる。具体的にはバイクと車の部品と製品におけるロジスティックスの共同化があり得る（OPA5、3）。バイクの生産拠点である天津と車の生産拠点である広州・武漢は広い中国で倉庫を持った物流拠点にもなり得る。

　そして、その物流倉庫は部品倉庫であるとともに製品倉庫の要素も持っているものにする。かつホンダ・グループ企業の車とバイクの製品・部品をも扱う、さらに下請企業も共同で使えるようにすれば、地場下請け企業が少ないというフォロワーやチャレンジャーのデメリットを克服できる。ホンダのグループ企業間で 3 箇所を拠点とする共同物流をすることにより、規模のメリット、IT 投資（GPS を利用してどこに何個移動中であるかがすぐ分かる）、広い中国市場で欠品をなくすと共に JIT を実現する。また新大州で使っている地場調達先にサプライヤー・サポートをすることで車の部品下請企業になってもらえる

チャンスも増える。

3. 自動車部品産業の海外展開

　自動車部品産業は、自動車組立メーカーに組み付け部品として納品するB2Bが中心だが、修理用・交換用の自動車部品を自動車部品店や自動車修理店に売るB2Cもあるタイヤ会社の例もある。そのためにモーターショーに出展しコンパニオンも置いている。そのようなB2Cもある自動車部品メーカーには、カーエアコンも作っているデンソー、カルソニックカンセイ（Calsonic Kansei）のような会社もある。カーオーディオメーカーも同様な性格を持つ。
　タイヤでは日本のブリヂストンは世界一を争う企業である。日本の4大タイヤ会社のアジア現地法人のうち、生産法人を図6-1に示す。

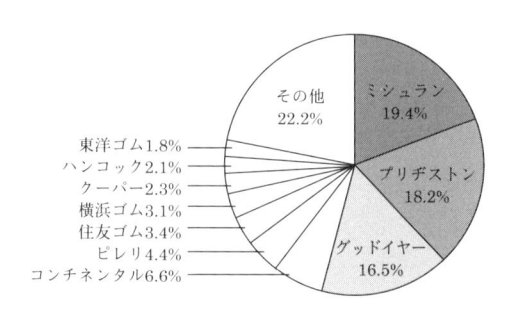

図6-1　世界のタイヤ市場
（出典：タイヤビジネス誌、http://www.bridgestone.co.jp）

　デンソーは、燃料噴射装置、カーエアコン、カープラグなどを作るBosthと並ぶ世界最大の自動車部品企業であり、海外子会社の数も多い。トヨタが進出する先には必ずデンソーがある。

表6-7 日本タイヤメーカーのアジア拠点

	ブリヂストン	横浜ゴム	住友ゴム	東洋ゴム
ブランド	Bridgestone, Regno	Yokohama, Advan	Dunlop, Fulkan	Toyo, Tranpath
提携	Firestone（子会社）	Continental	Good-year	（2002年までContinental）
タイ	3工場でタイヤ、2工場で自動車用部品とゴルフボール、3工場で原材料	2工場でタイヤとホース	2工場でタイヤ	
インドネシア	2工場でタイヤ、5工場で自動車用部品とゴルフボール、2農園で天然ゴム		タイヤとゴルフボール	
中国	瀋陽、天津、無錫でタイヤ、5工場で自動車部品とゴルフボール、瀋陽でタイヤコード、雲南で天然ゴム	杭州でタイヤ	常熟と蘇州でタイヤ	昆山、厦門の3法人でタイヤ
台湾	新竹でタイヤ	ホース	ゴルフクラブ	自動車部品
インド	タイヤ			
香港	航空機タイヤ		ゴム手袋	
マレーシア	2工場でゴルフボールと自動車部品			各種工業用ゴム
フィリピン	自動車部品	タイヤ		
ベトナム		タイヤ		

　デンソーと同じトヨタ系のボディー部品企業であるトヨタ車体の海外子会社の数はデンソーより圧倒的に少ない。

　もとは日産系図の内装部品企業である河西工業のアジアにおける子会社の数もやはりトヨタ車体並みに少ない。世界一の自動車大型金型製造企業は太田市にあるオギハラである。海外には、米国、英国、台湾、上海、タイにしか進出していない。

　なぜ、同じ自動車部品メーカーなのにアジア子会社の数が大幅に異なるといったことが起こるのだろうか。まずデンソーの場合、B2BのみならずB2Cもあることが子会社を多く作る理由となっている。B2Bの取引に対してB2C

の取引は販売先が多い。消費者が修理を頼むか、直接代替品を買いに行く、カーディーラー、修理店、カー用品店がCとなる。タイヤメーカーも同じように、B2B、B2Cが共にある自動車部品産業である。現地での顧客満足は現地会社がどれだけきめ細かな対応ができるかによるのである。デンソーの場合販売コストがB2Bしかないオギハラに比べて格段に高いのである。

次にOPAにおける1と23つまり商品開発と技術水準にポイントがある。技術は漏洩させてはならない。他方で商品への需要の度合いは違う。商品開発のインターバルが金型企業では長く、かつ現地仕様による違いはほとんどないので、技術を覚える技術者の水準が低く、技術が盗まれやすく、かつ継続的な仕事を得られる見込みがないアジア諸国には進出する必要はない。日本で作った大型金型を輸出すればよい。アメリカと英国に大規模投資をしているのは、現地仕様の違いが大きく、継続的な需要が見込め、かつ現地技術者の水準が高く、彼らは技術を漏洩させるようなことはしない。他方、燃料噴射装置は、自動車の仕様の違いに応えるのみならず、現地で自動車に組み付けるために、自動車の数だけ作らねばならない。トヨタ系現地会社のJITに間に合わせるためには、個別の製品ごとに別会社を作って集中に大量生産しなければ、QCDS特に、品質と納期が維持できないので、現地子会社数が多くなる。

4. ケーヒンをこう調べる

ホンダ系でデンソーにあたるケーヒンについて、以上のような違いを踏まえて、インターネット情報だけから、以下のようなまとめができる。これだけまとめるとすぐに面接試験での質問内容が判るだろう。

① Yahoo HPより　http://profile.yahoo.co.jp/biz/fundamental/7251.html
【特色】合併でホンダ系最大の部品メーカーに。電子燃料噴射システム主力。気化器、エアコンも【連結事業】二輪・汎用事業21、四輪事業37、電子事業21、空調事業21【海外】55（2005.3）

第6章 自動車産業、自動車部品産業、鉄鋼業　117

表6-8　ケーヒンで把握すべき点(1)

把握すべき事実	アピールする点：
連結における海外事業の売上が55％もあり、ホンダ系最大の部品メーカー	ホンダのアジア進出に即してアピールできる。二輪、四輪共にやっている。電子燃料噴射システムという中核部品を作っており、トヨタのDensoに相当する会社。

②ケーヒンのHPより　http://www.keihin-corp.co.jp/

社長メッセージより「部品業界もまた、厳しいグローバル競争にさらされ、いわゆるQCDD（品質・コスト・デリバリー・開発力）が一層高いレベルで要求されており、ケーヒンは「創造提案型企業への転換」をあるべき姿に、「グローバルな業容拡大」を目指す」をみつける。沿革も含めて以下の表をつくる。

表6-9　ケーヒンで把握すべき点(2)

把握すべき事実	アピールする点：
QCDSではなくQCDDとある。	新技術を開発しホンダに提案することでグローバルで儲ける会社にしようと社長は考えている。 marketing 4Pのpromotionのうちpersonパーソナル・セールスをアジア進出に即してアピールすればよい。アジア市場でのホンダという買い手側への提案内容について語れるかがポイント。

表6-10　ケーヒンで把握すべき点(3)

把握すべき点	創造開発力	アピールする点
台湾京濱化油器を本田技研工業他とで合併設立1981		
	宮城角田省エネ工場、バーコード生産管理1986	
ケーヒンタイランドを設立1988		
	宮城角田研究開発センター及び研修厚生センター竣工1990	
中国湛江徳利化油器に資本参加、ケーヒンオートパーツ（タイランド）設立1994		タイ重視

ケーヒンフィリピンズ設立 1995		
中国南京京濱化油器を設立 1997 インドにケーヒン パナルファを設立	栃木開発センター 1997	
	川崎研究開発センターを移転開設 1998	
インドにケーヒン エフ・アイ・イーを設立 1999		
中国に東莞京濱汽車電噴装置を設立 2002		中国子会社に ECU の先端技術を出した。
インドネシアにケーヒン インドネシアを設立 2003	宮城県仙台市に電子ソフト開発会社ケーヒンエレクトロニクステクノロジーを設立 中国に電子部品開発会社　京濱電子装置研究開発（上海）を設立 東北大学に寄附研究部門を設立 2003	中国に開発拠点、産学連携をしている：中国における技術経営、MOT の知識が使える。

　タイとインドの子会社、ホンダ子会社の間の相互連携と FTA をロジスティック戦略の利用で言えばよい。開発拠点として中国を使ったのは、中国仕様という考えがないホンダの方針から、全世界仕様で、仙台の電子ソフト開発との連携ではないか、と想像する。技術秘密が漏れない工夫と能力あって辞めない中国人をどれだけのコスト減で雇えるかがポイントだろうと思う、と言えばよいと考える。

5.　鉄鋼産業　steel industry　tekko sangyo　钢铁产业

(1)　鉄鋼産業

　鉄鋼産業は重厚長大の代表的産業である。日本の臨海一貫製鉄所は典型的な成功例で新日鉄大分工場が典型となっている。一貫製鉄所とは高炉を持つという意味である。「鉄は国家なり」の意識で途上国はどこも高炉を持ちたがり、失敗している。Hylsa 法という還元鉄による粗鋼生産も設備投資額が少なくて良い。屑鉄を中心に電気炉で鉄を作ることもできるので mini mill と呼ばれ効率が良い。高炉は設備投資額が巨額であり過剰生産で高炉休止に追い込まれ、合併が進んだ。日本の JFE も NKK と川崎製鉄の合併した会社である。
　中国の粗鋼生産は 2004 年 2.7 億 t で 2005 年は 3.3 億 t になる急増ぶりである。2005 年生産量を大きく伸ばし世界第 23 位、24 位となった済南鋼鉄と萊

蕪鋼鉄は 2006 年 10 月に経営統合し、年産 2,000 万の宝山に次ぐ第 2 位、世界第 7 位の製鉄所となった。同じ山東省同士なので生産統合の効果が高いとの政府主導による合併で山東鋼鉄と名も変えた。鉄鉱石、セメント輸入の一大港となる建設計画がある日照港の利用者となる。2008 年北京五輪、2010 年上海万博に加え自動車、家電の鋼材需要が増えているからである。そのため鉄鋼石、石炭の輸入が急増している。中国産の鉄鉱石は 30% しか含有量がなく、原料炭も高炉用には粘結炭が必要なのに、一般炭が中心だからだ。

鉄鉱石は豪州が日本に 1 億 1,100 万 t、中国に 6,000 万 t、EU に 1,600 万 t 輸出している。インドは日本に 1,900 万 t、中国に 3,200 万 t 出している。ブラジルは日本に 4,800 万 t、中国に 1,100 万 t、EU に 6,300 万 t、USA に 600 万 t 出している。南アフリカは中国に 1,000 万 t、EU に 1,700 万 t 出している。

自動車用冷延鋼板は日本のお家芸で自動車産業の発展の基礎となり、米国製鉄業の衰退を日本の鉄鋼各社が技術・資本支援をして食い止めた。コイルセンターとは、輸入された巻かれてある冷延鋼板を拡げて適切な大きさに切って現地顧客に売る企業を言い、商社がアジア各地に投資している。

2006 年世界 No.1 の Arcelor が No.2 の Mittal に買収された。Arcelor の株主が Mittal の提案する高い TOB 価格に応じたからだ。Mittal が買収したのは、Arcelor の製造する高級自動車用鋼板を EU における自動車メーカーに供給できることで、付加価値の高いビジネスができることを狙ったものだ。このために、Arcelor に高級自動車用鋼板の製造技術を提供していた新日本製鉄の

表 6-11　世界の製鉄会社

Ranking 2005	Crude steel million ton	会社名	
1	63.0 ← 42.8	Mittal（UK）	インドの Mittal 資本で、買収で巨大に。Kazakstan の Karaganda Steel も買う。LNM、Ispat から改名。インドにも製鉄所計画あり。Mittal Arcelor になる。
2	46.7	Arcelor（Luxenburg）	Usinor（France）、Aseralia（Spain）と合併。
3	32.0	Nippon Steel（日本）	新日鉄、広東省に高炉製鉄所を計画。
4	30.5	Posco（韓国）	浦項製鉄、インド、中国、メキシコに高炉製鉄所を計画しているのは現代自動車の海外子会社への自動車鋼板供給用。

5	29.9	JFE（日本）	川崎製鉄と日本鋼管が合併、東国製鉄（韓国）へ出資増。
6	22.7	Shanghai Boa Steel（中国）	上海宝山製鉄、宝鋼、新の鉄と株式持ち合いは反敵対的買収のため。
7	19.3	US Steel（USA）	USXの子会社。
8	18.4	Nucor（USA）	電炉メーカーでmini millと呼ばれる。高炉負担がないので運営費が安い。
9	18.2	Corus（UK, Nederland）	56位Tataが2006.10に買収提案。
10	17.5	Riva Acciao（Italy）	
11	16.5	Thyssen（German）	
12	16.1 ← 7.1	Tangshan（中国）	唐山、増産著しい。
13	13.9	Evraz holding（Russia）	
14	13.7	Gerdau（US, Canada）	mini milで北米一。
15	13.6	Severstali（Russia）	ArcelorがMittalの買収への対抗策として合併を画策したが失敗。
16	13.5	Sumitomo（日本）	住友金属工業、pipe強味、Mexico投資。
17	13.4	SAIL（India）	国有企業。
18	13.9 ← 9.3	Wuhan（中国）	武漢。
19	11.9	Anshan（中国）	鞍山製鉄。
21	10.5 ← 7.6	Jiangsu Shagang（中国）	江蘇沙鋼。
22	10.4 ← 8.5	Shougang（中国）	北京首鋼。
23	10.4 ← 6.9	Jinan（中国）	済南鋼鉄、山東省、宝山と共同でベアリング鋼生産開始。
24	10.3 ← 6.6	Laiwa（中国）	莱蕪鋼鉄、山東省、直接還元鉄製鉄所を首都鋼鉄、Rio Tinto、Nucor、三菱商事と、Alcelorの資本参加でH字鋼増強。
25	10.5	China Steel（Taiwan）	中国鋼鉄。
31	8.2	Hyundai（韓国）	現代製鉄、破産した韓宝製鉄を買う。中国に高炉製鉄所を計画。
32	7.7	Kobe Steel（日本）	神戸製鋼所。
44	5.8	Anyang（中国）	安陽。
46	5.6	AK Steel（USA）	52位Stelco（Canada）と東国製鉄（韓国）と提携。
49	5.5	CSN（Brazil）	国有製鉄所、53位USIMINASは日本の協力。
56	4.4	Tata Iron & Steel（India）	Tata Motor、Tota Consultancy、東インドとバングラデシュに製鉄所建設を計画。

（一部の中国企業のみが突出した増加を示しているので、上表で示した。←の右は2004年の生産高、左は2005年の生産高である。）

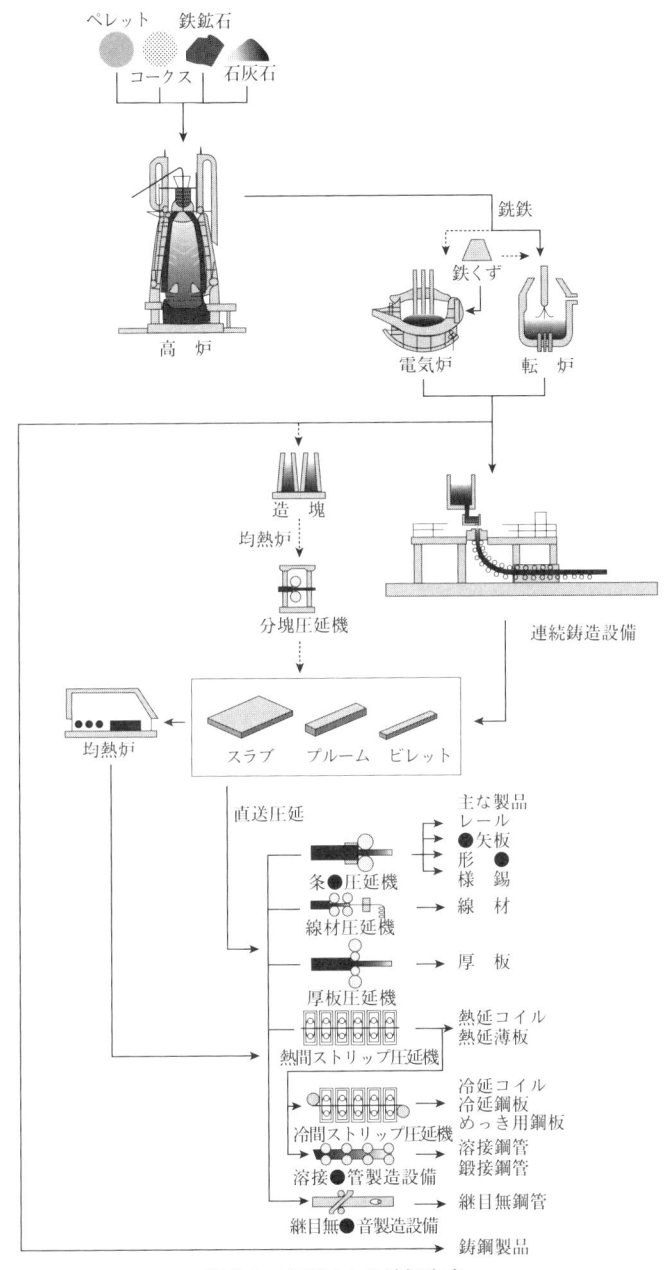

第6章　自動車産業、自動車部品産業、鉄鋼業　*121*

図6-2　高炉による鉄鋼生産

出方が注目された。技術提供契約では Arcelor が他社に買収された場合、契約は破棄できるとの条項があったからだ。Mittal が来日し三村新日鉄社長と会談し、技術提供契約を継続することにした。トヨタの EU 生産拠点に高級鋼板を新日鉄自らの力で供給することは、輸送コストがかかり過ぎてできないからだ。Mittal も東欧、ロシアの自動車鋼板市場に参入できたことで良しとした。

以下に日本鉄鋼連盟からの資料を示す。高炉による鉄鋼の作り方と鉄鋼産業がいかに装置産業かが判る。

> 銑鉄は主に鉄鉱石からつくられるが、鉄鉱石以外にも石炭、石灰石などの原料やエネルギーが多く使われる。銑鉄 1 トンを生産するためには、大体「鉄鉱石 1.5〜1.7 トン、石炭 0.8〜1.0 トン、石灰石 0.2〜0.3 トン、電力 10〜80KWh、水 30〜60 トン」(大和久重雄著『鋼のおはなし』) が必要とされる。また、1 トン当りの鉄鉱石所要量は「鉱石比」と呼んでいる。日本の鉄鉱石、原料炭の輸入依存度はほぼ 100%で、2001 年度は鉄鉱石 1 億 2,649 万トン、原料炭 6,277 万トンが輸入された。

しかし鉄の作り方には高炉によらない直接還元鉄の製法があり、かつ鉄鉱石を使わず屑鉄を使うやり方電炉による製法もある。電炉メーカーは、コンクリートの補強材である小形棒鋼やビル・橋梁の構造材である H 形鋼などの建設向け鋼材を主に生産する。生産能力は少ないが設備投資額が少なくてよいのでミニミルと呼ばれている。中国で鉄鋼メーカーが設備増強していると言われるのは、高炉メーカー以上にこの多数ある電炉メーカーである。北京オリンピックの建設ブームを当て込んでいる。鉄鉱石や石炭の値上げにあまり関係ないので運転資本の変動が少なくて済む。ただし建設用鋼材は市場取引の典型なので、商品市況に大きく左右される。

(2)「鉄鋼世界最大手ミタル、同業 2 位アルセロールを買収」の意味

ミッタルのアルセロール買収のポイレトは、(i) 包括提携と合弁事業 (OPA9、1) そして、(ii) 自動車用鋼板と新日鉄の技術水準である (OPA6、4)。

Mittal は、インド人 Rakusumi Mittal が、1976 年にインドネシアに設立した会社である。このような外国でビジネスをするインド人を華僑になぞらえ

て、印僑という。1990年代より、途上国、旧ソ連圏の製鉄所の民営化に参加すると共に、先進国のNo.1製鉄所ではない有力製鉄所の買収を繰り返して、売上高を伸ばしてきた。アルジェリア、南アフリカ、トリニダード・トバゴ、メキシコ、カナダ、ドイツNo.4、カザフスタン（高炉式）、フランス、アルゼンチン、ルーマニア、米国（インランド・スチール、No.6、高炉式）、チェコ、ポーランド、マケドニア、ボスニア、米国（ISG）、ウクライナ（高炉式）そして今回のアルセロールである。2005年ISGを買収して以降世界一の生産量を誇る会社になった。同社は途上国や旧ソ連圏の製鉄所ではNo.1企業も買収してきたが、それらの多くは、中低級鋼材を作るか、mini millと呼ばれる直接還元法によるコストがかからない生産方式によっていた。

　1998年米国のインランド・スチール買収から、利幅が大きい自動車用薄板鋼板を高炉式製鉄所で作る事を手がけるようになった。インランド・スチールが新日鉄との合弁でNew Carlisle、Indianaに最新鋭の自動車鋼板工場にI/N Kote、I/N Tekを持っていたからだ。新日鉄の出資持分はそれぞれ50％、40％であり、経営権はMittalに奪われた。米国にある日系自動車メーカーとBig3が顧客である。従来の中低級品鋼材は商品市況による市場取引で価格が決まった。国内市場を押さえれば価格主導力が握れる。途上国、旧ソ連圏では輸入品は物流コストが高い陸運で運ばれてくるからだ。しかし自動車用鋼板は品質が良ければ価格が高くても買ってくれる相対取引で価格が決まる。EUの自動車用鋼板を手中に収めるのがポイントとなった。これがアルセロールへの買収提案である。Mittalは低コスト生産を目指すと今でも言っているが、途上国・旧ソ連圏用と米国・EU用を使い分けているのである。

　アルセロール・新日鉄・上海宝山製鉄は中国に合弁会社を作り、中国での乗用車用薄板鋼板を供給する計画がある。アルセロール買収で新日鉄の自動車用薄板鋼板技術をMittal Steelの儲けの源泉にしようとしている。新日鉄、住友金属、神戸製鋼3社間の敵対的買収に共同して対抗するとの合意もこのMittalの技術戦略より来ている。

第7章
家電産業、電子部品産業、IT産業

　　華南経済圏は家電・電子部品産業のクラスター、モジュール化、日韓台中の半導
　体・液晶競争、インドIT企業とBPO

1. 家電産業

(1) 家電産業とモジュール化

　家電産業は、電子部品産業から部品を買い、IT産業から家電機器に使われるセンサーや温度調節作用に使われる computer software を買う。家電産業はB2Cで、電子部品産業とIT産業はB2Bだ。だから売り方が違う。B2Bでは、買い手の数が少なく、買い手は一時に買う量が多く、売り手の財・サービスを買い手に合わせてこう変えて欲しいという注文の多い顧客である。B2Bの買い手は企業だから、買うという決定をするまでの期間が長く、かつ買う交渉を直接担当している担当者は購入決定権を持っていないことが多い。このことは、電子部品メーカーにしてみればマーケティングの特徴だが、家電メーカーにしてみれば、購買の特徴にもなる。IT会社の中には、マイクロソフト、Yahoo、Google、楽天のような、B2Cの会社と、IBM、富士通、NECのソフトウェア事業のようなB2Bの会社もある。

　アジアの家電産業での市場競争力は、韓国企業、中国企業、そして日本企業の順である。日本の家電メーカーが強いのは、日本国内の市場と世界の高品質家電市場だけである。中国国内および韓国国内では日系家電企業の製品は見る影もない。また東南アジアでは日系家電メーカーの製品が2000年までは圧倒的だったが、21世紀に入ると韓国系家電メーカーの地場製品および中国からの輸入商品が、日系メーカーの市場シェアを侵食している。東南アジアでは

LGとサムスンは拮抗している。

　インドでは松下、ソニーという1990年代前半に進出した日系企業のシェアは、1990年代後半に進出した韓国系企業により奪われている。インドではサムスンがLG電子より強い。インドの2005年の家電市場は48億ドルと見られており、40%のシェアをLG電子とサムスンが握っている。2003年末にインドに進出した中国企業Haierは、2010年までに、売り上げを5億ドルにするといっている（OPA6、7）。2006年現在サムスン製品の取扱店は8,500店あり、Haier製品の取扱店は4,000店である。インドの地場最大手Videocomはフランス Thomson のブラウン管事業を買収し、中国、メキシコ、スロバキアの工場を手にいれた。中国工場はTCLとの合弁企業である。インド国内と輸出で攻勢をかける。

　良い品質の電子部品を買えば家電品は故障しないから、最終製品の差別化は図れない。これがアジアで中国家電メーカーや韓国系家電メーカーに日系企業が負けている理由である（OPA3）。これをモジュール化と言っている。部品のユニットをモジュールという。良い部品は、アジア各国にある日系電子部品メーカーが中心となって供給してくれる。

　組立メーカーはモジュールを安い労働力で組み立てさえすれば、機能・性能的には差はない商品ができる。あとはデザインとブランド名だけである。日系企業は、機能の差でも売ろうとまだ思っている。機能は少なくても、使いやすくて、現地の顧客にアピールする機能を備えていれば家電品物は売れる。ソニー・インディアは重低音の5 speaker付きのAV機器で成功している。歌って踊ってのインド映画（Bombay（現 Mumbai）にあるHollywoodという意味でBollywoodという）には重低音が合うのである。ソニーはインドでは衛星放送チャネルを経営し専属歌手もいる。シナジー効果がある。Sumsung電子は、数種類のインド煮物料理がボタンを押すだけでできる電子レンジを、市場に出して成功しLG電子に一矢を報いた。

　タイのSokenという地場VCD player、DVD playerのTVCMが、2004年カンヌ広告映画祭でグランプリを得た。うまくdiscがloadingしないので、画像が何度も繰り返すということを、会社で友人に具体的に実演して説明するという傑作CMである。SokenのDVD playerならそのようなことはありません

というCMだ。VCD player 用の専用部品を作る電子部品会社が日系企業には少ないので、モジュール化ができず最終製品の性能が悪くなる。日本ではVCD player は売っていない。しかしタイでは売っているVCDはほとんどが海賊盤なので偽物を買う人が後を立たないのである。偽物DVDに対しては眼の厳しい先進国業者も、先進国では作っていないVCDなら、海賊版へのお目こぼしも大きいことを踏まえている。

インドネシア政府はしばしば偽物CD、VCD、DVDをトレーラーでつぶし廃棄している。このようなことは先進国業者の目を意識して、中国、タイでもしばしばメディア向けに行われる。Soken といういかにも日本企業の名前に見えるブランド名も地場企業らしい対応だ。タイ人は、日系製品は性能が良いということを知っている、それを逆手に取っている。

筆者は1982～84年のインドネシア駐在中、NACという台湾製蛍光スタンドや、西芝電機というブランドの台湾製扇風機を買って使っていた。さすがにHondaというラジカセは買わなかった。1996～97年カザフスタン駐在時にはSonyoというブランドの中国製video tape を何度も買った。ご丁寧にも脇にSonyo Osaka と印刷してある。Sony は Tokyo、Sanyo は Osaka の会社だということを、この偽物製造業者は知っている。

(2) 中国の家電産業

中国の家電産業はその生産量からすれば何といっても世界一である。有力企業は山東省と広東省に集中している。

中国地場企業が国際競争力を持つようになったのは、国内市場が大きいこと（OPA6）、これら家電企業が外国から積極的な技術導入をしたこと、外国企業の委託加工をして技術力をつけたこと（OPA4）、そして上述のモジュール化が進んだことで（OPA3）、安い労働コストがそのまま製品コストに反映し、中品質・低価格の家電製品を実現させたことによる。モジュール化が進んだのは、部品の輸入制度の裁量的運用が広東省で存在し、華南地区が電子部品の産業クラスターになったことによるところも大きい。

第 7 章　家電産業、電子部品産業、IT 産業　127

表 7-1　中国地場家電企業

	華北、華中、華東	華南
	山東省、四川省、	広東省
総合家電	Haier（海爾）、Hisense（海信）、Okuma（澳柯瑪）青島御三家と言う	Kelong（科龍）順徳市
エアコン	Chunglan（春蘭）泰州市	Glee（格力）珠海市、Midia（美的）順徳
TV	Changhong（長虹）綿陽市	TCL、恵州市、Konka（康佳）、Skyworth（創維）both Shenzen
洗濯機	Little Swan（小天鵝）無錫市 Royalstar（栄事達）合肥市	Jinlin（金羚）江門市
冷蔵庫	Chunglan（春蘭）泰州市、Meilin（美菱）合肥市	
小物家電（電子レンジ、VCD）		Galanz（格蘭仕）、Ronshan（容声）both 順徳市、Fufugao（歩歩高）Tonggang

　中国で委託加工とは一般に来料加工をいう。しかし委託加工を三来一補＋進料加工と考える場合もある。三来一補とは来料加工、来様加工、来件装配、補償貿易をいう。
　来料加工とは原材料・部材の輸入と加工後の製品の輸出が無償で行われる方式。中国側の負担が少ないが、加工賃しか儲けられない。輸入した原材料は保税措置が採られるので関税、増値税が不要だが、全量輸出しなければならない。珠江デルタでは地場企業の名前を使い、来料加工と称し実質的に外国企業が運営を行っている場合も多い。派遣日本人が労働の監督をしている。労使関係の使用者に実質なっているのは本来違法だが、まかり通っている。大連では地場企業の名前を使い、来件装配と称し実質的に外国企業が運営を行っている場合もある。派遣日本人が call center の使用者になっている。大連でやれと推薦する東北大学ソフトウェアセンターもある。
　進料加工とは、原材料・部材の輸入と製品の輸出を有償で行う方式をいう。中国側の負担が大きい。しかし原材料の現地調達や輸入先の多様化で中国側は儲けを多くできる。70％以上の輸出をしないと原材料の保税措置が認められ

ないことが多い。

　家電産業で重要なのは、進料加工である。広東省特に東莞では、違法まがいの進料加工がまかり通っている。無償で行う来料加工の許可を取るのが困難な場合が多いからだ。原材料、製品の有償取引は書類の上だけで、実際の貨物代金の決裁は行わず、単に売掛金と買掛金の相殺した差額つまり、来料加工の加工賃に相当する価格のみ送金する方法が行われている。

　進料加工では増値税の対象になるかが規定されていないことを利用して、広東省では増値税を免除することによって外資の活動を転廠によって促進している。転廠とは、加工貿易企業間で半製品を保税状態で移送する取引をいう。広東省は電子部品の産業集積地となっている。転廠における増値税免除は広東省にはそれらの電子部品を組み入れて家電品として世界中に輸出する地場企業が数多いために採られている措置である。

　中国家電の有力企業は上述の表7-1で示した。中国では中央政府の方針に明確に反しない範囲なら省ベースの地方政府の法律解釈の自由度が高い国である。それは法治ではないが、よく言われる中国は人治の国だからという説明で説明しきれない問題である。地方分権が強いと言った方がよい。

　中国の国内市場は大きい。家電品の普及率を都市部と農村部で見ると、農村部にまだまだ可能性があることが判る。2002年の松下北京の調査では以下のとおりである。

表7-2　中国国内家電品の普及率

	TV	冷蔵庫	洗濯機	エアコン
都市部	120%	87%	92%	51%
農村部	60%	15%	32%	5%

　農村部と都市部の所得格差は大きい。農村部に家電品を普及させるためには、値下げ競争は避けられない。ただし国美電器他の家電量販店は都市部にしかないから、農村部では利幅を持った直営店、地域百貨店中心の販売ができれば、値下げ競争はしないでよいかもしれない。

　白物家電（冷蔵庫、洗濯機）で東芝はTCLと組んで中国家電事業を建て直

すことにした。TCLは、国内販売ネットワークを利用してテレビと携帯では強いが、技術力がない白物家電（冷蔵庫、洗濯機）では弱い。他方、東芝には生産技術があるが、中国国内販売網が弱い。生産合弁企業では東芝90%、TCL10%、販売合弁会社では東芝49%、TCL51%の出資比率とし、経営権に責任を持たせた。

広東省仏山にある東芝とTCLの製造合弁会社は、日本やタイの工場での生産規模を上回り、日本市場向けと同等の最新機種を中心に、2010年に冷蔵庫の年産100万台、洗濯機は同150万台を製造し、半分を東芝ブランドで中国国内販売をし、残りを東南アジア、ロシア、日本などに輸出する計画だ。東芝の白物家電の戦略の変化を下表に示す。

表7-3　東芝の中国白物家電の戦略の変化

	OEM調達・自社販売 （OPA3＋B2CのOPA6）	自社生産・自社販売 （OPA4＋B2CのOPA6）	自社生産・TCL主導の販売 （OPA4＋B2BのOPA6）
生産	2000年山東省のメーカーに生産技術を供与してOEM生産	2003年陝西省西安の冷蔵庫メーカーと江蘇省無錫の洗濯機メーカーに過半出資して経営権を得て、中国で自社生産に復帰	2004年11月TCLと合弁発表、2006年7月大規模な仏山工場操業
失敗の可能性	生産技術が山東御三家に流出	規模の経済働かず、高度な技術移転が困難	仕様が異なる国内と輸出用のバランス調整ができるか
国内販売	高機能・低価格	高機能・高価格のニッチ市場	仏山、西安、無錫の製品も売るが高機能・高価格
失敗の可能性	家電量販店が扱ってくれない（販促費が少ない）	家電量販店が置いてくれない（量が出ない）	TCL主導の販売で、家電量販店が置いてくれるか

生産に関する失敗から学んだのは、巨大工場という点と部品の内製化を図っている点だ。規模の経済を働かせるために、生産規模を巨大にせざるを得ず、そのために中国国内と共に外国輸出もできるように、日本と同等の機種を作る工場とした。大量生産なら外注しない方が、品質管理、物流のコストで安くできるし、内製なら技術の漏洩、特に金型、プラスティック成形、プレスの技術の漏洩を少なくできる。

しかし内製化では、広東省が家電製品の部品産業の産業クラスターになっているメリットを生かせない。またTCLが自社の販路を、現在シェアが1%もない東芝ブランドの白物家電用にどれだけ使わせてくれるかは判らない。東芝中国のホームページを見ると、冷蔵庫は「科学技術優先、唯我独尊！」がうたい文句になっており、商品ブランド名は独尊という。一方洗濯機は斜めドラム方式を「新貴」と名付けた。優越的なイメージを好むアッパーミドルの新中間層ファミリーがいるとの判断なのだろう。だとしたら、直販、internet販売をして、配送サービスだけTCLの販売網のサポートを頼む方式もあり得るだろう。

TCLにしてみれば白物家電を東芝TCL仏山にOEM生産委託できるメリットを追求して販売は努力しているように見せるという戦略もあり得る。「売れないからOEMして稼働率を上げる他ない」というのが、TCLから東芝の合弁会社に派遣された中国人幹部の「統一口径」（中国人の外国人に対する建前）にさせないだけの海外市場との調整が必要だ。

サムスンは中国での国内販売で成功しているといわれている。元三星グループ中国本社社長である金柳辰『なぜ、サムスンは中国で勝てたのか』を読んでその秘密を得ようとしたら無駄だった。韓国人中堅スタッフを1年間中国で勝手に遊学させた、スポーツのスポンサーになった、販売促進で懸賞をした、新貴族（シンジュイク）を狙った高級路線を狙った、といったことしか書いていない。

マーケティングの4P（product、price、place、promotion）で中国での家電販売を考えてみる。promotion（＝販売促進）には広告、人的販売、PR、販売促進がある。10年前のSonyがよくやったようなイメージ広告と、中国の事情を知った韓国人中堅スタッフによる人的販売、中国スポーツ行事のスポンサーとしてのPR、海外旅行が当たるなどの懸賞による消費者向け販売促進により、新貴族（アジアンの世紀で想定しているコア消費者）を狙ったproductによりpriceで安売りをしない高級路線が狙えたと言い換えることができる。金柳辰が書いていないのは何なのだと考えれば、裏読みができる。流通業者と企業向けの販売促進を考えたplaceつまりチャネル戦略が成功の秘密なのだろう。販売促進では自社営業チーム向けのモチベーションアップのための販売促

進もまた書かれていない。この書かれていない点をよく書いているのがダイキン中国の元首席代表だった高橋基人『中国人にエアコンを売れ！』だ。このように考えるのがビジネスで学問の知識を実際の仕事に応用するということである。体系だって考えられないと、単にバラバラの知識が雑然と利用できない形で置かれていることになる。

家電、パソコン（PC）において、日本企業のライバルは、欧米企業以上に、韓国企業と中国企業である。中国の家電、PC メーカーは、OEM のみならず、中国自社ブランドでのアジア市場への進出を図っている。IBM の PC 部門を 2005 年 1800 億円で買った中国企業連想集団（Lenovo）は PC のタイでの拡販に注力している。2006 年サッカーワールドカップで一番注目されたロナウジーニョを Lenovo 製 PC のイメージキャラクターにしたのは、世界市場に売り込むためである。

中国企業の生産コストの安さは、中国における人件費の安さ以上に、華南に電子部品の産業クラスターができており、部品調達が容易なことと、欧米企業の OEM で生産技術とデザインを学んだ上に、中国国内市場と合わせた規模の経済が発揮できたことによる。世界の PC の Big6 である、Dell、HP、Lenovo、Acer（宏碁、台湾）、富士通・Siemens、東芝も、華南産の電子部品を使って華南で組み立てていることが多い。世界のノート・パソコンの 8 割は台湾企業の OEM により生産されている。台湾企業の多くは電子部品の産業クラスターである中国華南を生産拠点にしている。IBM は PC を売却してもサーバーは売却していない。PC に比してサーバーは利益率が高いからだ。

新製品が次々と出る家電、PC では、経営判断の速さも生産コストと共に国際競争力を高める要因である。経営判断の速さを可能にする経営トップの強力な指導力の根源は、韓国企業の場合 Chaebol による株式のファミリー支配であるが、中国企業の場合、特定の経営者が個人的に持つ株式支配である。民営化に際して従業員と関係地方政府各機関に持ち株を配分したことが、経営者による株式支配を可能にした。安価で赤字国有企業の株式を手に入れた従業員は、現金が欲しい一方で経営の将来性に期待が持てなかったので、経営者から持分譲渡の申し出を受けると安易に持ち株を譲渡した。所轄官庁としての単一責任者の立場から、権限の分配により有力株主の一人となった複数の地方政府機関

は、特定の経営者に権限を委譲して配当を多く得ることに注力を注ぐようになった。

Lenovoの株式の35%は従業員持株だし、TCLの李東生やHaierの張瑞敏がカリスマ経営者になれたのはこのような過度な権限委譲である。李東生は従業員持株の買い取りも積極的に行った。彼ら経営者は、IPO（株式上場）によるcapital gainで、従業員持株の買い取りのためにした借金を容易に返済できた。民営化に際して従業員に無償ないしは安値で株式を譲渡するのは、ロシア、東欧で多く見られたが、アジアでは中国でしか行わなかった。ロシアの元国有企業の多くは個人経営者の所有になっているし、従業員持ち株を認めなかったベトナムの株式市場はいまだに小規模である。アジアのコーポレート・ガバナンスでは、このような1989年以降起こった民営化過程が既に経路依存性の説明になり得ている。

日本企業が競争優位に立てそうな家電製品は大型薄型テレビである。日系企業は大型薄型テレビで、アジアで勝てるか。中国の大型薄型テレビ市場について田原真司の報告がある。

2005年日本の約870万台のテレビの市場規模に比較し中国のテレビの市場規模は4倍の3,550万台規模で世界一である。9割はブラウン管テレビで、薄型テレビへの移行は始まったばかりで、2008年の北京オリンピック開催に向け、中国の薄型テレビ市場は拡大するのは確実である。2006年から上海など数都市でケーブルテレビによるハイビジョン放送が始まった。ではプラズマ陣営の松下、日立、長虹は、液晶陣営の海信、サムスン、ソニーに勝てるのか。

中国の大型薄型テレビ市場は、プラズマ、液晶のみならず、リアプロジェクションの3方式で争っており、現在では三者並立だが、順位ではプラズマ、リアプロ、液晶の順である。リアプロのトップメーカーは長虹である。地場家電企業を勝たせるために、中国政府は中国独自のハイビジョン受像機の標準規格の通達を2006年3月に出し、2007年から実施するとした。標準規格の画素数は横1,366dots縦768dotsである。42inchの現在中国で売られているプラズマ規格は横1,024dots縦768dotsないし横1,024dots縦1,024dotsである。このままではハイビジョン対応だと宣伝できなくなるので松下、日立共に中国専用のパネルを開発中である。

対して液晶はすでに標準規格の画素数をクリア済みなので、液晶こそ本物のハイビジョン仕様だと宣伝している。ハイビジョンでは画素数のみならず動きへの反応度、彩度明るさ、そして見える角度の幅がポイントとなるが、消費者は画素数で決まるように誘導されている。携帯電話の規格と共に技術が高い日本企業を蹴落とすには、国際的ないし大きな市場で、標準規格として日本のものを採用しない方が良いとの思惑がある。日本企業と組んだ方が儲かるとの判断を生むのは、日本という国のソフトパワーかもしれない。アジアンの世紀で日本の持つソフトパワーを使って、アジアのライバル機器メーカーに共感という形でソフトパワーを持ってもらう工夫があり得るだろう。

2. 電子部品産業

(1) 液晶パネル

電子部品産業は日本企業が国際競争力ある分野だが、液晶パネルでは、利幅が大きい大型液晶（LCD）パネルの世界市場を、韓国のサムスン電子、LGフィリップスが、日本のシャープと激しく争っている。大型テレビ用液晶パネルでは日立・東芝・松下が連携して、競争しようとしている。ソニーはサムスン電子との韓国忠清南道湯井（タンジョン）に設立した合弁会社S-LCDで2005年より生産を開始した。

中型テレビ、パソコンや携帯電話に使われる小型液晶パネルにおいては、日本企業に競争力はすでにない。ただしそれらに使われる液晶フィルム、フォトレジストの生産においては携帯用を除き日本および日系の化学企業が強い。韓台のパネルメーカーに液晶用素材材料を供給するのは日本・日系企業なのである。台湾の四大企業が中国でも製造を始めて、コスト競争力をつけている。台湾の4大企業とは、友達光電、奇美電子、中華映管、瀚宇彩晶である。その中国の拠点は以下のとおりである。中国側パートナーは、製造技術の移転を受けて、より汎用型の液晶パネルで国際競争力をつけている。しかし友達光電、奇美電子の場合、中国で生産しているのは、後工程モジュールの組み立てだけである。基幹パネルは台湾で作り、中国で組立てて、中国で生産している家電、携帯電話、PCメーカーに売るのがビジネスモデルである。前工程をも中国で

表7-4 台湾液晶パネルメーカー

会社名	英文会社名	中国生産拠点	月産能力	中国での事業形態	最先端世代の月産能力
友達光電	AUO	蘇州、アモイ	100万枚		7.5世代3万枚
奇美電子	CMO	寧波	50万枚	中強光電に生産委託	7.5世代3万枚
中華映管	CPT	呉江、福州、深セン	150万枚	冠捷科技と福州で合弁	6世代9万枚
瀚宇彩晶	HannStar	南京、武漢	80万枚	冠捷科技と武漢で合弁	5世代2.5万枚

　作るようになると製造技術が中国パートナーに盗まれて、シェアを奪われるからである。
　台湾勢の月産能力は枚数からすれば、大型液晶パネルメーカーの10倍以上である。しかし小型液晶パネルの利幅は低い。日本企業の液晶技術の優れている点は、歩留り率が高い事である。つまりオシャカになる不良品の比率が極端に低いのである。
　液晶パネル生産は設備投資額が巨額でかつ大型化での技術革新が速い。ガラス基板で言うと第4世代から第7.5世代まであるらしい。7世代のパネル（32inch panelが8枚とれる）を作るS-LCDの2,000億円の投資による6万枚は大規模投資である。2007年からは3,000億円の投資をして第2工場で第8世代（32inch panelが15枚取れ、かつ50inchの超大画面panelができる）のLCD Panelを作るとしている。他方シャープは三重県亀山の工場で3,500億円を投資して月産9万枚の第8世代液晶パネルを2007年末までに生産開始するといっている。中国政府の独自のハイビジョン規格を使う戦略は、デジタルカメラでも行われている。2005年突然中国で売られているデジタルカメラのうち外資系企業が売っているものを中心に十数モデルの発売が禁止された。北京にある電子産業の監督官庁と浙江省にあるカメラ業界の監督官庁の間の権限争いだと言われたが、日本企業にデジカメの技術を安く中国企業に出させるための戦略の1つだと見られる。市場に参入させるのだから、技術を出せという考えである。
　技術革新が速くて設備投資が大きい液晶パネルの生産競争では、技術革新を行った者は設備投資金額の回収がなされないうちに、次の技術革新をしなけれ

ば負けてしまうので、経常損失ばかりが増えて、技術革新が企業を滅ぼすという事態が起こり得る。市場規模が拡大しているので、勝ち残れるというのが競争の論理だが、大規模生産により急速に価格の下落が生じており、勝ち残れるかは予断を許さない。

　この事態は半導体 DRAM で HBS（ハーバード・ビジネススクール）教授クリステンセンが言い出したイノベーションのジレンマとは異なる。クリステンセンが言ったジレンマは、技術革新で性能もコストも良い製品を作ったとしても、あとから出てきた性能もコストも悪い製品に負ける事がある、ということである。そのような破壊的技術革新の例として 3.5 inch disc と 14 inch disc がある。破壊的になるのは 3.5 inch が使われる PC という用途を見つけたからである。筆者の言うのは、用途が変わらないプロセス・イノベーションだから、性能は一貫して良くなっている。

(2)　半導体ファウンドリーと EMS

　速い技術革新と巨額な設備投資のジレンマをクリアにするために生まれたのが、台湾の半導体 foundry メーカーのビジネスモデルとアジアで流行っている EMS というビジネスモデルである。設備投資は自分でして、多くの顧客の要求に合った仕様で、半導体を作るのがファウンドリー（foundry）で、電子部品を作るのが EMS である。発注先がこれらの部品、材料を自社で内製しようとすると、設備投資額が回収できない。専門業者に自社の仕様で生産委託すれば設備投資しないで済む。他方専門業者の方も、設備投資に見合う仕事を多数社から請けられる。

　半導体ファウンドリーメーカーとして有名なのは、TSMC、UMC の台湾 2 社である。発注元の半導体メーカーから設計データを受け取り、その設計に沿って半導体を作り納品する。発注元は半導体製造設備を持たないことが多い。工場を持たない企業をファブレス企業という。ファウンドリーは、新しい製造技術の研究開発のみならず、発注元の仕様のデザイン設計をすることも多い。また台湾にはファウンドリー企業の依頼を受けて発注元の設計データからデザイン図の設計を専門にする中小企業も多くある。

　半導体ファウンドリー企業への委託を通して、半導体技術や半導体の新しい

使用目的がライバル企業に漏洩する恐れがある。ライバル企業が技術者をヘッドハンティングして技術を盗むことがあるからだ。中国企業SMIC（Semiconductor Manufacturing International）はTSMCの従業員100人をヘッドハンティングして、半導体製造技術に関する営業秘密を盗み、5件の特許を侵害したと、2003年カルフォルニア、台北で訴訟を起こされた。2005年1月に、6年間で1億7,500万ドルを支払い、クロスライセンス契約を2010年末まで締結することで和解した。TSMCの企業秘密の使用は認めないとの和解条項はあるが、同時にTSMCは企業秘密の不正追及をSMICに対して行わないとの条項もある。つまり営業秘密を200億円で買ったことになる。

　SMICはMotorolaの天津工場を2003年に購入し、TSMCは上海近郊に2004年に工場を作って量産している。韓国の半導体企業Hynixは無錫に進出して2006年から量産している。

　EMS企業として有名なのは、シンガポール企業Flextronics（年商145億ドル、32か国に子会社）と米国企業Solectronである。共に大規模工場を中国上海近郊と華南に持っている。中国で生産している中国地場企業および日系・韓国系・台湾系・欧州系の外資系家電メーカーが顧客である。日本の工場の中にはEMSに売られた工場もある。ソニーの宮城県中新田工場はSolectronに、アイワの愛知工場はFlextronicsに売却された。自社製品だけの電子部品の組み立てでは採算が合わないので、従業員そのまま営業譲渡した。EMS企業なら多数の最終製品組立企業から注文を取ることができる。部品は最終商品の中にあるので外から見えず、別にブランド名が必要ではない。

(3) 日系電子部品企業

　日本の電子部品企業は、アジア諸国に子会社を多数持っている。別に中国ばかりにあるわけではない。ASEAN諸国にはそれぞれ地場資本や日系の家電メーカーがあるから、客には困らないのである。なぜ各国別にあるかといえば、組立メーカーが輸入で多品種大量の部品を調達するのは、税関手続きが面倒だからである。品質に対するクレームや客先仕様に合わせた部品の調達では、同じ国内に立地した方が良いという理由もある。

　日本の電子部品企業の典型は、アルプス電気、日本電産（Nidec）、Rohm、

京セラ、TDK、村田製作所、マブチモーター（万宝至）、イビデン、ミツミ電機、太陽誘電といった会社である。組み立てられた電子部品のユニットを電子デバイスという。半導体を乗せた電子回路基盤が典型である。スイッチ・コネクター（接続部品）、コンデンサー・トランス（受動部品）、小型モーター、光ディスク（記憶デバイス）といった単体部品メーカーもある。

　これらの電子部品ばかり多種、かつ大規模に作る企業は世界にあまりない。しかし今後は台湾企業、中国企業の電子部品専業メーカーの中で大きく伸びてくる企業が生まれる可能性もある。というのは、中国で携帯電話の故障が続発しているという報道があるからである。携帯電話の蓄電池を日系部品メーカーのそれから、中国部品メーカーのものに勝手に替えて売る業者が続発している。携帯電話の値段を20％ほど安くすることができる。不良品だと突き返されてきた携帯電話に搭載されている蓄電池は当社で組み付けた商品ではないから、保証対象ではない、と言っていられなくなるほど、消費者の権利意識が強くなっている。日系並の性能を持って、かつ安い蓄電池を作れるメーカーを育てないと、Bird（中国波導）を中心とする地場系携帯電話メーカーの中国国内市場でのブランド名が落ちてしまうからだ。

　日本の国内だけの電子部品の生産額は3兆円である。この数字には原材料に含まれる半導体は入っていない。電子部品は中間財だからである。これら日本企業のアジア子会社が、現地で生産している家電メーカー、EMS企業、PCメーカーに部品を供給している。中国製や韓国製のDVD playerやCD playerの光ピックアップの多くは日系企業が作っている電子デバイスである。

　これら電子部品の価格は長期低落傾向を続けている。電子部品メーカー間での競争は激しくない。しかし、これらの電子部品を組み込んだ最終電子製品の価格競争が、中国・韓国系・日系メーカー間で強いからである。最終組立メーカーが、調達価格を下げようと圧力をかけてくるのである。

　販売価格を落とさないで納品するには、QCDSのうちでDが格別重要である。組立メーカーは時間を買うからである。アジアの各国で同じような電子部品を作っている。個々の部品の仕様を知って、客先の仕様に合わせて、どこの国で作っている、どこのメーカーの、どの部品をどれだけ、いつまでに納入できるかの、調達および調整能力である。電子部品商社が多いのはこの調達能力

に大きな差があるからである。

　日本電産の永守重信社長は「すぐやる、できるまでやる、必ずやる」に代表される永守語録で有名な日本を代表する経営者である。この「必ずやる」には納品を決して遅らせない意味も入っていると考えると判りやすい。同社には以下のビジョンがある。

　　　モータを中心とする「回るもの、動くもの」に特化した「総合駆動技術の世界No.1メーカー」を目指す。

　同社がこのような明確なビジョン、経営理念を持つのは、B2B企業で部品企業だからだという理由もある。従業員の自覚のみならず、顧客に対する明確なメッセージと価格交渉力におけるブランド力の強化を狙っている。

　電子部品は家電メーカー、電子機器メーカーのみならず、自動車メーカーに納品することが多くなっている。日系自動車メーカーは、JITでのdeliveryを要求する。そのため、家電・電子機器メーカーへの電子部品納品はより集中化して生産し、シンガポール、香港、上海に販売調達拠点（IPO）を設け、国を超えて納品するようになる。他方同じような電子部品でも自動車用の場合は、日系自動車メーカーのある近くに立地し、多様な電子部品を作り、国を超えないようにすることが必要である。通関手続きがJITの障害となる。

　このような顧客のニーズから市場機会を発見する方法にP&O分析（problem & opportunity analysis）がある。P&O分析で考慮する項目を以下に挙げる。

表7-5　P&O分析

分析		市場	ニーズ				
Problem	現状	当該市場	顕在	理解	分析的	改善	理性
Opportunity	変化	他の市場	潜在	予測	洞察的	創造	感性

　上述の例では、家電・電子メーカーに納品する電子部品がproblem分析の対象となり、自動車メーカーに納品する電子部品がopportunity分析の対象となる。

(4) モジュール型産業とすり合わせ型産業

　モジュール型産業とすり合わせ型産業とは、藤本隆宏東大教授が『能力構築競争』2003年、他の本で主張する日本発の産業論である。技術集約度が高いメモリー半導体やDVDプレーヤーで日本企業が負けたのは、それらの製品を作る技術が「すり合わせ」(integral)度合いが低いからだ。機能と構造の関係が一対一対応している組み合わせ型（module）の製品では日本企業、日系企業に国際競争力はない。技術集約度の高い製品には「すり合わせ型」と「組み合わせ型」があり、「組み合わせ型」は単能工的な単純労働が調達できるのなら強いので、NIESからASEAN、NIESから中国という形で安い労働力を求めて投資する世界になっている。

　日本企業が強いのは、「すり合わせ型」つまり、多能工的な労働力が必要な労働集約型産業と化学工業のようなプロセスにすり合わせが必要な産業だという。前者の典型は自動車組立産業、後者の典型は電子部品の化学材料製造業である。つまり従来の労働集約型産業は開発途上国で、資本集約型産業は先進国で行うのが比較優位から考えて合理的である、と言われている論理は機能せず、「すり合わせ型」なら日本に比較優位があり、「組み合わせ型」なら日本以外の国に比較優位があるといっている。

　「すり合わせ型」モノづくりからグローバリズムを見たらどうなるのだろうかと筆者は考えた。洞口治夫 法政大学教授は、多国籍企業の意図しないところで技術や生産システムのあり方がスピルオーバーしそれが一国の産業の競争力を変化させるのがグローバリズムだとし、フューダリズム（封建制）、キャピタリズム（資本主義制）に続く新しい社会制度と捉えている。確かに市場万能主義が世界大に広がるということで、地域経済・国家からの反作用を生むだけでなく相互に影響を及ぼして新しい社会制度が生れるきっかけになり得るかもしれない。反作用を感受できなければ多国籍企業の技術競争力は相対的に弱まると指摘する。

　「すり合わせ型」モノづくりもまたスピルオーバーする技術であるが、教育、訓練、工夫による生産現場での実践が、大卒エンジニアと高卒ワーカー共に必要なので日本企業、日系企業に強味がある。

　電子部品産業における基幹部品も「すり合わせ」型モノづくりによる製品である。しかし多数の電子製品組立産業は電子基幹部品を買ってしまえば、電子

製品は「組み合わせ型」製品としてどこででもできてしまう。ハードディスク駆動装置（HDD）は日立GST、東芝、シーゲイト（米国）が世界シェアを押さえているが、パソコン、サーバー、携帯電話、デジタル家電メーカーにHDDを売ることで、デジタル家電さえも「組み合わせ型」産業となっている。中国の大手テレビメーカーで自前のブラウン管工場を持っているのは海信くらいしかない。中国の地場自動車産業も、吉利汽車は天津トヨタ製造のエンジン、20社以上の中国自動車組立企業は三菱自動車製のエンジンを各々搭載することで、「組み合わせ型」産業となっている。他社のエンジン搭載で2005年の中日自動車政策で主張した中国地場企業による自主ブランド車が2006年北京モーターショーで数多くあらわれた。ダイキン西安の製造する業務用エアコンに使われるスクロール型コンプレッサーはダイキン上海のみならずハイアール他の地場系エアコン・メーカーに供給されている。

　基幹部品の外売りをすれば、基幹部品を搭載した多くの製品は「組み合わせ型」産業の製品となってしまう。「すり合わせ型」基幹部品をその高い技術力で高く売るノウハウが必要だ。十分な対価を払ってスピルオーバーを許すのである。インテルが世界中のパソコンメーカーにそのCPUを高く売って儲けているのは技術の高さと技術の営業秘密を一切漏らさない徹底さにある。コードレス電話機メーカーのユニデンが32inchi液晶テレビを13万円台で出した。日本の大手総合電機メーカーが門外不出の画像処理LSIを外販し、台湾の奇美電子が液晶パネルを外販したからだ。後は「組み合わせ型」製品として人件費の安い広東省の子会社で人海戦術を使って作れる。巨額な設備投資資金の回収でキャッシュ不足に陥ると外販を積極的にするようになり、自らの技術競争力を落としてしまう。

3. IT産業

　アジアのIT産業では、スマイルカーブとインドのBPO企業の動向が注目される。スマイルカーブとは、「IT産業では、商品設計、調達、生産、販売、アフター・サービスといった業務分野を別の会社が行うことが多い。その場合、利益率は両端の業務で高く、中央の業務で低い。他方売上高は両端の業務で低

く、中央の業務で高い。つまり商品設計、アフター・サービスの業務をする会社は儲かり、IT機器の生産企業は繁忙の中の貧困を続けている」という議論である。台湾のPCメーカー・Acerを育てたスタンシーが唱えた。業務過程を横軸にとり、売上高と利益率を縦軸にとれば、上下に大きく口を開けて微笑んでいるスマイル・カーブが描けるというわけである。IBMがそのPC事業を中国企業連想集団Lenovoに売却したのも、スマイルカーブで儲からないPC生産をやめて、儲かるERP企業統合情報システムに特化する方針である。

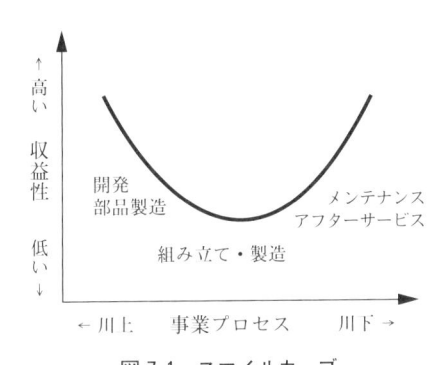

図7-1　スマイルカーブ
（出典：http://www.study-mirai.org/works/ojo0403.htm）

　筆者は、スマイルカーブは、IT software産業の中にもあると考えている。IT softwareのprogrammingのみをする会社は、売上高があっても利潤率は低く、IT softwareの開発やB2Bのサービスをする会社は利潤率が高い。そこで、programmingは、外部に下請けに出して内部人材は儲かる業務に集中させようとする。Tata Consultancy、Infosys、Wipro、HCL Technologies、Satyam、Nucleusといったインド企業が受注しているBPO（business process outsourcing）である。
　欧米企業が必要とする企業内IT systemを当該欧米企業の本社に従業員を派遣して行うon site engineeringが典型である。企業内のLANやSCMのIT softwareを作るので、汎用softwareを作るのではない事がポイントである。現地に行けば客先の要求にすぐ応えるIT softwareがその場で作れるし、情報も漏れない。インド本社にいたままIT softwareを欧米企業の要望に応じて作

ることもできる。現地に行くには金がかかりすぎる場合や、納期が迫っていない場合である。ノウハウ情報は漏洩しないように衛星専用回線を使う。米国とインドは昼夜が反対である。インドでやったものを米国に渡してやれば作業は24時間連続でできる。

　印僑はBPOの考えをIT softwareのみならず、消費者からの注文やクレーム、支払い催促の電話をかけるコールセンターの仕事や書類やデータのconputer入力の作業も、インドにある企業にアウトソーシングすれば安くできる、と欧米企業の業務の一部を受注していった。

　インドIT企業がBPOに優れているのは、英語が判る大卒インド人従業員を安く雇えるという点である。そのため理工科系大学が多くあり高地で生活しやすい南部Bangaroleに多くのIT企業が集まるようになった。理工科系大学はコンピューター学科も増設し、カルタナカ州政府も、シンガポール政府が提案した。IT software工業団地建設に協力し、Bangaroleはインドのシリコンバレーと言われるようになった。産学官連携の成功によりIT産業の産業クラスターができた典型例であるカルフォルニアのシリコンバレー（Intel、Microsoftがある）にちなんでいる。どのようにしたら産業クラスターができ

図7-2　インドの地図
（出典：http://worldatlas.com/webimage/countrys/asia/lgcolor/incolor.htm）

るのかといった課題を研究する学問として空間経済学という一分野が生まれている。アジア危機を予言したことで有名なクルーグマンが代表的な学者である。

　もちろん中国、韓国、台湾、日本にも IT 産業はある。そのビジネス・モデルは、米国のシリコンバレー・モデルと同様である。つまり産学協同の偶然でできた産業クラスター理論である。インドと台湾が一番、シリコンバレー・モデルに近い。米国留学後米国研究機関ないし IT 企業に勤務してノウハウと人脈を作り、その後帰国して起業するというやり方だ。違うのは出資者をインド IT 企業の場合は米国で得るのに対し、台湾、韓国、日本での出資者は国内で得るという点だ。米国の venture capital や成功した IT 起業家は、インド人の経営能力を過大評価している面もある。確かに印僑の中には、華僑、日本人、韓国人と違って群れない人間が多いので、米国人に信用されやすいのかもしれない。

　中国の IT クラスターは、西安、成都、北京中関村、そして大連である。大連には戦前に日本が租借をしており日本人街があったこともあり、日本語ができる人材が多い。大連には日本政府関係機関（国際協力銀行）が出資して多くの日本企業が入居している工業団地もある。そこで日本企業向けの BPO を行う企業で出てきた。アルプス電気や Livedoor は IT ソフトウェア開発、GE Capital や Dell Computer はコールセンター、CSK の子会社は保険契約書の作成作業である。消費者金融会社レックから借りると支払い催促の電話は、大連の GE Capital の BPO のオフィスから中国人女性が日本語でかけてくる。Dell PC の日本向けのヘルプデスクも大連が主役である。

4.　アジア子会社との間で ERP を導入することを検討する

(1)　ERP としての SAP

　IT 企業の多くの社員は ERP の作成と営業に追われている。ERP とは統合業務管理と言われる IT システムのことであり、その代表的なものがドイツ SAP 社のシステムである。同社のシステムは大部分の欧米大企業で採用されており、日本企業での採用も増えている。B2B 企業 SAP には ERP としての R3 と

拡張ERPがあり、R3の中のモジュール、モジュールの中のサブモジュール、そして拡張ERPの各モジュールはそれぞれ別個に購入できることになっている。つまり段階的にSAPを導入してもよいし、一気にSAPを導入してもよいことになっている。ERPは汎用ソフトウェアが大部分のシステムだが、カスタマイズも必ず必要なので、値下げが少ないB2Bとなっている。世界のソフトウェア業界では、Microsoft、IBM、Oracle、SAPが100億ドルプレーヤーだが、ERPではSAPが世界トップである。

ERPとしてのR3には以下の3つのモジュールがある。①ロジスティックス（販売管理、在庫管理、生産計画・管理、品質管理、プラント保全管理）、②会計管理（財務会計、管理会計）、③人事管理。他方拡張ERPにはデータウェアハウス（DWH）、電子情報交換（SCP）の2種のモジュールがある。IT会社がその作成を担当し、事業会社、金融会社における世界の大企業で採用度が高まっている、SAPのシステムをOPAとの関連で理解する事は有意義である。

(2) OPAとSAPの関連
1) OPAとSAPの関連

筆者のアジア投資戦略の分析手法としてOPA（業務過程分析）はSAPのERPのシステムと適合性が高い。両社の関連は以下のごとくである。

表7-6　OPAとSAPのERP

OPA	SAPモジュール	SAPサブモジュール	グロービス『MBAオペレーション戦略』による業務ユニット
1.商品開発			CRM、SCM、調達、研究・開発
2.研究開発			CRM、SCM、調達、研究・開発
3.調達	ロジスティックス（LO-LIS）、SCP	購買管理	SCM、調達、研究・開発
4.生産	ロジスティックス（LO-LIS）	生産計画・管理	SCM、調達
5.ロジスティックス	ロジスティックス（LO-LIS）、SCP	在庫管理	SCM、調達

6. 販売	ロジスティックス（LO-LIS）、SCP	販売管理	CRM、SCM
7. アフターサービス	SCP		CRM、SCM
8. リサイクル			
9. トップマネジメント	DWH		管理
10. 財務経理	会計管理	財務会計（FI）（買掛金管理、一般会計、売掛金管理、資金管理、資産管理）、管理会計（CO）（原価計算、間接費管理、利益管理）	管理
11. 人事労務	人事管理		管理

2) 実際の業務は SAP ではどのように取り扱われるか

表7-7　業務を ERP で取扱う

業務	SAP
固定資産を買う	購買管理（LO-LIS 中）と資産管理（FI 中）に入力、資産管理から固定資産として一般会計に、建物の建設の場合は建設仮勘定なので間接費管理にも資産管理と共に入力
買掛けで材料を買う	購買管理、買掛金・未払い金は買掛金管理と一般会計に入力、仕入れ経費を間接費管理へ入力、入庫は在庫管理へ入力
材料を生産ラインへ投入する	材料払出は在庫管理から生産計画・管理と原価計算と一般会計に入力
製品を製品在庫に	受け入れ完成として生産計画・管理から在庫管理へ、製造実績として原価計算に
製品が売れたので出庫する	在庫管理から販売管理へ、販売管理から売掛金・未収金は売掛金管理へ
給与を支払う	人事管理から経費としては一般会計に、人件費としては間接費管理に入力

(3) 東証のシステム障害と ERP のモデル

　2005年11月1日、東京証券取引所は全株式の取引を停止せざるを得ない大規模なシステムトラブルを起こした。その理由を東証は以下のように説明している。「システム能力を増強するべく富士通に発注した際に富士通は一部欠陥のあるプログラムを作成した。その欠陥を発見した富士通は応急的に修正したが、その修正プログラムを手順書に記載するのを忘れた。そのため10月31日に月替わりのデータ整理をした際に未修正部分が不具合を起こし、翌日の障害に繋がった」。

　富士通はシステム増強後の月替わり時に誤動作が起きやすいことは知ってい

たにもかかわらず、事前点検をしていなかった。

　東証と富士通が共有していたシステム増強という考えに問題があったと筆者は推測する。近時のネット株式取引の急増と外国機関投資家の日本株買増しはシステム能力増強という考えだけでは対応できない質的変化があった。株式売買量が急増するだけではなく、全売買量の3分の2が特定の数銘柄に集中し、かつ1日の取引の内に同じ売買主体が何度も同じ銘柄の売買するというネット取引を通じての大量売買という事態は、システム増強ではなく切り分けた別のサブシステムの作成という考えが必要だったのではないか。

　月替りのデータ処理と取引自体のリアルタイムのデータ処理は同じ実行系システムであっても、異なる処理なのだとの認識が徹底していなかったのではないか。運用は確かに楽だが、中身が複雑過ぎるシステムができていたのではないか。情報が一体どこにどのような形で存在するのかが、システム開発者以外の人に判断できないブラックボックスができている。

　このような意図せざるブラックボックスは、トヨタのプリウスやカローラでも起こってしまったリコールにも現れているようだ。プリウスの場合はハイブリット・エンジンを効率的に動かすコンピューター・システムの一部を中国のソフトウェアハウスに孫請け外注したことから起きているらしい。カローラの場合は他の車種とのヘッドライトの部品の共有化を目指した部品金型がカローラのヘッドライトの構造設計とほんの少し合わなかったためにランプが熱を持ってしまい、ヘッドライトが消えてしまうという現象が起こるらしい。孫請け外注部分のソフトウェアの品質はサブコントラクターがきちんとやっていると親であるトヨタは考えているから、自分で確かめるにしても隅々まで手が行き届かない。金型の発注はトヨタの方でやっている。自社の開発設計スタッフがこんな単純なミスは起こすはずがないと、製造部門ではチェックが甘くなっている。共に手が届かないわけではないが、そこまで自分でやらなくてもよいだろう、というブラックボックス心理が働いている。

　このような考えは現在流行りの、企業内の情報をデータベース化し統合してくれるERPパッケージでも考える必要がある。SAPのR3のようなERPパッケージを導入すれば、企業全体の経営資源を有効かつ総合的に計画・管理できるようになり経営の効率化が図れるというのがうたい文句だ。パッケージは成

功企業の業務プロセスをベースにしており、多国籍対応ができている。多国籍対応という限り、本来英語で作られたERPが日本語や中国語でも対応できるという水準ではなく、日本の本社とアジア各国にある子会社の間でも同じERPが使えるという水準のものになっていなくてはならない。

(4) 5つの業務モジュール

　グロービスMBAシリーズの1つ『MBAオペレーション戦略』を読んだ。仕事の横の流れがスムーズかつ効率的になるためには、タコツボ的な部分最適に陥りがちな業務を機能横断的に捉えて、①顧客対応（CRM）、②受注から製品の発送までを含めた製品供給（SCM）、③調達、④研究・開発、⑤管理、の5つの仕事のユニット（各部署を超えているのでモジュールという）がある、と考えよ、としている。これらのモジュールをアジア子会社との関連でどう生かすかが重要だ。米国や欧州子会社はSAPのようなERPパッケージを何らかの形で採用済みであることが多い。回りの欧米企業がすでに取り入れ済みであり、欧米子会社用として独自にシステム開発を依頼するだけの予算が豊富にある企業は少ないからだ。日本の親会社が大企業製造企業である場合、本社のシステムをそのまま欧米子会社に導入している場合はある。

　それに対してアジアにある子会社そして日本の本社がERPシステムを取り入れるのはこれからのことが多い。日本の製造企業の多くは生産部門については独自のITシステムを構築している。そしてどの企業でも①顧客対応、⑤管理についてはそれなりのITシステムを構築済みである。この現状の上にどのようなERPパッケージを付け加えて対応する必要があるのか。5つの業務ユニットはERPパッケージで対応できるのかの検討が必要だ。

　ERPパッケージの導入は、パッケージの種類や導入企業の数が多くて、個々の企業に即したパッケージの変更（いわゆるカスタマイズ）がないか少ない場合にメリットがある。独自開発に比べて、短期間かつ低いコストで導入でき、かつヘルプデスクや修正バッジといった保守サービスが受けられる。ERPパッケージの導入には、個々のパッケージを部分的に導入していく方法と、すべてのパッケージを一時に導入してしまうビックバン導入がある。導入といってもパッケージをそのまま使うことは難しいので個々の企業に沿った改

造が必要になる。このカスタマイズする改造を ERP ではパラメータ設定、アドオン開発、モディフィケーションの3種に分類している。各々、各企業に適したパラメータをパッケージシステムに設定していくこと、パッケージを追加開発すること、パッケージ自体を改造すること、を言う。

アジア子会社が使える ERP 用のヘルプデスクが現地にあることはたとえ SAP といえども、まだまれである。SAP のアジア子会社ないし特約店があったとしても、彼らに日本の製造子会社用のアドオン開発、モディフィケーションに応じられる能力はない。彼らの顧客は欧米販売子会社および地場の販売企業が多く、製造の業務に慣れていないからだ。また日本の製造会社の生産システムがそれだけ高度だということにも理由がある。高度な生産システムに標準の品質の販売システム、調達システム、ロジスティックシステムをつぎはぎすると、全体としては低い品質のシステムとなってしまう。

ERP の典型である SAP の R3 では②受注から製品の発送までを含めた製品供給（SCM）のモジュールをロジスティックシステムという実行系システムと捉えている。そしてこのロジスティックシステムを利用して経営の効率化、高度化に取り組むのは拡張 ERP として計画系システムだと捉えている。つまり R3 の外にある。下請け会社との間で電子情報交換（EDI）をするシステムは SCM ソフトウェアとして SCP の名前で売られており、ロジスティックシステム等を経営情報として利用して経営革新に使えるようにしたものはデータウェアハウス（DWH）として別売されている。SCP はグロービスの本で言う③調達に当たる。ただしグロービスの本では②、③のモジュールに研究開発業務を入れている。SAP は含んでいない。確かに顧客満足や部品共有化といった生産への対応のために開発の業務が SCM や調達の業務に入ってくることはある。しかし実際の業務としては、④研究・開発の業務で見ればよい話である。グロービスの本は、開発コストが生産コストに影響することを考えて研究開発はノッドにより製造部門と接続しているというチェーンリンクト・モデルを、無視していると思われる。

(5) R3 と拡張 ERP の導入について

日本の本社と日本の工場、日本の関係会社は R3 のロジスティックシステム

第 7 章　家電産業、電子部品産業、IT 産業　149

と拡張 ERP の内の SCP と DWH を導入することから検討すればよいと考えられる。アジア子会社は R3 のロジスティックシステム、財務会計システムと拡張 ERP の内の SCP と DWH の導入を検討すればよいと考える。日本の財務会計システムは勘定系システムとして一応完成したものを持っている企業が多く、それらの従来のシステムは日本語で作成され、かつ数多くのブラックボックスがあるのは確かだが、それなりにバグも少なく正常に稼動しているからである。それらの従来の勘定系システムを SAP に置き換えるのは、コストがかかるのみならず、導入直後のシステム障害の発生リスクがある。それはリハーサルの数で解消できない場合さえある。他方アジア子会社のそれは現地スタッフが入力するために、英語ベースで作られていることが多く、パソコンソフトに毛が生えた程度のもので間に合わせていることも多い。かつ本社勘定系システムと分散処理されているので、R3 の財務会計システムの導入はしやすいと考えられる。

　導入検討に当たっては、従来の業務プロセスを SAP の ERP である R3 と拡張 ERP の標準機能をパラメータ設定することで変えられないかを十分に検討すべきである。そのための SAP についての研修はたとえ時間と費用がかかっても十分にした方が良い。

　R3 の機能不足を補うための追加開発であるアドオンは極力少なくする必要がある。開発工数が増える、アドオン部分の保守について SAP からのサポートが受けられない、のみならず、独自システム開発でブラックボックス化が生じそれによりミスが生まれることがないようにするためだ。

　R3 ではアドオンをしなくても、パラメータのテーブル設定により様々なビジネスシナリオに対応可能なようになっている。バリエーションの機能を組み合わせることで対応可能だと考えて、むしろ自社のビジネスプロセス自体を見直した方が良いことも多い。現行のままでインプットやデータ取り出しが効率的にできるようにしてくれとの現場からの要請を受けて、複雑な取引パターンや決済条件そして価格体系はそのまま、システム開発がなされるとシステムのブラックボックス化が進んでしまう。経営資源の有効利用、経営戦略の観点から業務ルールを見直せばそれほど複雑にしなくてもよいことが多い。

　引き合い、見積り、受注、発注、出荷指示、ロット引当、梱包、出荷、在庫

引落、売上、需要予測といった標準機能でのビジネスプロセスの中で、受注なしで出荷することも、出荷時に現物が補償されていればロット引当しないプロセスも、パラメータ設定で対応できる。アジア子会社や委託加工先からの調達においては、引き合い、受注、ロット引当の不要な取引が多い。またアジアからの調達先と調達品目は数量も品目数もしょっちゅう変わる。また本社工場から出していた部品をアジア子会社で作るようにしてアジア子会社で組み立てて現地および全世界で売るというビジネスプロセスの変化は激しい。本社、日本の工場、日本の関係会社、アジア子会社がR3のロジスティックシステムを共有し、パラメータ設定で個々のビジネスプロセスに対応することのコスト削減は、開発工数の削減のみならず、従来の業務の無駄をなくすことでのコスト削減になる。SAP導入費用よりSCMを契機とした社内のみならずアジア子会社とのビジネスプロセスの見直しの方が重要だ。

第8章
化学産業、日用品産業

規模の経済と石油化学産業、市場取引と相対取引、資生堂・花王・ライオン・P&G

1. 化学産業の分類

　化学産業は裾野が広い。化学産業原料に化学反応を起こして作られる製品が化学品で、固体、液体、気体のかたちで製品となる。化学反応には合成、重合、分解、醗酵がある。製造工程は自動化され連続生産される典型的な資本集約産業である。化学産業はほとんどがB2B産業だが素材型と加工型がある。素材型にB2Cはおよそなく、石油化学品、肥料、ソーダ等中間財が作られる。多くは市況製品なので市場取引される。石化品の典型であるエチレン、プロピレンの価格も原油価格の高騰で投機的な動きをする。石油化学コンビナートで作られる各種石化中間財を誘導品という。PETボトルの原材料となるPETとはpolyethylene terephthalateの略だからエチレンを重合させてテレフタル酸と混ぜて作る。透明で軽く落としても割れない特徴がある。最終財は、家電、IT機器、自動車部品のように相対取引されて価格値下げ競争が激しいので、中間財の仕入れを安定的に行おうと、どこのアジア諸国も自国でエチレン・コンプレックスを作りたがる。

　加工型には農薬、医薬品、化粧品、塗料、接着剤、合成洗剤、プラスティック加工品がありB2Cの最終財が作られるが、多くの企業はその加工の一過程を担当するのでB2B企業であることが多い。製品差別化がしやすいので、engineering plastics（エンプラ）のようにR&D（研究開発）が盛んである。野依教授が導電性plasticでノーベル賞を受賞したのも日本のこの分野で強い

ことを示している。IT関連化学材料も日本は強いので、日本の化学産業の将来は明るい。B2Bマーケティングを知ることが就職のポイントである。

石油化学工業会のHPに、石油からの誘導品の説明が出ているので紹介する。

原料	原油 → ナフサ →
製品	エチレン　プロピレン　ブタジエン　ベンゼン　トルエン　キシレン
石油化学誘導品	プラスチック（ポリエチレン、ポリプロピレン、塩化ビニル樹脂、ポリスチレンなど）／合成繊維原料（エチレングリコール、テレフタル酸、アクリロニトリル、カプロラクタムなど）／合成ゴム（スチレンブタジエン、ブタジエンゴム、クロロプレンゴム）／塗料原料・溶剤（アルキド樹脂、ポリウレタン、メチルエチルケトン、酢酸エチル、ブタノールなど）／合成洗剤、界面活性剤原料（アルキルベンゼン、高級アルコール、エチレンオキサイドなど）／その他
関連産業	プラスチック加工業／繊維工業／ゴム工業／塗料工業／合成洗剤、界面活性剤工業／接着剤、染料・顔料肥料、農薬、医薬、可塑剤、不凍液など
最終製品	自動車、船舶・鉄道車両、家電・電子、通信、その他機械、住宅・建設、農水産業、医療・保育、包装・容器、日用品・雑貨／衣料、インテリア、産業資材・その他／自動車・自転車、各種工業、日用品・その他／自動車、鉄道車両、船舶、建築・建造物、電気・その他機械、木工・家庭用／家庭用、工業用

● ナフサは、熱分解され、石油化学工業の基礎製品であるエチレン、プロピレン、ブタジエン、ベンゼンなどがつくられます。
● 基礎製品は、さらにいくつかの工程を経て、日常生活で実際に利用されるさまざまな最終製品に生まれ変わります。

図8-1　石油からの誘導品

化学産業におけるプレーヤーは以下のように分類できる。

表8-1　化学産業のプレーヤー

	日本	欧米	アジア
石油化学	住友化学、三菱化学、三井化学	Du Pont、Dow	上海石油化工、大慶石油化工総廠、LG化学（Korea）、湖南化学（Lotte、Korea）、PTT、TPI（タイ、会社更生でもある）、Alliance（India）
プラスティック・塩ビ	積水化学、信越化学、カネカ		台湾プラスティック
ソーダ	東ソー	セラニーズ（独）	
化学肥料（窒素、燐酸、カリ）	三菱化学アグリ、旭化成、住友化学、宇部興産		
塗料	関西ペイント、日本ペイント、大日本インキ	ICI	
農薬	住友化学	Aventis（独仏）、Monsantoは農薬企業から農薬に強い遺伝子組み換え種子製造会社になっている	
合成繊維（Polypropylene）	東レ、帝人、旭化成、三菱レーヨン、東洋紡、ユニチカ		Alliance（India）、SK（Korea）上海石油化工（Sinopec系）、北京燕山石油化工（Sinopec系）、吉林石化（Petro China系）

2. 石油化学産業

　石油化学工業のアジアにおける特徴は、石化コンビナート（石化コンプレックス、原油から石油を精製して、石油誘導品を一貫して製造する複数の施設を石化コンビナートという。ロジスティックス費用を少なくしかつ規模の経済が働く）をどこに作るかである。当初は工業化したのが日本と韓国だったので、原油は中東から消費地である日本と韓国に運び、製油所と石油化学製造業を隣り合わせに臨海地帯に石化コンビナートを作って石油化学基礎製品（エチレン、プロピレン）と共に石化誘導品（プラスティック、合繊材料）を作ってい

た。日本の場合、石化事業は化学企業が上流に進出する垂直統合をするという形で行われた。石化事業は欧米企業の場合、欧米石油資本が下流への垂直統合として行っていた。

ASEAN地域が工業化してくると、日本と韓国より石油化学基礎製品を運ぶより、途中でシンガポールに、製油所と石油価格基礎製品を作る石化コンビナートを作るのが有利であるとの考えになってきた。1970年代のオイルショックを契機にしている。

日本の石油会社は、英米資本系と日本資本系（民族系と呼ぶ）が完全に分かれており、民族系石油企業は英米系のように、国際的な石油利権を持たず、製油所・タンカーを作る設備投資資金にも事欠き、彼らは石油化学のような誘導品を作る産業に進出する資金力を持たなかった。そこで、日本の石油化学コンプレックスは、需要家である化学会社が中心となって作ることになった。金融は日本開発銀行（現日本政策投資銀行、国有銀行）と日本興業銀行（現みずほコーポレート銀行、民間銀行）が中心となった。

日本の臨海工業地帯に石化コンビナートを作ろうとする欧米資本系はいなかった。原油をそれら石化企業に原油で売った方が儲かるからである。彼らは原油という市場所取引の商品で価格支配力を持っていた。当時これら英米石油資本はSeven Sistersと呼ばれた。下流の石油誘導品になればなるほど英米石油資本の価格支配力は弱くなる。さらに下流の特定の化学品のメーカーの仕様に合わせると、価格は市場価格では決まらず相対価格で決まる。

ただし英米石油資本はシンガポールの石化事業には投資した。ASEAN、日本、韓国、台湾、中国の需要を合わせれば十分規模の経済に見合ったからである。シンガポールでシェル、フィリップスと組んで石化事業をしている住友化学は、サウジアラビアでAramcoと組んで石化事業をすると2005年発表した。これは同社の川上戦略である。原料として天然ガスを使うために原油を使うより石化製品が大幅に安くできる。イラン―イラク戦争に巻き込まれて失敗した1980年代の三井物産が主導した合弁会社バンダル・ホメイニ石化事業もまた、石油随伴ガスを使って石化製品を安く作ろうとする事業だった。

1990年代初頭からインドネシア、タイ、マレーシアの工業化が本格化し、石化製品への需要が高まり、シンガポールからの輸入では間に合わずに、自国

内にエチレン・コンプレックスを作ろうとする動きが高まってきた。利権に近い華僑資本は飛びついた。インドネシアではPangetsuは新規事業、タイではTPIで実績を持っていたPrachaiの拡張事業である。借り入れに頼った資金調達は1997年のアジア危機で破綻した。PangetsuのChandra Asri事業の合弁パートナーだった丸紅、昭和電工も手痛い損失を被った。利払い返済不能に陥り工事中止に追い込まれた。TPIに貸し込んだ先進国の銀行も手痛い損失を受けた。特にTPIはタイで初めてできた会社更生手続きを適用した大規模案件だった。豪州人更生副管財人にPrachaiは裁判闘争と労働紛争で抵抗し続け、倒産から5年経って、やっとタイ政府主導での会社更生計画ができた。

中国の石油化学誘導品の輸入は多い。韓国、台湾、日本から主に輸入している。電子部品、運動靴に使われるABSや合繊材料となるエチレングリコールなどは、今後中国内で生産しないと納期に間に合わないケースが増えるだろうから、輸出者は中国への海外投資が必須になるだろう。現在はコンパウンドで輸入して最終化学製品を作るという段階である。MMAというモノマーを現地で作って、自動車、自動車部品、家電、電子部品の外資系企業と地場企業に売る日系化学企業の中国投資が盛んである。

石化事業では、設備投資額が大きいので、消費地立地、生産地立地そして生産技術を常に考える必要がある。住友化学の石化プラント事業は、ラービクに生産地立地である。高い償却コストと物流コストは、安いガスから作る生産コ

表8-2 アジアの石化事業のプレーヤー

国	資本の別	有力企業名、川上か川下か
日本	民間企業のみ	全て川下企業、三菱化学、三井化学、住友化学、昭和電工
韓国	国有企業を財閥SKが買った	全て川下企業、LG化学、三星化学、ロッテ（湖南、在日韓国人資本）、ハンファ、大林、三南（三菱化学系）
中国	国有企業中心	CNPC（中国石油ガス、川上企業）、SINOPEC（中国石油化工）
タイ	国有企業中心	TPP（川上企業）、TPI（会社更生で政府主導下）
インド	国有と民間	ONGC（川上企業）、Alliance（川下企業）
マレーシア	国有企業	Petronas（川上企業）
インドネシア	国有企業	Pertamina（川上企業）
シンガポール	外資系企業	PCS（Chevron Philips 50%、住友化学他日本企業50%、川上企業）

ストでカバーできるとの読みである。ただし工期遅れにより償却コスト負担にならないように、エンジニアリング会社として日揮（JGC）を指名している。

ラービク計画では、住友化学がアラムコと折半で合弁会社 Petro-Rabigh をサウジアラビア・ラービクに作り、エタンを原料とするエチレン 130 万 t、プロピレン 90 万 t の石油化学コンプレックスでエチレンを作る。しかし、原料調達コストがエタンでは格段に低いため、エチレンの生産コストが大幅に下がる。図 8-2 は日米欧におけるエチレン生産の原料の比率である。

住友化学は、1984 年からシンガポールで、シェル 50%、日本側 50% で PCS (Petrochemical Corporation of Singapore) を操業する日本側の中核企業で、エチレンやプロピレンなど石化基礎製品を海外で作る草分けとなった日本企業である。シンガポールには PCS から石化基礎製品を買ってポリエチレン、ポリプロピレンなどの誘導品を作る TPC (The Polyolefin Company (SGP) も同時に操業を開始している。TPC は住友化学を中心とする日本側 70%、シェル 30% の合弁会社である。PCS はシンガポールを代表する石油化学コンプレックスである。世界 3 大石油化学コンプレックスがある都市といえば、ヒューストン、ロッテルダム、そしてシンガポールである。

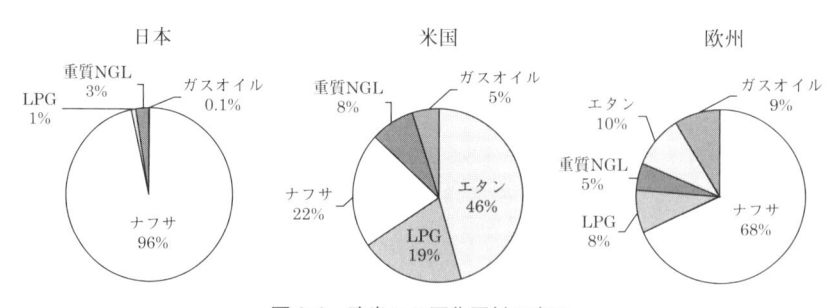

図 8-2　欧米日の石化原料の内訳
（出典：http://www.jpca.or.jp/02 f.htm）

PCS、TPC で必要となった巨額な建設資金は、日本の国有銀行である日本輸出入銀行（現国際協力銀行）からの融資によった。日本の内閣が承認するナショナルプロジェクトと認定され企業担保は不要だった。Petro-Rabigh の大半の資金は国際協力銀行のプロジェクトファイナンス（PF）によっている。

PFでの担保は事業から得られる販売代金と事業施設だけで、やはり住友化学として出す担保は不要である。このようなローンをノンリコース・ローンという。通常のローンは事業が失敗したら、借入人は別の事業で得た資金ないしは保有資産を売って返済義務を負う。リコース・ローンという。石油採掘開発、炭鉱・鉱山開発、発電所・道路・埠頭・海底トンネルなどの public utility 建設において、このような PF の金融手法が使われている。事業資金が大きくリスクが高く投資回収に長期を要するが、十分に採算性が取れる事業と見なされることが条件である。英仏海峡トンネルもそのような事業だったはずだが、PFによらず破産している。東京湾横断道路もやはり PF によっておらず採算が取れないという問題を残っている。

　住友化学がサウジサウジアでエチレンを作ることにしたために、シェルはシンガポールのPCSの増設を、自前ですることになった。2006年7月に、SEPL（Shell Eastern Petroleum）が発表した計画によると数十億ドルかけて2010年に完成するエチレン工場は年産80万tの規模である。ラービク計画より1年遅れた発表になったのは、巨額な建設資金の調達の目処をつけるのに時間がかかったかせいだろう。現在PCSは2工場で年産140万tの規模である。シンガポールにあるもう1つのエチレン工場である、エクソンモビールは80万tを90万tに増強した上で、別個90万tのエチレン工場の新設を計画している。2010年には、シンガポール全体の年産規模は400万tとなる。現在日本の国内エチレン生産能力は700万tなので、東南アジアでの石化製品への需要が高いことが判るだろう。

　SEPLはエチレン工場の他に誘導品であるモノエチレングリコール工場も作り、シンガポール経済開発庁（EDB）と共に海外の誘導品メーカーにも進出を呼びかけている。シンガポールに石化産業クラスターを作り、海運中継基地の有利さを使い、インドネシア、タイ、マレーシア、ベトナム、華南中で需要が増えているプラスティック、自動車部品、家電部品企業に供給しようとの考えである。

3. カネカのベトナム投資

　日本の有力化学企業であるカネカはベトナムで3つの生産子会社をもつ。化

学産業の範囲が広く、川上では規模の経済が働く技術があれば、その技術のない国での海外投資で儲けられる可能性が高い。川上では規模の経済が働くので、中間品を一部輸入に頼れば、必ずしもその投資額は高くなくても済む。化学品商社の化学品製造への進出はこの文脈で理解できる。住友化学系の商社稲畑産業のベトナム投資は、INAXベトナムで作っている衛生陶器のプラスチックの蓋を供給するものである。現地で作った方が、デリバリーが正確になり、輸入関税が安くなる可能性があり、かつ製品が嵩張るために物流コストを低くできる。

4. 化粧品・トイレタリー産業　Cosmetics and Toiletry industry keshohin toiretarie sangyo　化妆品・toiletry 产业

　化粧品・トイレタリーは、前節の化学品材料つまり中間財の製販がB2Bであるのに対して、化学産業に属していても、典型的なB2C産業である。化粧品・トイレタリー企業の名とブランドは多くの人が知っている。トイレタリーとは家庭用品のことである。B2C産業の典型なので宣伝広告費が極端に多いからである。資生堂（プラウディア、エリクシール）は売上高の6.3％を、花王（ソフィーナ、AUBE、Asience）は7.8％を、宣伝広告費に割いている。L'oreal（France、Lancome、Helena Rubinstein、Ralph Lauren、Maybelline、Giogio Armani）に至っては8.4％、P&G（USA）6.5％、Unilever（UK、Nederland、Dove）6.1％である（2000年度）。化粧品の製造コストは低いが、トイレタリーは高い。化粧品はブランドロイヤルティが特に高い。

　資生堂はオープレー（Aupres）のブランドで、中国市場で成功した。人口増加率と人口構成の変化そして家計所得が需要動向を決める。アジア市場が狙われているゆえんである。Cecedo（自然堂）というShiseidoの物まねをする中国地場企業まで生んでいる。マンダムは日本市場での知名度よりインドネシアの子会社の知名度の方が高い。日本のように男性化粧品メーカーではなく総合化粧品メーカーになっている。商品開発の段階からインドネシアで行い、インドネシア消費者の購買力に合わせて、容器を小さくし販売高を増やしている。小分けにして売る手法はユニリーバがタイで大々的に取り入れている。

日本第3位のコーセーは香港・台湾でファシオ、タイ・シンガポール・マレーシア・香港でボーテッドコーセーを出している。資生堂は、タイ、インドネシアでも強い。しかし韓国、ベトナムではLG化粧品のDe Bonなど韓国ブランドがデパートを中心に強い。中国ではUp2Uという韓国ブランドも目立つ。資生堂はベトナムでは高級過ぎる価格で売ろうとしているので、でき始めたばかりの韓国系、マレーシア系デパートで売らないで、エステティック・サロンとして高級ホテル内に店舗展開をしている。資生堂は化粧品の売り方で対面販売という手法を開拓した。売り場で実際に化粧品を使って顧客を相手に化粧して美しくなったと実感させて売る方法である。資生堂は1970年代まで、日本中の町に特約店をチェーン展開し花椿会という会員組織を持っていた。その後デパート、スーパー、コンビニでも売るようになった。河内屋というディスカウント・ストアが化粧品の安売りを始めた。資生堂は対面販売をしないので商品引き揚げをしたところ、公正取引違反に当たる優越的地位の濫用だと訴えられた。それ以降日本での対面販売はデパートくらいでしかしていない。対してカネボウ化粧品は、ドルティアというスーパー専用ブランドでスーパーでの対面販売を始め成功している。どこでどのように売るかをマーケティングではチャネル戦略という。4Pのplaceとはこの流通チャネルのことを言う。

　チャネル戦略の1つとしては、訪問販売（ポーラ、日本メナード、ノエビア、エイボン（USA））、通信販売（ファンケル、DHC）というB2C特有の売り方もある。マレーシアではポーラの訪問販売で成功している日本人女性が1人で作った現地会社がある。サラリーマンの主婦ではなく事業者や共同経営者といった現地金持女性層がいるからである。マレーシアの家庭料理をnyonya料理という。nyonyaとは御婦人という意味である。イスラム諸国は女性の地位が低いと思われがちだが、マレーシア、インドネシアには金持ち女性経営者層が多い。女中が安く雇えるので社会進出がしやすい。

　トイレタリーでは花王よりライオンのアジア進出が目立つ。ライオンのシャンプー「植物物語」はタイのスーパーやコンビニに日本文字のままのブランドで並んでいる。輸入品ではなく現地子会社製であり、値段も競合品より少し高めである。そのTVCMは面白い。

　他方ライバルのUnileverは、タイNo.1の美人歌手として有名なMarsha

を起用した石鹸の宣伝を始めた。Marsha（愛称 Pin）はタイ人とドイツ人のハーフで、Pepsi も彼女を宣伝に起用している。隣国ラオスにおけるアレクサンドリアも人気のあるハーフの女性歌手である。このような有名人起用による商品イメージ戦略はアジアでも盛んだが、ライオンはその方策を採っていない。多数の会社がイメージガールとして使うと、商品自体が目立たなくなってしまう。

　花王は、生理用ナプキン「ロリエ」と洗剤「アタック―イージー」で TVCM を出している。「植物物語」の方が数段できが良い。アタックという言葉はタイ人に発音しにくいのかイージーで売ろうとしているが、EC と聞こえる。タイの日本文字ブームに乗れないでいる。ライオンは韓国第2の日用品メーカー CJ を買収した。

　花王はカネボウの化粧品部門を買収し相乗効果を狙うとしているが疑問である。例えばカネボウ化粧品の上海販売子会社は紛争続きである。2005年には、中国人総経理が、本社に無断で個人的な副業である別の商品の販売を店舗で行っていたことが発覚し解雇したところ、現地社員が職場放棄をした。発覚に対抗するべく現地社員は、輸入化粧品の違法販売をさせていた、その二重帳簿作成をしていたと告発し、当該社員を左遷したところ、2005年12月労働委員会で処分撤回させられた。中国人社員の考えが、以下のようになっているのである。副業は出来高制だから日本本社に判らなければそちらの方に注力する、総経理の副業に協力して、本業で給与をもらえればそれに越したことはない。化粧品のような B2C はサービス業で言われる internal marketing がポイントである。自分が顧客として使いたい化粧品でなければ売れない。その意識に欠ける社員が大勢を占める会社の親会社を買収してもアジア戦略が成功するはずもない。質の悪い中国人総経理に引っかかったのか。販売会社でやり手といわれる現地人社長を採用すると、しばしばこのようなことは起こる。日産がルノーに資本参加を依頼しなければならなくなったのは、日産ディーゼルの元社長の押し込み販売による在庫増による経営不振と、日産米国の米国人社長に任せっきりだった pick up 小型車の販売不振である。

　要するに、化粧品・トイレタリー会社に必要なのは、P&G、Unilever、J&J のアジア進出との競争で勝てるかである。

韓国 LG 化学はベトナムに生産子会社を作りヘアケア商品で成功している。商品の外装、デザイン、宣伝手法が地場メーカーと異なり垢抜けしている一方で、ミニ・スーパーで大量に陳列しているのが売れる理由である。

　このような店舗内でどう売るかの手法をインストア・マーチャンダイズ（IMS）という。アジア市場で売ろうとする日系の日用品、食品、家電、そして日系小売りが考えなければならない点である。現地の店舗は日本の店舗のように垢抜けしていない。それを全面的に改装させることはできない。しかし日系品を置く棚（ゴンドラ）だけは、洒落たものにし客を惹きつけたい。生理用ナプキンのユニチャーム中国は中国人セールスマンを徹底的に鍛え上げて中国全土の小売店に置かせることに成功している。ロート製薬のメンソレータムは中国とベトナムでユニチャームが狙うよりより小さな小売店・零細店舗も歩いて、リップスティックを置いてもらっている。味の素がインドネシア、タイ、ベトナムで味の素を売るために開発した手法である。皆日用にあった方が良い商品で、嵩張らず、庶民が買える値段である。そのブランド品を指名買いする顧客を大量に作り出すことに成功している。

　中国人、ベトナム人留学生は、そのような具体的な販売戦略を実際に示せなければ日本企業に採用されることは困難だろう。すなわち中国、ベトナム本国で今まで勉強してきた暗記の勉強で取った良い成績は、日本企業に通じない。思いつきのアイデアを並べ立てる学生も「深く考えていない、粘りがない」として、日本企業は採用しないだろう。「日本語ができる真面目な学生」だけで採用する日本の優良企業は少ない。

5. 中国における日用品マーケティングと B2B マーケティング

(1) 中国における 4C の意義

　日用品では国内マーケティング戦略が重要である。中国を例にアジアにおける国内マーケティング戦略について述べる。

　中国が WTO 加盟時に約束した流通、物流、貿易、金融、電気通信、建設・エンジニアリング、観光旅行、コンピュータ・サービスの外資への開放は予定どおりになされている。段階的に開放してきて十分中国地場企業が国内市場で

外資系企業と競争できるだけの素地を作ったから、というのが1番の理由だろう。しかし2番目の理由としてサービス産業化が国の発展のためにも必要だから、世界水準のサービス産業を入れる必要があったことが挙げられる。余剰労働力の吸収先として工業部門だけでは不足なのである。

　売り手としての戦略である4P（product、price、place、promotion、製品、価格、チャネル、販売促進）に比較して、4C（customer value、cost、communication、convenience、価値、価格、コミュニケーション、利便性）は買い手の見方である。

　他方、買い手の立場に立ったマーケティング戦略として3Cという考え方が提案されている。3Cは、顧客（customer）、自社（company）、競合（competitor）のことを指す。アジアで企業が自社のマーケティングを分析する場合、この3Cなのか4Pなのか。筆者は4Pの方が有効な分析ができると考える。買い手市場だと考えると、アジアではコストがかかり過ぎてしまう。green marketingといった環境に配慮した商品を買う考えが、まだ少ないので、差別化は、amenity（快適さ）という顧客満足（CS）をもたらさない。価格差が顧客不満足をもたらす。

　shoppingは生活に潤いを与えるものでなく、物理的生活水準を上げるものと、アジアでは考えられている。ボードリヤールは『消費社会の神話と構造』でそのような消費者の姿を描いている。1970年にフランスで出版された社会学の本で、無差別的に接近可能になった記号としての消費について語っている。今アジアの中間層が直面している消費への欲望だ。彼のもう1つの傑作『象徴交換と死』では、記号を交換する象徴交換によって階級がかたち作られてきたと述べ、その記号が消費となることによって階級秩序から階層秩序への市民革命の成果がなくなっていると言う。

　先進国ではshoppingは心理的・情緒的・理性的にバランスのとれた生活水準を上げるものとして考えられている。先進国中間階層向けのmarketing戦略として3Cはある。頭と心と情緒のバランスを自分で作れる人間は、ボードリヤールのいう消費社会を超えている人間だ。象徴交換を階級の秩序と考えずに、自らの秩序によって選び取れる消費者の誕生である。誰にでもアクセスしてくる消費社会で、自らのアメニティによって主体的に選択できる消費者の誕

生である。『消費社会の神話と構造』における構造は、著作後25年経って変革が明白になっている。日本で最近言われている、満たされた消費者、エルダーマーケットの誕生は、単に少子化社会の新しいマーケティング手法の開発のみを意味しない。現在アジアは消費への欲望の時代を迎えている。しかし10年後のアジアの消費市場では、付加価値は、消費のアメニティを与えてくれるものとして理解されているだろう。

　日系企業の製品は国内市場で激しい競争を避けるために中高級市場を狙ってきた。しかし中国人新中間層は、3割価格差があったら、ブランドの指名買いはしない。

　所得が1%変化すると需要はどれだけ変化するかをミクロ経済学では需要の所得弾力性という。1以上ならそのような財を奢侈品と呼ぶ。0と1の間なら必需品と呼ぶ。そして0より小さいつまりマイナスな場合下級財と呼ぶ。奢侈品と必需品を上級財と呼ぶ。上級財では所得が上昇すれば需要も増加し、所得が下落すれば需要も下落する。下級財では所得が上昇すると需要は下落し、所得が下落すると需要が増加する。ラーメンを考えると判りやすい。所得が低い間は袋麺の即席ラーメンで間に合わす。所得が増えると即席ラーメンでもカップ麺に移行する。さらに所得が増えると本物のラーメンへと需要が移行する。本物のラーメンを食べるようになると袋物の即席ラーメンへの消費が減る。それは袋物の即席ラーメンが下級財だからだと説明できる。カップ麺は所得が増えると需要が減るとは言えない。稼ぐために忙しくなるから本物のラーメンを食べに行く時間も、袋麺をゆでる時間も場所もないので、カップ麺を食べる機会がむしろ増える。所得が増えると需要はそれなりに増えるが所得の上昇度合いほどには消費は増えない。これはカップ麺が必需品であることを意味する。テレビでの特集や雑誌で紹介される全国有名ラーメン店のラーメンは、一泊旅行をしてでも食べたくなる。実際に食べに行く人が増えるとすれば全国有名ラーメン店のラーメンは奢侈品である。所得の増加以上に需要が増えるからだ。

　このような消費者行動を考えてみると、中国では下級財は少ないことに特徴があると判る。貧しい階層がいるために、中間階層の所得が上がって彼らにとって需要が減り、彼らの階層にとって下級財となっても、その下の貧困層が

その需要を代替するために上級財のままなのである。

　では上級財の中でも所得の変化率以上に需要の変化率が大きい奢侈品は多いのか。確かに民間企業経営者や外資系企業に働く中間管理職以上の職種に就く人々は増えているから、奢侈品の品目は増えている。しかし富裕層の量が急速に増えているわけではないから、奢侈品全体への数量としての需要には限度がある。富裕層は車、ブランド品、海外旅行では背伸び消費をするが、日常品、身の回り品のすべてを高級品に囲まれて暮らす生活はしない。イトーヨーカ堂に車で買いに行くが、高いドリアンなぞ買わないのは本当に美味しくないと思っているからである。そして日用小物の多くも、こんなものは市場で買えばよいとして、日用小物売り場の前は通り過ぎる。スターバックスが出資比率を高め直営店方式で展開するのも高級コーヒー市場だけでは限度があり、不動産ブームで高級オフィスビルや有名繁華街ばかりへの出店はコストが嵩み過ぎるからである。値段も下げてより幅広い中間層を顧客とする必要があるのだろう。

　いくら日本製が良くても3割高ければそれだけの価格差costが利便性convenienceには現れていない、つまりお値打ち物と感じてくれるだけの顧客価値customer valueを生み出せないのが、中国の消費市場である。それだけ利便性のある代替品が手近で得られる国なのである。それをcommunicationによって生み出してしまおうとするのが大衆品としても外資系の製品を売ろうとする戦略である。4C分析が機能する。P&Gの同じブランドによる低価格品（20元と共に9元のもの、リジョイス、パンテーン、ヘフィースのブランド別に伸ばす戦略で、同社はブランドごとに全世界を統括するブランドマネージャーを置いている。）を投入した。コカ・コーラは農村におけるガラス壜での一元での販売をし、北京ではリヤカーによる物流を使っての小さい小売店へ配送している。サントリーは半ダースのビニールパックでエレベーターのないアパート住民の顧客が運びやすいようにした。現地ブランドを買ったロレアルのような戦略もある。ダノンはアルプル水で売っているボルビックのブランド価値が落ちるのを恐れて、インドネシアブランドのAQUAの海外での使用権を買って東南アジアで成功させている。

　上級財の中でも所得の上昇率ほどには需要の増加率が大きくない必需品へ

の品目と数量への需要が大きく伸びている。ブランドのラインアップ戦略が有効である。中国の顧客の需要の多様化に応えて、かつ中国企業との価格競争に巻き込まれることを恐れて、中高級品市場ばかりを狙うと、品数ばかり増えて、数量が増えないから、現地生産するメリットが少なくなってしまう。

　高級品だから品質を落とせないと、過剰品質と生産設備に金をかけすぎる。売れなくなると宣伝広告費が減るブランド力が落ち販売代理店での扱い量が減る。ライバルメーカーの商品をも扱っている代理店や卸売りはリベートが欲しいから量を捌くからと値下げを迫る。売れなければ倉庫の奥に置かれて回転は悪くなり、新しい仕入れは不要とメーカーへの代金支払いも後回しになる。香港代理店任せにせずに自分で中国の流通チャネルへの食い込みを図るべきである。その過程で支払い期限の長期化も避けられない事態も生ずる。そこでは信用状況のチェックとの抱き合わせが必要になる。納入先を競わせて有利な条件を出させるのが中国流通業者の手口である。それに乗ってはいけない。「金はあるが売れない商品を出すメーカーには払わない」が中国企業の態度である。コンビニが外資系食品メーカーに特に注目されているのは、この大衆品市場に参入できる良い流通チャネルになるからである。

　日系家電メーカーは地場家電量販店に押されて取り扱いをやめている場合も多い。韓国系家電メーカーがそれなりに家電量販店でシェアを持っているのは標準品の大量生産と赤字覚悟の低マージンでの販売をしているからだろう。中国の家電量販店はテレビ、エアコン、洗濯機のすべての値札に価格、メーカー名のみならず中国での生産地の地名を書いている。地名がブランドの一部を構成しているのである。韓国系品というだけでなく、その生産の地名で買う顧客がいるのである。地元優先主義のゆえだけでない。顧客の価値に地名があるのは、電子部品の集積地に家電メーカーが位置しているなら故障が少ないだろうし、部品交換サービスも早いだろうと見ているのだろう。家電量販店では売り子も家電メーカーから派遣させている場合が半数以上ある。中国最大の家電量販店のチェーンストアは北京国美電器であり、蘇寧電器、上海永楽電器（国美電器と合併した）といったように家電量販店自身が地域主義を標榜している。中国一の高所得者は北京国美電器の社長である。

(2) 中国における B2C マーケティングと反日感情

中国では、日系企業がテレビ CM を流せない日がある。1日中抗日戦争の映像が流れているテレビ画面に日系商品の広告が出たら中国人視聴者は反発するのは目に見えている。1月28日は上海事変勃発の日である（1932年）。7月7日は盧溝橋事件勃発の日である（1937年）。8月13日は上海事変が拡大し金山衛から日本軍が大量に上陸し上海のみならず江南にも進攻を開始した日である（1937年）。9月18日は満州事変勃発の日であり（1931年）、中国では国恥の日という。11月12日は上海陥落の日（1937年）。12月13日は南京大虐殺記念日である（1937年）。"Remember Pearl Harbor" は知っていても、「勿忘九・一八（ムーワンチューイバー）」を知らない日本人は多い。

日本の教科書には太平洋戦争とあっても大東亜戦争とは書いていない。米国の物量戦争に負けたとは思っても、中国大陸での戦争には負けたわけではないと思い込んでいる日本人すらいる。アジア人には負けなかったという思いこみは誤りであるし、脱亜入欧の明治時代から続く文明開化の思想の裏面の意識である。

中国でB2Cの商売をさせてもらう限り仕方ないことではないかとの4Cの基本に帰ればよい。顧客とのコミュニケーションを通して顧客価値を創出できなければ中国マーケティングは失敗なのである。AIG は70年前から中国でビジネスしていたことをマーケティングの売りにしている。つまり米中は昔から協力関係があって、日本の中国進出に反対できるのであるとのメッセージが隠されていると見た方が良い。

田原坂で薩摩軍を倒したのは警官となった旧会津藩士が主力をなす抜刀隊だった。戊辰戦争の復讐を10年後に果たした。誰もそんなことは言わず士族の反乱は西南の役で終わったとのみ教科書には書かれている。国民国家は自己の支配の正当化のために自己都合の弁を吐き続ける。中国も日本も国民国家だ。国民国家を超えて商売している日系企業が日本国家の言うことを真に受けたら、中国国家の言うことと矛盾してしまう。支配の正当化のために大衆という消費者を誘導できる国家の下で、企業セクターのプレイヤーとして市場競争という手段で利益を得ようとする目的が、不当に不利な競争を強いられることになる。

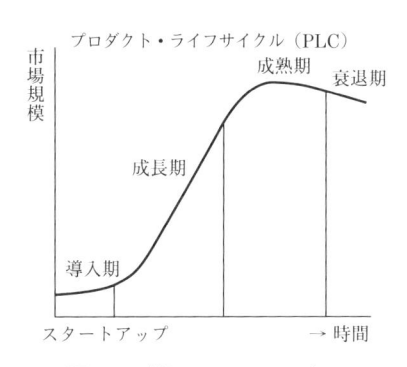

(3) 製品のライフサイクルを考えたマーケティング

　経営戦略は製品ないしサービスのライフサイクルにより変わってくる。ライフサイクルは導入期、成長期、成熟期、衰退期に分けられる。製品のライフサイクル曲線は時間を横軸、売上を縦軸にとればＳ字曲線を描く。市場状況、競争状況、総合戦略、機能別戦略別に表にすると図8-3のように書ける。

　この基本を中国国内マーケティングに生かすべきだ。中国では開発期が短く急に成長期に入ってしまう点、成熟期を長くして衰退期までの期間を長くする点がポイントだ。外国で売れているのは何かを中国企業は外資系企業の動きのみならず、日本欧米に張った情報網で把握している。日本の大使館と異なり中国大使館にはどこでも自国企業の世界戦略に寄与することは国益だとの意識から情報収集をしている。ロシア通商代表部のような別組織ではないが、同様なことをしている大使館員は多い。また華僑がそのような情報を中国当局に流して自らの中国ビジネスを有利にしようと取り入ることからも市場情報は流れる。もちろん香港という世界の窓もある。先端の製品を作る施設を持って来いと中国当局が直接投資で行政指導するのは、導入期が短いことと、成熟期が長いことが理由だ。所詮古くなる機械ならなるべく使い始めのときは最新式にせよという意味と、成長期初期に数多くの中国企業が市場に参入しやすくするためだ。機械にはエイジング（ageing）があるから使い慣れた機械の方が故障もせず技術指導もしやすいといっても、なかなか聞いてくれない。

図8-3　製品のライフサイクル
（出典：http://www.kcs-net.or.jp/koza/1-2.htm）

表8-3　製品のライフサイクルとOPA

		導入期	成長期	成熟期	衰退期
市場状況		新製品で消費者・ユーザーになじみがなく購買は特定層。需要はゆっくり伸びる	製品は認知され、需要は急速に伸びる。購買は一般層に普及	需要大きいが、伸びは鈍化、購買は全階層に普及	需要低下
競争状況		先発1社ないし少数者で相互の競争はない	新規参入で競争は次第に激化	企業間の競争熾烈、一部に撤退企業も出てくる	残存企業少数で協調しながら限定的な競争
総合戦略	方向	ニーズ育成	積極拡大	合理化・効率化	防衛
	目標	投資効率	売上・シェア	利益	資金
機能別戦略	マーケティング(6)	市場限定、成長する単品中心、需要喚起、直接販売、選択的価格、製品輸出	市場拡大、製品・サービスラインの拡大、ブランド強化、販売チャネル拡大、低価格化進む、海外進出	市場維持、製品・サービスラインの標準化、特別企画キャンペーン、適正価格	市場の絞り込み、製品・サービスラインの絞り込み、チャネル整理、高価格
	生産(4)	選択的投資、外注依存、製品技術強化、品質の安定化	能力拡大投資、変動費削減、内製一貫化、生産技術強化、品質向上	合理化投資、トータルコスト削減、最適稼働能力、内製・外注調整、生産官吏強化、機能多様化、生産合理化	設備の有効利用、外注化、分社化
	財務(10)・人事(11)	自己資本、少数精鋭、プロジェクト組織	資金借入、利益額重視、人材の積極投入	利益率重視、借入返済、人員効率化、機能別組織	赤字の極小化、人員削減

(出典：野口吉昭『マーケティングのノウハウ・ドゥハウ』を参照した)

　直接投資でのラインアップ作戦（1つのブランドでサイズや色の違う種々の商品をそろえること。顧客の様々な要望に1つの会社で応えられるメリットはあるが、製品別に金型を別に取りそろえなくてはならず、設備投資が必要以上にかかることが多い。）は、コストがかかるのでしにくい。それが成熟期を長くさせようとの戦略を生んでいる。モデルチェンジで金型を全部作り換える必要が生じるのは痛い。上海VWのサンタナのモデルチェンジは20年間なかった。成熟期が20年以上も続いた。ドイツで廃棄処分しなければならないサンタナの製造ライン、金型、部品、図面を中国に輸出すればありがたがられた。

第9章

エネルギー産業、電気・水・ガス供給業

天然資源のある国は豊かか、原材料高騰と省エネルギー・eco-friendly な企業、民営化

1. エネルギー産業の分類

エネルギー産業には原料採掘の産業と、原料を加工精製して最終エネルギーにする産業の2つがある。原料は石油、石炭、天然ガス、ウランであり、加工精製して電力、石油精製、LNG（液化天然ガス）、LPGになる。日本の都市ガスは、アジア（インドネシア、ブルネイ）と中東（カタール）から運んできたLNGをもとの気体状態にしてパイプで供給している。米国、ロシア、欧州、マレーシア、タイ、ミャンマーでは、天然ガスのままパイプラインで運ぶ。チェチェン問題でロシアが独立を認めないのは、ロシアのガスと石油のパイプラインが通る重要な地域であることにもよる。独立されたらパイプラインで運ばれたガス・石油の量に応じて通過料金を支払わねばならない。トルクメンとタクラマカン砂漠から出るガスを、ユーラシア大陸を東に運んで、中国と日韓に供給しようとする計画がある。バイカル湖の近くで出るアンガルスクのガスとサハリンで出るガスは日本に供給する計画もある。原油は中東からタンカーで運び石油精製所に運び、重油から航空機用のナフサにまで分解している。分解した石油製品を同じところで石化製品にすればロジスティック・コストがかからないとして、石油化学コンプレックスができた。

アジア途上国は工業化に熱心なのでエネルギー消費量の伸びは経済成長率を上回る。中国が気候変動条約に参加しない理由は、石炭生産が世界トップである事と、経済成長率を超えるエネルギー消費量の急拡大である。中国の一人

当たりエネルギー消費量は米国の11分の1で、日本の5分の1である。いわゆる「発展の権利」の主張である。気候変動条約の京都議定書では、排出権売買を規定している。日本なら6%削減基準（EUは8%）を満たせないと思う日本の会社は外国の排出権を買えば、それを削減対象にしてよいことになっている。三井物産が重慶の炭鉱から排出権を買ってメタンガス発電所を作るのは、それで得た排出権を別の日本企業に売るためである。COPs2に非加盟の中国が、皮肉にも石炭を熱源に使うために、排出権の最大の売り先になっている。

エネルギー原料は地域に偏在していることが、民族紛争を起こす理由になっている。エネルギー生産量の半分は上位5か国で占められている。天然ガス、電力の生産では米国がトップなので、米国は CO_2 削減のための気候変動条約を批准していない。

原油貿易は以下の大きな流れは地政学（geopolitics）の世界である。2003年の貿易量で述べる。日本は中東から2億800万t（サウジアラビア、UAE、イラン、カタール、クウェートの順）、東南アジア（インドネシア、マレーシア、ベトナム、ブルネイの順）から2,900万t輸入している。原油調達の多角化を狙ってロシア原油をサハリンから（丸紅、三井物産、三菱商事）、カスピ海原油をアゼルバイジャンから（伊藤忠）引こうと、商社が中心に動いている。

東南アジアは中東から3億3,400万t、アフリカ（主にナイジェリア）から3,600万t輸入している。オーストラリアは東南アジアから2,100万t輸入している。中国は中東から5,200万t、東南アジアから3,400万t輸入している。カザフスタンからの原油パイプラインも一部完成した。インドは中東から5,600万t輸入している。EUはロシアから2億4,400万t、中東から1億5,400万t、アフリカから1億2,700万t輸入している。カスピ海原油をパイプラインでEUに運ぼうとしている。チェチェン経由のパイプラインは民族紛争で危険なので問題になっている。米国は中東から1億2,600万t、南米から1億2,100万t、カナダから1億200万t、アフリカから9,000万t、メキシコから8,200万t、北海（EUだがノルウェーが入る）から5,000万t輸入している。カナダは北海から2,500万t輸入している。アフリカは中東より3,500万t輸入している。

表9-1 エネルギー・電気産業のプレイヤー

	米	EU	日本	アジア
石油	Exxon Mobil、Chevron (Texacoと合併、Unocalとも言う。中国CNOOCに買収される事を2005年拒否)	Shell (UK、Dutch) BP (UK) Total (France) 北海油田があるが採油量が減りUKは2005年石油輸入国に転落した。 Lukoil (Russia) Ukos (Russia)	ENEOS (独立系、九州石油)、コスモ (独立系)、新日鉱 (Shell系)、昭和シェル (shell)、東燃ゼネラル、キグナス (Exxon)、Esso Mobil (Exxon)	国有 Pertamina (Indonesia) Petronas (Malaysia) Petrovietnam (VN) 探鉱力なく5majors等とPS契約をする。日本は石油公団が積極的に絡むが成功例は少ない。 中国石油天然気 (Petro China、大慶)、中国石油化工 (Sinopec、勝利) 中国海洋石油 (CNOOC)
電力	民間 卸売電力topのEnronは倒産、PG&E	国有は EDF (France) ENEL (Italia) 民間のUKは過半数がドイツ資本に、バルト三国は卸売電力、脱原発のGermany、Sweden、Swiss、Bergium、北海の風力発電	民間 東京電力他9電力と電発、九電は5位、卸売電力は、Summit Energy (住商)、Enet (東ガス、大ガス)、Elex (三井物産)、大王製紙	国有 PLN (Indonesia) EGAT (Thailand) 韓国電力 発電、送電、配電を分離民営化が課題、IPPが使える。インドは送電は連邦、発電、配電は州で。中国国家電力の他に上場会社として中華能電力もある
天然ガス	PG&E、TXU Gulfからパイプラインを引く	パイプライン	東京ガス、大阪ガス、東邦ガス	Indonesiaの日系LNG事業 (Bontan、Aceh)、 Burnei LNGは三菱商事の儲け口、 Shivneschi (Russai) Sakharinに出資しているのはSakharin IではExson、C.Itoh、丸紅、石油公団、Sakharin IIではShell、三菱商事、三井物産

　アジアでのエネルギー問題は、エネルギー消費量が急速に増えていること、石油の中東依存度が高いこと、省エネルギーに対する意識が低いこと、エネルギー資源を巡る領土争いである。CO_2を出すのは、石炭、石油、ガス、原子力の順である。CO_2削減の観点から原子力依存度を高めよとの議論がある。石油価格が60ドル/bbl台が続くことも原子力推進派の根拠になる。原子力は維持コストが高過ぎるし、事故被害が甚大すぎる。省エネルギーを、産業界のみならず消費者も進めるべきなのが日・韓である。

その他のアジア諸国は中国を代表に、産業界の省エネルギーを進めるべきである。「べき」ではビジネスにならない。環境ISO14000は利用できる。ISO14000を取っている会社からの製品を買う、との先進国企業・消費者の意識が高まれば、輸出指向型企業の意識は変わってくる。品質管理の世界規格ISO9000を取っていないと先進国に輸出できないという事態が1990年代末におこりアジア企業はISO9000取得に眼の色を変えだした。環境規制の徹底も必要だが、アジア途上国政府は法令を徹底する力が弱い。国のかたち分析で国家セクターの力については示したとおりである。省エネを進めると会社のイメージアップになるのは先進国だけである。green marketingという。しかし日本企業は省エネ技術、環境技術において優れている。実際に儲かるということを示しながら、省エネ機械や環境機器を売るようなsolution marketingが必要だ。

　インド、インドネシア、タイではタクシーより安くて便利な三輪車が走っている。排気ガス対策と省エネルギー対策により、インドの三輪車は天然ガス仕様にすることが法定された。ジャカルタでも天然ガス車が増えている。

　エネルギー資源をめぐる領土争いは、日本海で中国が2005年より開発を始めた春暁ガス田に限らない。南シナ海の南沙諸島の領有権問題では、ベトナム、フィリピン、中国、台湾が争っている。東チモールの南の領海もガスがでるとして、東チモール、豪州、インドネシアの間でもめている。

　アジアでは、中国、ベトナム、インドネシア、カザフスタン、アゼルバイジャンで石油が出る。ガスはタイ、マレーシア、ミャンマー、中国、インドネシア、ブルネイ、トルクメニスタン、ウズベキスタンで出る。もちろん中東諸国で石油ガスが出る。

　2005年に起こったインドネシアのCepu油田（17万bbl/dayの生産予定量はインドネシア総生産量の5分の1に相当する）のproduct sharing契約を巡るExxon MobilとPertaminaの持分比率についてのインドネシア国会の介入が、資源ナショナリズムの典型である。55:45の取り分はインドネシアに不利だからとして、契約済みのものを見直すように求めたのだ。2006年6月に決着した契約では85:15となった。15%の取り分を持つ開発事業体に45%出資するExxonの取り分は6.75%となる。陸上油田で開発が困難だから取り分が

多くなくては困るという Exxon Mobil の主張は認められなかった。

　自国の石油資源の枯渇に悩むインドネシアは、イランとベネズエラから原油を輸入して製油所（30 万 bbl/day）を 40 億ドルかけて作る計画を 2006 年に発表した。反米の両国から原油を入れるのは、資源ナショナリズムは採掘のみならず販売ルートをも含むものになっている。ブラジルのペトロブラスが沖縄の南西石油を買収し 10 万 bbl/day の製油所を得るとの報道が 2006 年 9 月になされた。55 万 bbl/day の原油輸出余力のあるブラジルが販売先をアジアで確保しようとする動きである。

　天然ガスはパイプラインで運ぶのには限界がある遠距離な場合、液化天然ガス（LNG）にして出す。インドネシア、ブルネイ、カタールの LNG は、東京電力、関西電力、中部電力、台湾電力、韓国電力が買っている。LNG は輸出基地、LNG 船、受入基地の建設に膨大な資金がかかり、技術も必要だ。そのため日本企業が LNG 事業に参加できる。東洋エンジニアリングのような会社が基地の建設を受注し、LNG タンカーは、三菱重工、川崎重工業が造る。商社が金融を組んで国際協力銀行 JBIC の資金を使って開発輸入をする。Pertamina 等資源会社に長期前払い資金を貸して、LNG で返してもらうという仕組みを採っている。しかしインドネシアは国内需要が伸びていることから、既存 LNG では輸出より国内需要を優先するとの方針を 2005 年に打ち出した。

　この制約を受けないで済む新規 LNG 開発事業がインドネシアで進んでいる。イリアンジャヤのタング LNG プロジェクトがそれだ。タングにある確認埋蔵量は 14.4 兆立方フィートガス田から 760 万 t/y の LNG を作り 2008 年から供給する。総投資額 50 億ドルで、外貨借入れ 35 億ドルの事業である。2006 年 8 月 1 日に外資側が 26 億ドル（JBIC12 億ドル）の開発資金をアレンジする契約が締結された。日本側は 46% の権益を得る[2]。他は BP37%、中国海洋開発（CNOOC）17% である。輸出先は、中国 CNOOC 260 万 t/y、韓国 K Power 80 万 t/y、Posco 55 万 t/y、メキシコ 370 万 t/y である。インドネシアは 25 年間で 120 億ドルの財政収入を得る。

　米国の制裁で日本が手の出ないイランは、中国との間で 4 年間で 2 億 5,000 万 t、総額 700 億ドルの LNG 供給契約を 2004 年 10 月に締結した。インドと

は2005年1月に調印し、25年間で1億8,750万tを供給する。

　アジアには石油掘削技術で優れた会社はない。千三つという。千分の三しか商業生産に乗る油田を当てる事ができないということを指す。そのため欧米石油企業が石油利権を採る事ができる。product sharing contractを欧米石油会社が資源を持つ国有企業と締結する。掘削開発生産コストを、費用化して残りを、開発企業と資源保有企業で分けるという考えだ。日本の北の島であるサハリンでの天然ガス開発では、コストが高すぎるので、すぐに石油とガスが出たサハリンIIの開発（三井物産、三菱商事、Shell）は進み2008年から出荷できる予定だが、サハリンIの開発（ExxonMobil30%、Sodeco30%（石油公団、PAPEX、丸紅、伊藤忠）、ONGC India 20%）は遅れている。サハリン事業は投資額が巨額である。サハリンIは2005年末までに既に45億ドルを使い、ロシア側が受けるメリットは40億ドルになるだろうと言う。サハリンIの取得可能埋蔵量（23億bbl）は日本の1年分の全エネルギー消費量の60%に当たる（1bbl＝0.1349ton）。エネルギーの中東依存度を低めるためとはいえコストがかかりすぎる。サハリンIIではロシアの資源ナリズムによる圧力で、ロシアのガスプロムの取り分が50%に上昇する変更契約をのまされている。

　2005年中国国有石油会社による米国石油企業Chevronの買収は失敗したが、石油掘削技術のみならず、コストの安い油田を確保したいとの思惑だろう。その代わりカザフスタンの石油ガスを開発しているカナダ企業の買収には成功した。カザフスタンから中国へのパイプライン完工と原油の安定供給のためだったが、中国のエネルギー支配とカザフスタンから見られてしまうことを恐れ、折角買収した会社をカザフスタン国有ムナイガスに譲渡した。中国のエネルギー消費はまだまだ伸びる。サハリンIにインド企業ONGCが参加しているのも、インド国内のエネルギー需要の増加を踏まえている。ONGCは2005年からベトナム沖で商業生産できる油田を掘り当てた。ベトナムの石油はロシア企業の権益が一番大きいが、最大の輸出先は日本である。

表9-2 日中韓のエネルギー事情

2003年	エネルギー消費量（石油換算百万トン）	石油比率	石炭比率	ガス	原子力他	石油の中東依存度
日本	505	49%	22%	14%	15%	87%
韓国	212	50%	24%	11%	15%	79%
中国	1199	24%	67%	3%	6%	51%
日中韓計	1916	34%	51%	7%	8%	77%
世界	9740					

2. 卸売り電力と民営化

　一般企業が発電をして電力会社に販売することを卸売り電力という。鉄鋼、化学、セメント業者が自家発電場所での余剰電力を電力会社に売ることが1995年より日本では認められている。伊藤忠は愛知県のファミリーマート店舗網に新日鉄名古屋製鉄所の余剰電力を売っている。（それがセブン-イレブンが愛知県に進出するのを遅らせた理由にもなっている。）

　アジアでも卸売電力の構想はあるが、不足する電力相当分のみを、BOTによるIPP（independent power producer、独立発電業者）から買い入れすること、しか認めていない。電力会社が国有企業であることが多く、発電、送電、配電を一貫して行って始めて、収益採算が出るような料金構造になっているためである。

　卸売り電力は米国では一般的であり、バルト3国でも取り入れられ、現在中央アジアでも検討されている。卸売り電力では、安い電力料金を提示した発電所より、その都度グリッド（送電線網）に入れるために、そのシステムが故障すると、ニューヨークの大停電のような事態が起きる。またカルフォルニアで起こった、発電会社の一方的な値上げによる配電会社の倒産といった事態も起こる。送電網を持つ電力会社（民営化された後の国有発電会社の中核となる）のメインテナンス能力、発電会社間の価格メカニズムの徹底、配電会社が、政府補助金がなくても自前で採算が採れる経営力が、卸売り電力を成功させるポイントである。卸売り電力を進めるための国営電力会社の民営化はアジアでは遅々として進まない。タイのEGAT民営化法は行政裁判所が2006年4月違法

認定をした。民営化委員会のメンバーに中にタクシン首相の Shin Corp. の取締役がいたので民営化委員会の判断は公正ではないとしたことが理由だ。EGAT の民営化で電力会社が通信事業にも進出できるからだ。

　民営化のメリットは以下の4点だ。①赤字国有企業への補助金をなくすことができたり、発電所を民間の資金で作らせ、経営させることで経営の効率化が図れる（いわゆる BOT や PFI 事業）ことで、政府の財政支出が抑えられる、②民間企業に売ることで政府の財政収入を増やすことができる、といった理由の他に、③ユティリティ事業では今までは考えられなかった新規事業のチャンスが増えていることに対応する、④国営ではできなかった外国投資が導入できる。EGAT では③、④が問題になった。

　日本の場合9電力会社は完全に民営化されて地域による独占となっており、彼らに補助的に電力を供給する発電会社電発の民営化も進んでいる。地域独占価格は公共料金として経済産業省がチェックできるので、卸売電力を全面的に進めるメリットは薄い。

　また今後のエコ・エネルギーとしての風力発電を北海道電力のグリッドに入れるに当たり、東京電力の風力発電事業部門が極端に安いコストを提示し、民間の風力発電への参入者を排除しているといった問題はある。デンマークからスウェーデンに飛ぶと、バルト海と北海は風力発電のプロペラの壮大な列が並んでいる。ブルガリア人クリスト（Christo）のラッピング芸術を思わせる。彼はカルフォルニアで、延々と続く草原に延々と続く塔を建て、それをシートでラッピングするインスタレーション芸術を行った。

第10章

機械産業

資本財取引とメカトロニクス、日韓台中の争い、営業秘密保護、全要素生産性

1. 機械産業の種類と技術のピラミッド

機械産業の国際競争力を筆者は以下のように見る。

表10-1 アジアの機械産業の国際競争力

	日本	韓国	台湾	中国	ASEAN	インド
造船	◎	◎	×	○	×	×
プラント	○	○	×	○	×	○
工作機械	◎	○	◎	○	×	×
精密機械	◎	◎	○	◎	×	○
農業機械	○	×	×	○	×	○
建設機械	◎	◎	○	○	×	○
バイク	○	×	○	◎	◎	◎

◎国際競争力強力、○国際競争力あり、×国際競争力なし。

ASEAN諸国はバイク以外国際競争力がない。しかし日系を中心とする外資系企業が国内市場を押さえているので、輸入品が国内市場に溢れるということはない。そこの市場に中国バイク企業が2001年以降入ろうとしている。ベトナム、ラオスではある程度成功したがその他では成功していない。バイクは耐久消費財として安ければよいものではなく、故障しない、デザイン、イメージ、サービスも大事だからである。その例はタイ・ヤマハ、AP HondaのTVCMに見ることができる。

インドネシアで耕運機に強いクボタが、中国からの輸入耕運機にシェアを奪われ始めたのは 1980 年央からである。しかし負けることはなかった。故障しない耕運機を求める兼業農家が増えているからである。中国製は安く故障しても直しやすい。しかし手間と時間がかかるのは確かだ。インドで地場企業 Birla 製の乗用車アンバサダー（大使）は、30 年モデルが変わらず、安さと故障しても個人で直しやすいことで人気を博してきた。今でもタクシーの多くはこのような旧式のモデルが多い。しかしスズキのマルチ 800 に負けた。サラリーマンにとって通勤途中に故障しては困るからである。

クボタ・インドネシアが、中国製に対抗して現地生産品を安くできなかったのは、現地調達品の品質が上がらなかったために、主要部品を輸入せざるを得なかったためである。耕運機の現地調達品の代表が鋳物である。鋳物でできている鍋釜はどこの国にもある。しかし鋳物の技術の水準が違う。中国の鋳物の技術とインドネシア地場企業の鋳物の技術は段違いなのである。韓国の工作機械トップ大宇総合機械が作る工作機械の鋳物部品は中国からの輸入品であることに、その技術の高さが判る。この違いを理解するのには、筆者の開発した OPA の 23 技術のピラミッドの考えを応用して欲しい。アジアの機械工業を見る際にはこの技術のピラミッド分析が役立つ。筆者の著書『アジア投資戦略』p.27 にある下の図である。

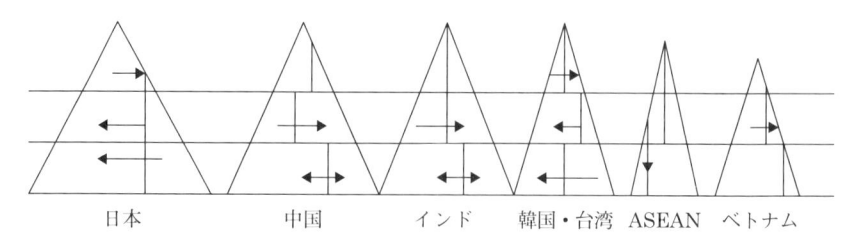

図 10-1　アジアにおける技術のピラミッド

技術は基礎技術、中間技術、ハイテク技術の各技術でピラミッド構造を作っていると関満博一橋大教授がいいだした。業務過程分析における 23 の技術の水準を見るにはこの技術のピラミッド分析が有用である。技術は知識と同じくピラミッド構造を持っている。基礎技術がなければ中間技術がなく、中間技術

なくしてハイテク技術はない。判らなくなったら判るところまで戻って勉強するのと同じである。2003年10月中国が有人衛星を打ち上げに成功したのはその基礎技術、中間技術がそろっているからである。「技術が遅れているので日本の企業が来て技術移転をして欲しい」というのは、日本の技術を安く買うための算段に過ぎない。日本が主要部品の輸入拡大と販売・流通網緩和を主張すると中国は自動車の環境技術や省エネ技術の技術協力を主張する。技術協力とはオーナーシップが強い開発途上国で使われる言い方であり、無償ないしは安価な技術供与を受ける際の言い方である。

技術のピラミッドはその高さと底辺の広さで構成され、技術が歪んでいる部分を欠けている部分として表す。技術の発展方向は矢印で表す。ただしハイテク技術が一番先端的、かつ洗練された技術ではない。ハイテク技術の中にはいまだ技術の不安定さがある技術が多い。日本のH2ロケット技術が典型である。基礎技術でも日本の金属金型技術のように世界で最先端、かつ洗練された技術を持つものは多い。すなわち基礎、中間、ハイテクの各技術のリファイン度、エクセレント性が問題なのであって、ハイテク技術なら投資優遇措置をつけるといった投資受入国の考えは技術について一部誤解していると思える。基礎、中間、ハイテクの特定分野技術の間で上下の関係ができてそろっている場合、特定の産業で独自の技術が完成していることを意味するから、その国のその産業分野の発展および国際競争力は強い。

2. 造船産業とプラント・ビジネス

造船は、海運市況により受注量が大幅に変わる。そのため相対取引なのにもかかわらず、価格と造船受注量は市場取引のような変動を示す。下表の日本造船工業会のHPを見れば、1990年代の世界経済の不振が分かるだろう。海運市況は貿易量と船舶量により決まる。四国の今治造船や大分臼杵の造船所は特に好況である。造船大手企業は、景気不振によりドックの閉鎖等を行ったからである。日立造船とJFEが造船事業を統合してユニバーサル造船を作ったのは、造船受注活動の共同化より、両社が持っていたドックの有効利用のためである。韓国の現代重工業の国際競争力は強い（2005年の受注量82 ships / 83

億ドル）。POSCOの鉄板と三菱重工業の舶用タービンエンジンを使い、安値受注をするからである。

　中国は、外資系企業でもよいから、中国での造船業を作りたいと考えている。上海外高橋造船が最大の造船会社だが、技術導入に熱心である。一般船舶では安値で受注するところから、日本郵船など日本の海運会社も注文を出すようになっている。しかし高付加価値品のLNG船の建造技術は、日本、韓国とも出さないので、造船実績のあるフィンランド企業から2005年に導入した。広東省にLNG受入基地を作るのでLNG船も自前で作りたい。バラ積船やタンカーでは日韓企業は合弁会社を作っている。川崎重工は南通で、現代造船は青島で操業を開始している。川崎重工の合弁企業は南通川崎船舶工程（NACKS）と言い中国側パートナーは中国最大の海運会社COSCO（中国遠洋運輸）で50:50の出資比率で1999年に設立している。COSCOのコンテナ船を主に作っている。現代重工業はグループ会社現代総合商社の名前で出資し、中国・霊山造船所をパートナーとし、2005年青島現代造船有限公社を設立した。同社では2010年までに2万t級の石油製品運搬船、多目的貨物船、コンテナ船などを建造し、年間売り上げ2,400億ウォン（240億円）を達成すると言っている。2003年度における中国の造船量は約600万tと、世界シェアの10％を突破した。また同年度における受注量は前年比173％増の1,800万tに達し、18％の世界シェアである。

　造船各社は、船舶以外にも進出して成功を収めている。発電機器、飛行機機体飛行機エンジン、ゴミプラント、海水淡水化プラント、大規模工場機械設備等、プラントと呼ばれる分野である。ここでは、いかに世界中のメーカーや建設会社と協力して安値受注をするか、そして発注者にいかに有利なファイナンスを付けるか、が受注のポイントとなる。

　この分野では日本の商社の役割が欠かせない。いくらプラントメーカーが、自国内の企業を下請けに使って安値受注をしようとしても、限度がある。技術は日本や欧米企業が優れ、安い生産は中国・韓国企業に任せるといった協力体制を組むのは、日本商社のお得意とするところだ。プラントのコンソーシアム受注という。韓国企業や中国企業にはこのような商社機能を果たす会社がないために、自国企業だけで応札し敗退する事が多かった。2000年代になる

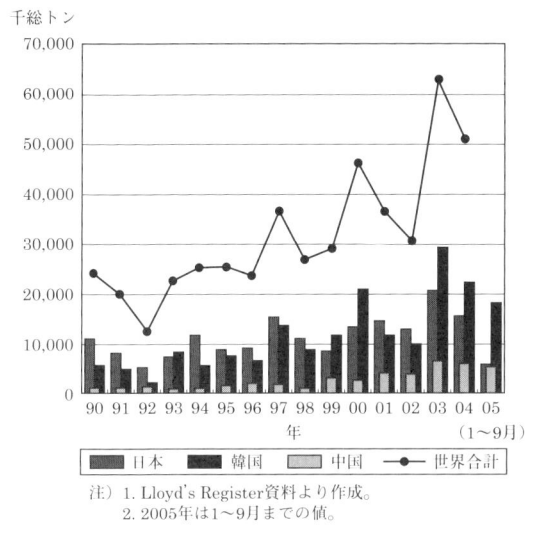

図 10-2　世界の新造船受注量の推移

と韓国企業や中国企業のプラント・コンソーシアム能力も高まってきており、高度な技術が不要なプラント建設の入札では日本企業のコンソーシアムに入らないでも勝てる場合が多くなってきた。

　日本にはプラント専業大手3社と言われる企業がある。日揮（JGC）、千代田化工、東洋エンジニアリング（TEC）である。欧米企業のライバルは米国企業Bechtel、スイス企業ABBである。Bechtel社は、元国務長官シュルツが社長を務めていたことでも判るとおり政治的な動きをすることにためらいがない。同社は一般建設、防衛宇宙も行っているので売上は4兆円を超す巨大企業である。ちなみに造船重機最大手の三菱重工の売上高は2.6兆円、日揮のそれは4,000億円である。ABBの売上高は207億ドルだから、2.4兆円で三菱重工と同規模である。

3.　機械産業では暗黙知が働く

　日本の機械産業には国際競争力がある優良企業が多い。その理由は、技術開発力と提案型営業に優れていることと、暗黙知が働きやすい職場だということ

がある。提案型営業はB2Bで特に必要なマーケッティング技法である。マーケティングの4Pにおけるpromotionに含まれる4要素の1つpersonal salesの手法の1つが提案型営業である。顧客満足は誠意と熱意と創意の3要素から得られる。創意は情報収集力、問題発見力、アイデア発想力、企画構成力、そして説得力からなる。提案型営業ではこちらの商品を相手に売り込むのではなく、相手の問題を発見してあげて、その解決にこの商品は役立ちます、という。相手に儲かる方法を提案して、その儲かる方法を実践するためには当社の財・サービスが役立ちます、という。つまりwin-win gameだと顧客に確信させる方法が提案型営業であり、そのためには営業マンは企画力のみならず意欲と人間性が試されている。余田拓郎 慶応大学助教授はB2Bの営業でもブランド戦略が役立つと言い出しているが、筆者は疑問を持つ。B2Cではブランドが購買に決定的な影響力を持つが、B2Bではブランドは購買先選択の初めの一歩に過ぎない。B2Bでブランドにこだわるpersonal salesをすると顧客離れを起こすだろう。

　機械産業の中で工作機械産業は工場で生産する機械を作るので、典型的な資本財生産企業である。工作機械への需要は工場の新設と拡張、機械の更新といった設備投資の動向に左右される。バブル崩壊後2004年までの10年間の日本経済の不振により、日本の工作機械メーカーの一部には、売り上げが大幅に落ち込み経営不振に陥るところが出てきた。これを買収しようと中国企業や韓国企業が狙っている。買収は成功してもその後の暗黙知が働く職場を変えてしまったら技術開発力と提案型営業力が落ちる。トップ・ダウンの経営をすることが多いアジア企業に、暗黙知の経営はなじまない。

　暗黙知（tacit knowledge, anmoku chi 沉黙知）とは、野中郁次郎一橋大学教授が言い出した知識創造企業において重要な知識のことである。知識には形式知と暗黙知がある。形式知とは言語・文章に表現できる知識で、特定の文脈（context）に依存せず、たやすく伝達共有ができる客観的・理性的な知識を言う。暗黙知とは言語化・文章化が困難な主観的・身体的な知識で、個人の経験の反復や信条により体化される思考パターンやスキルを言い、特定の文脈に依存するために、模倣されにくい独自能力を形成する。

第10章　機械産業　*183*

表10-2　SECI model

共同化	暗黙知から暗黙知へ変換	共通の体験により共有化された思考パターンやスキルといった暗黙知を創造する	現場で一緒に仕事をしてOJTで先輩から学ぶ
表出化	暗黙知を形式知識に変換	たとえ、類推、概念、規範を通じて暗黙知を言語化する	概念化の成否は、組織要員が人間関係を深めようとしているかによる
連結化	形式知と形式知を組み合わせる	文章、会議、電話、e-mail、面談で言語、数値化された形式知同士を連結する	システム化、ITで効率化できるはず
内面化	形式知を暗黙知に変換	形式知を体化する過程で新たな暗黙知が生まれる。	Learning by doingによりmental model、know howとなる

　野中は知識創造モデルをSECI（セキ）modelと名づけ、暗黙知が形式知となりさらに新たな暗黙知が創造される過程を以下のようにモデル化した。

　このようなSECIモデルが機能して企業業績が上がるためには、企業の従業員、経営者がより良い利益を生むために必要な関係性を持つ必要がある。その条件を野中はknowledge enabling conditionsと呼び、5つのknowledge enablerが必要だとした。①knowledge visionが組織内に浸透する。②従業員間の会話のスキル向上によるアイデアが整理高度化される。③知識創造を促進する触媒となる人物、調整する人物、未来を予見する人物を職場に配置する。この3種の人物をknowledge activistと呼ぶ。④知識を創造する文脈を物理的、仮想的、心理的に作り共有し合う。⑤組織内の種々のレベルを超えて知識を組織全体に普及させるために、knowledge activistに活躍してもらう場を作り、掲示板、報告会、勉強会、利用方法の周知徹底を図る。

　アジアにある日系企業と日本の本社の間で⑤のlocal knowledgeのglobal化を図る人材として日本に留学したアジア人学生を採ろうとする企業が日本企業と日系企業の中に多い。しかし、日本で働くアジア人の中には、会社の従業員同士で群れるのを嫌い、組織のvisionを共有化することを嫌い、先輩から教わる事を嫌うアジア人が多く、せっかく優良企業に入っても転職するケースが

後を絶たない。日本に留学するような学生には個性的な人間が多いからだと説明されるが、そうではない。①アイデアだけで勝負しようとしてアイデアを整理高度化する知識がない、②実践によりスキルを身につけるだけの辛抱ができない、③形式知の連結がIT化により単に転写することでよいと考え、考えながら新しい連結された形式知として表現する手法を身につけていない、④日本の大学における知識共有の場が一方通行になっていることに対し関係者の意識が低く、組織成員の会話スキルが、大きな声、権威による声があればスキルを身につけたとされ、組織成員の多くがシラケてしまう状態に慣れてしまい、優良企業でも同じだと勘違いする、ことによると考える。

　日本の優良企業では課長の能力が特に重要となる。課長は企業内での情報のgate keeperとなり、無駄な情報は上(次長、部長、取締役)ないし下(係長、係員)に流さず、有益な情報を上ないし下に流すために、知識の創造がしやすくなるからである。課長自身がknowledge activistであることが多く、形式知の連結がしやすい。ただし現在企業は時代の先を読み専門的に分析して企業戦略を作れるsymbol analystの存在が不可欠である。未来を予見する人物を企業内でより専門的に育てる必要がある。そのような専門的な人間は、gate keeperになる課長が触媒人間や調整人間であると嫌うので、課長にはできない情報の横出しは部長の仕事となる。三菱自動車のリコール隠しのようなコンプライアンス違反事件が日本の大企業に絶えないのは、それらの企業の課長が調整役としてしかgate keeperの役割を果たしておらず、未来を予見する人物を冷遇しているからである。「組織の三菱」であるがゆえの欠陥である。調整役が未来を予見する人物として評価されがちなのが日本の組織の欠陥である。野中郁次郎は防衛大学助教授時代に『失敗の本質』を同僚と共に出版し、日本軍の第二次世界大戦における数々の作戦の失敗を分析し、調整役が未来を予見する人物として登場したことによる失敗の数々を指摘している。

4.　工作機械と金型産業

　工作機械は機械を作るための機械であるところからマザーマシンとも呼ばれる。工作機械は金属加工物に研削、切削、穴あけ等の加工をする。NC旋盤

（数値制御機能付き旋盤）、マシニングセンター（MC、自動工具交換装置付きの多種類の加工を行う複合式工作機械）のような用途が広い汎用機は一般の製造業で使われる。特に金型メーカーはどれだけ良い工作機械を入れて、かつそれを使いこなすかが勝負の産業である。特定目的のための専用工作機械は自動車産業を中心に使われる。

　日本の工作機械の生産高は1982年以来連続世界一である。工作機械はメカトロニクスと言われ、機械＋電子機器の組み合わせ（mechanic、electronics）で、工場における省力化を進める形で付加価値を高めてきた。その典型がロボットと呼ばれる無人工作機械である。自動車産業では、溶接ロボットから使い始め、どれだけロボットを使いこなせるかが競争力を決めてきた。よく自動車産業についてはカンバンが言われ「人による生産」が重要と思われがちだが、そんなことはない。JIT生産を成功させているのは、大量の工作機械、ロボットを使いこなせる能力を持つ工員が多い事による。複数の工作機械を同時に担当できる工員を多台持ちという。種類の違う工作機械をも扱える工員を多能工という。

　国による経済成長の違いを、労働、資金、技術の生産性の違いから説明する学問を成長会計という。アジア通貨危機の直前、クルーグマンは成長会計のデータから「幻想のアジア経済」との主張をした。アジアの経済成長は、労働と資金の投入量が多かったからで、技術の生産性（全要素生産性）は上がっていない。アジアの資金と労働には限界があるので、アジアの経済成長は期待できないとした。資金の流入が止まったアジア通貨危機を予言したとして注目された。多くのアジア人学者はこの主張に反対した。その論拠の1つが、資本に体化された生産性という考えだ。最先端の機械を資金があれば、最新の技術は機械に体化されているので、技術の生産性は実際には上がっているとする。日本の最新式の工作機械がアジアで売れている理由となっている。

　工作機械の製造技術は、鋳物、切削工具、金属熱処理、測定、材料開発よりなっている。この技術は金型産業でも同じである。金型産業には、プラスチック金型と金属プレス用金型の2種が中心である。もちろんその他にも、ガラス、衛生陶器、ゴム、ダイカスト用の金型もある。家電、携帯電話、日用品にはプラスティック成型品が多い。そしてこれらのデザインや仕様は、

表10-3 工作機械産業の特徴

国と世界シェア	特徴	技術導入と海外進出	企業規模
日本 23%、No.1	NC化、産業ロボットで世界をリード。	生産拠点は米国の他にアジアも狙う段階。販売拠点は世界中。	工作機械専業大企業、ファナック、安川電機、不二越、豊田工機、アマダ、東芝機械、森精機。
韓国 4%、No.8	NC旋盤、MCの少品種大量生産で輸出も狙う。輸出先は米国、EU、中国。価格は日本製品の85%、品質は90%と韓国政府は言う。MC1400万円、日本製1,700万円。	日本よりの技術導入は終わり独自開発の時代、青島に子会社持つ企業（斗山）も。	財閥企業、現代自動車は工作機械事業も持つ。部品加工は外注。
台湾 4%、No.7	非NC機械も多い。中国向けNC旋盤の輸出と金型産業向け工作機械の輸出（放電加工機、平面研削盤）に特徴。MCの価格と品質は日本製品の80%。	設計組立以外は外注なのでSCMが重要、NC部分を日本より輸入。タイでMC生産する協鴻工業。	専業の中堅企業と中小企業。台中精機、永進機械、友嘉実業他。
中国 7%、No.4	非NC工作機械が66%と多い。国内需要が多く国内生産だけでは間に合わず日本と台湾からの輸入が多い。MCの価格は日本製品の60%、品質は70%。	北京第一機床はファナックと合弁でNC工作機械を1992年より生産。重要部品を日本より輸入したいが、軍事転用可能で駄目といわれるケースがある（COCOM違反）。	国有企業（大連、瀋陽、無錫の機床企業）と伸びてきた外資系と民間企業。
インド	NC旋盤、MC対応企業のみが生き残れる。価格は安い。インド自動車・バイク企業用専用機を作る会社もある。NC機械の生産台数は中国の1/11。	NC、ボール螺子は輸入の会社も多い。	国営IMT、財閥系、VB。中堅・大企業が多く施設は立派。

表10-4 金型産業の特徴

	金型の技術レベル	プレス用金型の技術レベル	プレーヤー
日本	技術レベル高い。プラスティック用金型4割。アジア諸国はプラスティック用金型が多い。	プレス用金型はプラスティック用金型より技術レベルが高い。プレス用金型が4割と多い。自動車用大物プレス用金型で圧倒的に強い。	中堅と零細に二極化。成型もやるメーカーは少ない。
韓国	台湾と同等の技術レベル、プラスティック用金型6割	台湾と同等のレベル。	民間中小企業、外注多い。
台湾	技術レベル日本、シンガポールに次ぐ。	同左。	民間中小企業、外注多い。
中国	プラスティック用金型の地場メーカーの精度向上は、日本の家電産業が営業秘密を流出させたから。台湾韓国並みの技術レベルに達した。	タイ並みになるか。	民間中小企業、組立メーカー内での作業多い。
インド	精度が低いが地場金型企業が多い。	同左。	成型・組立企業の内製も多い。
シンガポール	輸出指向で高い。	技術レベル日本に次ぐ。電子産業向け輸出用精密プレス用金型が中心。	中堅企業多い。
タイ	アジア通貨危機以降金型輸入代替が進み、外資系企業が金型を現地で製造している。	自動車産業が進んだのは外資系金型企業の高度な技術があるため。	外資系企業。成型もして稼働率を上げる。
インドネシア、マレーシア	日用品、家電、自動車用プラスティック金型、輸入金型のメインテナンスで技術移転する。		民間企業と外資系企業。成型もして稼働率上げる。

しょっちゅう変わるのが特徴である。技術の変化に合わせるためと、目先を変えて消費者の目を惹きつけ続ける必要があるためである。そのためプラスティック金型は現地で、金型技術を持つ外国企業が子会社を作り、そこで作るようになってきた。しかし現地には工作機械産業はない。そのためにプラスティック金型企業はアセアン諸国では工作機械を輸入に頼らざるを得ない。

工作機械は多品種少量生産の典型的な産業である。しかし韓国の工作機械

メーカーだけは、他の韓国企業同様少品種大量生産で輸出に注力している。少品種大量生産を NC 旋盤、MC で行っている。そのため、韓国企業は NC 旋盤、MC は韓国工作機械メーカーより買うが、その他の工作機械は米国、日本からの輸入で賄うにことになる。またその MC のボールねじは、日本製（日本精工、椿本）が多い。

工作機械の販売は、B2B の提案型営業の典型である。精度が同じでも、アフターサービス、顧客の利用の仕方の提案が受注を決める。韓国の自動車部品産業や金型企業が使う工作機械の多くは日本製である。韓国の工作機械メーカーが使う工作機械も韓国製は 6 割、外国製が 4 割で、外国製の中では日本製が一番多く、次がドイツ製品である。

アジアの金型産業で注目すべきは、金型技術が低い国の方が利益率が高いということである。欧米では安い輸入金型と競争しなければならないこと、台韓日アセアンの順に現地での金型産業の競争が激しくないことと、アセアンでは外資系企業が外資系金型企業から買うという現象があるためと思われる。2000 年の売上高利益率はマレーシア 9.3％、台湾 7.0％、韓国 6.3％、日本 5.5％、ドイツ 3.5％、米国 2.9％ である。

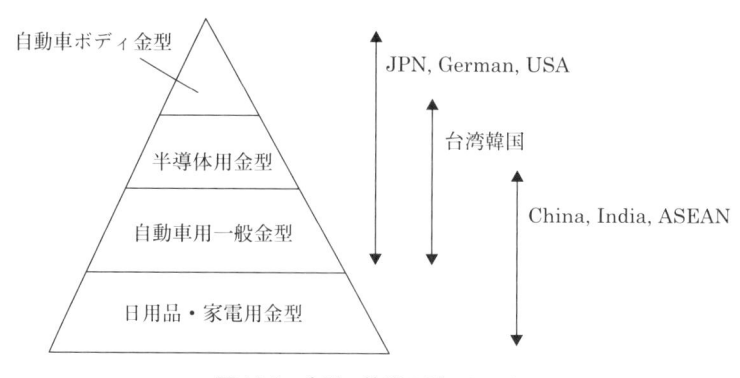

図 10-3　金型の技術のピラミッド

上図の技術のピラミッドは上から、自動車ボディ金型、半導体用金型、ボディを除く自動車用および一般電子部品用金型、そして一番底辺にあるのが日用品・家電用金型である。右側の縦線は国における、技術を考えた金型事業分

野である。一番左が日本・ドイツ・米国、真ん中が台湾・韓国そして右端が中国・インド・ASEAN（シンガポールを除く）である。

5. 精密機械、建設機械、農業機械、バイク

　精密機械では、カメラ、デジカメ、複写機、プリンターといった B2C が多いが、半導体製造設備といった B2B もあるし、複写機の多くは業務用で使われるために B2B の要素もある。B2B では売り方の工夫が必要である。リースやレンタルといった手法が多く取り入れられ、リース会社が海外進出している。

　複写機の世界シェアでは、キヤノンが 30% 程度で台数ベースでは世界一のシェアを持ち、リコー、ゼロックス、シャープ、コニカミノルタが各々 10% 程度で続く。レーザービーム・プリンターでは、HP が世界シェアの 50% を握り、セイコーエプソン、キヤノン、Lexmark（IBM より分離）、Samsung が 8〜6% のシェアで続く。デジカメも含め、精密機械の分野で日本企業の力は強い。汎用機では、生産コストを下げるために、中国やベトナムで現地生産して現地市場のみならず世界市場に輸出するビジネスモデルが普通である。デジタル複合複写機といった高付加価値の商品も生まれている。これら高付加価値商品では、日本企業は現地生産をやめて日本で生産する日本回帰の現象も現れている。日本市場の動向が激しく変わるのでその変化に対応するためと、技術漏洩を恐れることと、従業員の技能と多能工化が要求されるセル生産方式が、アジアの現地子会社では徹底できないことが理由である。

　日本製のカメラが世界を席捲していた時代が長く続いた。今はデジタルカメラの時代となっている現在も技術に優れる日本企業は、ニコン、キヤノン、オリンパスといったカメラ御三家の他に家電メーカーも参入し激しい競争を行っている。デジタルカメラの生産は中国などアジアでも生産しているが、市場に近いところで生産し製品在庫を少なくするためと、技術のリークを恐れるため、高級機種になるほど日本で生産するようになっている。

　製品在庫を最少にする生産方式として開発されたのが、キヤノンが取り入れ有名にしたセル生産方式である。セル生産方式は、コンベアを使わずに、1 人

ないし数人で1つの製品を作り上げる生産方式で、作業者の組立点数が増えるので高い技能が要求されるが、仕掛かり在庫が削減でき、生産品の変動の激しい多品種少量生産が要求される精密機器の生産に向いている。

セル生産方式のメリットとして、①人に起因する不良品が大きく削減できる、②生産性が向上する、③設備投資が要らない、ことが挙げられる。

不良品が減るのは、作業者のモチベーションが上がり、作業への注意力が向上するからである。不良品を減らす分析として4M分析がある。不良品が生まれる原因は人（man）、設備（machine）、原材料（material）、作業方法（method）によると考えて、不良品を減らす方策を講じるのである。

生産性が向上するのは、手待ち、運搬、物流のムダが削減でき、作業編成効率（ラインバランス）が向上し、段取り替え時間が削減できるからである。

セル生産は自動車生産には使えない。作業テーブルと治工具、部品棚、パイプ式ラックといった設備投資をほとんど必要としない簡単な設備で組み立て作業が行える製品に適している。自動車生産では、自動化ロボットとライン生産は欠かせないから一部の自動車部品生産以外セル生産には適しない。

建設機械では、日本のコマツが全世界特にアジアでは強い。建設工事、鉱山開発といった需要の他に、アジアでは災害復旧での需要も多い。自然災害のみならず2006年8月、インドネシア、シドアルジョの泥水流による道路不通のような鉱山開発の事故を原因とするものなど、開発を理由とした災害もアジアでは増えている。

世界でのコマツのライバルは、米国企業キャタピラー（CAT）やオランダ企業ケース（CNH）だが、アジアでは現代重工業である。キャタピラーは日本では三菱重工業と組んでキャタピラー三菱という合弁会社で中型建機を製造販売している。神戸製鋼の子会社コベルコ建機はCNHの出資も仰いでいる。日本の建機企業大手には日立建機や住友重機械もある。CNHは中国とインドに各2つの現地法人を持ち現地生産している。キャタピラー（CAT、Catapillar、卡特彼勒）は中国に11生産企業を持ち、インドネシア、インドでも強い。

コマツのアジアの生産拠点は、インドネシア4法人、タイ2法人、インド1法人、中国7法人である。シンガポールのジュロン工業団地内には一大部品倉庫と修理センターを持つ子会社があり、東南アジア、南アジアのディーラー、

ユーザーへのサービス拠点となっている。コマツは大型プレス機械でも強いがそれは本拠である石川県小松市の工場で作っている。

中国ではブルドーザー、油圧ショベル、ホイールローダーといった建機の他にフォークリフトを作る現地法人もある。建設工事が盛んな中国では、コマツの建機、特に小型ショベルは、故障しないとして富裕な農民に売れている。農民は建設工事業者に建機を貸してレンタル収入で儲ける。

農業機械では、クボタがアジアで強い。アジアには稲作国が多いので、日本の農業機械メーカーはより伸びる可能性がある。しかし中国製農業機械や、日本製の中古機械が安価で輸入されており競争は厳しい。インドネシア、タイ、フィリピンでは日本、台湾、韓国企業が技術を出して現地合弁企業が活動している。インドでは米作のみならず機械化のしやすい小麦生産もありMahindra-Mahindraのような農業機械で強い地場民間企業がある。中国、ベトナム、ミャンマーのような国では国有の農業機械製造会社がある。ベトナムにおけるトヨタとホンダの現地パートナーはVEAMという国有農業機器メーカーである。アジアには稲作国が多いので、中国、韓国、台湾を除くアジアで日系農業機械メーカーはより伸びる可能性がある。耕運機を使えば農作業の効率が大幅にアップするからである。1haを耕すのに、耕運機（power tiller）なら1日、4輪トラクターでは半日で済むが、2頭曳きの牛・水牛で10日、1頭曳きの牛・水牛で2週間かかる。タイやインドネシアでは2年で5作できる。アジア中間層が増えて、おいしい米への要求も強くなっており、米の仲買人はまずい米は買わないようになっている。熱帯の稲作地帯で耕運の効率アップが図れれば、うまい米を作るために必要な他の面倒な農作業の時間が生まれる。

下図は農業人口・米籾生産と稼動農業機械の数を示している。市場調査の最低限データである。

バイクでは、ホンダ、ヤマハ、スズキ、カワサキといった日本の4社が世界でも強い。世界のバイク市場で大きいのは、中国、インド、インドネシア、タイ、日本、台湾、ベトナムの7か国である。保有台数で見ると、中国3,200万台、インド2,500万台、インドネシア1,800万台、日本1,400万台、台湾1,200万台、イタリア1,000万台という数字がある。年間生産量では、中国が1,100万台、インドが700万台、インドネシア、タイ、ベトナムが各々200

表 10-5 アジアの農業人口・米籾生産と稼動農業機械

	農業人口 百万人 2001 年	稼動耕運機 千台 2002 年	稼動脱穀機 千台 2002 年	米籾生産量 百万 t 2000 年	米籾単位収量 t/ha 2000 年
インドネシア	93	70	330	52	4.4
タイ	31	220	70		
フィリピン	30	11	1	13	3.2
ベトナム	53	135	232	33	4.3
ミャンマー	34	10	11		3.4
ラオス	4	1	0	2	3.1
カンボジア	9	2	0	4	2.1
バングラデシュ	77	5	0		
スリランカ	9	8	220		
インド	545	1520	4		
マレーシア	4				

（出典：http://nitinoki.or.jp/bloc2/jica/asia/ による FAO 資料の引用）

万台と程度である。中国以外では、いずれの国でもホンダの現地合弁会社が 40〜70% 程度のシェアの握り、後をヤマハ、スズキ、インドでは地場企業 Bajaj が追っている。

　中国には多くの地場企業があり、中国バイク企業数社は、安さと国内市場での販売ネットワークと日系企業の技術を安価でないしは違法に取得することで、日本企業のアジアにおける強力なライバルとなっている。特に力帆（Lifan）、軽騎といった中国企業は、アジア、アフリカの新規市場獲得のために戦略的な投資をしている。ベトナム、インドネシアでは 2000〜2001 年、中国系バイクメーカーは安価で売り出し、市場の過半数のシェアを日系企業から奪った。中国系バイクが 500 ドルで売り出したのに対抗し、日系企業ホンダベトナムは、現地と中国からの部品調達を増やした新モデルを 800 ドルで出し、過半数のシェアを奪回した。中国本土では次の方策を採った。①有力企業新大州の大株主になり、偽物バイクメーカーであった海南島の企業を買収して傘下に納めることで、偽物バイクの一部を排除し、かつ生産コストを下げた。②嘉陵との合弁を一般モーターのみにし、バイクでの合弁をやめ、嘉陵の国内販売ネットワークを使わないこととすると共に、嘉陵経由で中国の海外進出バイクの有力企業力帆に技術が流出しないようにした。③意匠権侵害訴訟を起こし、知的財産権侵害を見逃さないことにした。嘉陵はホンダとの合弁バイクを

自社のラインアップ戦略における最高級品と位置づけている。つまり高すぎて普通の中国人には手が届かない、ディーラーの店舗でカタログを見ると存在するモデルである。嘉陵は世界的に有名なホンダの技術を導入していることをカタログで宣伝し、ブランド力が上がる。

アジアのバイク産業では、排出ガスの環境基準である Euro3 をクリアすることが課題になっている。そのため 2 サイクルエンジンに変えて、4 サイクルエンジンで、排気量 110cc 程度のバイクを出し始めている。ホンダの中国広州における合弁会社五羊本田モーターは中国のバイクで初めて Euro3 をクリアしたスクーター SCR110 (中国名：佳御、下図最左) を 2006 年 7 月に発表した。

バイクは B2C 商品だが、タイ、ベトナムにはバイクタクシーがある。技能や学歴のない貧しい人たちの中には、ローンないし親戚からの借金でバイクを買って、都会に出てバイクタクシーをやって借金の返済をする人達がいる。タイでは女性のバイクタクシーもいる。2006 年 3 月のタイにおけるタクシン首相退陣運動では、バイクタクシーは、タクシン擁護側についた。タクシン首相は貧しい者、地方出身者の味方なので、人気がある。ベトナムでバイクに乗る女性は強い日差しを避けるべく長袖か長い手袋をして乗っている。バイクにおしゃれ感覚が必要である。

6. 提案型営業

提案型営業は、アジアの B2B マーケティングにおいては特に有効な手段である。売り手は買い手のニーズとその解決法を知っているが、買い手はニーズに気づかないか、気づいていても解決法は知らない。提案型営業はソリューション営業とも言われる。工作機械、精密機械、建設機械のマーケティング手法として格別に必要である。アジアでのこれらの機械は、日本で売れた実績を持って現地で売られている場合が多い。また日本で生産して輸出するのでなく、アジアで生産した方が安いということで現地で生産され始めたものも多い。ライバル企業はまねするモデルを出してくるが、提案型営業では、環境に優しい (省エネルギーである、騒音が出ない)、アフターサービスが良い、機械の精度

が良くモデルも多い、顧客のニーズに合わせた仕様にも応えられる、顧客との長期的な信頼関係で営業をしている、といった、単純にライバルにまねができない売り方がある。

買い手のソリューションに合わせたマーケティングの類型として、嶋口充輝慶応大学教授は以下を示した。筆者はそれを発展させ下表をつくり、アジアにあてはめてみた。

表10-6 買い手のソリューションに合わせたマーケティング

	買い手が知っている	買い手が知らない
売り手が知っている	行動重視型マーケティング	提案型マーケティング
売り手が知らない	奉仕型マーケティング	ワークショップ型マーケティング

表10-7 ソリューション・マーケティング

マーケティングの型	企業の対応	戦略	市場・産業のタイプ	たとえ
行動重視型	先行投資してシェアを押えてしまう。トップダウンの意思決定。	買い手のニーズに応える商品をすぐ出して売り損じをなくす。	市場が大きく成長している。アジアでエアコンを売る。	軍隊、体育会、刺激反応パラダイム。
提案型	技術を踏まえた企画提案力と説得力。	買い手にこの機械を使えばこれだけ経費の節減になると説明できる。	技術革新が速いハイテク産業。コピー機を売る。	教師、交換パラダイム。
奉仕型	顧客満足度調査をして、不満を解消するために柔軟に対応する。	買い手に納得してもらうように情報を出して買ってもらう。	成熟型産業、サービス産業、家電を売る。株式を売る。	クラーク(執事、召使い)、交換パラダイム。
ワークショップ型	現場に権限委譲し、買い手と売り手の間で共同で考える場を作る。中間組織が機能する。	共同プロジェクトで、ニーズとシーズを出し合い発展させる。デザイン・インが出来る中間組織(組立企業と部品企業)。	技術やニーズの方向が判らない産業。素材、企業LANの構築。広告産業。	相互信頼がある夫婦、関係性パラダイム。

表 10-8 アジアにおけるソリューション・マーケティング

マーケティングの型	企業の対応	戦略とそのアジアのプレーヤー	産業、企業の例
行動重視型	先行投資してシェアを押えてしまう。トップダウンの意思決定。	アジアの財閥企業の消費財産業、中国の家電産業、韓国のIC産業（B2Bでも機能する）。	市場が大きく成長している。LGの中国・インド・ASEANでの家電の売り方。
提案型	技術を踏まえた企画提案力と説得力	日本企業のB2B、アジアで日系企業が苦労する点は、現地大卒セールスマンの訓練と研修。アジアではB2Cでも化粧品・高級家電で有効だろう。	日本での説明方法のアジア的変容で対応できるか。
奉仕型	顧客満足度調査をして、不満を解消するために柔軟に対応する。	アジア途上国およびアジア企業の情報が出てこないか出てきても粉飾が多い。買い手に投機としてないし、やるだけやったとして納得してもらうか。先進国への投資・輸出では情報を出して買ってもらうのは有効。	先進国での情報で現地適用できると納得させられるか。売れない場合のモデルチェンジの速さは苦手な外資系企業が多い。サービス産業、家電を売る。株式を売る。
ワークショップ型	現場に権限委譲し、買い手と売り手の間で、共同で考える場を作る。中間組織が機能する。	アジア企業と日本企業との技術提携は日本企業より一方的に技術移転しているに過ぎない。アジア企業のトップ間では、新規事業につき共同プロジェクトで、ニーズとシーズを出し合う（特に華僑）。技術者間でデザイン・インができる環境にない。	インドIT企業のon site jobでの企業LANの構築、シンガポールのBiopolisはこれをやりたいが、一方通行になっている。アジアでR&Dが進まない理由。

　B2Bマーケティングでは、売り手と買い手の間の頻繁な情報交換から買い手の購買目的を持たす商品開発、納品、サービスが必要となる。商品がB2Bである、素材メーカーとメーカーの間の産業財取引や部品メーカーと組立メーカーの間の産業財取引の場合のみならず、B2C商品でも、B2Cメーカーと小売業との間のトレードマーケティングでもこのB2Bマーケティングの考えは

使える。高嶋克義が主張し始めた、顧客関係戦略グリッドは、産業財の売り手と書いての関係を適応と依存から説明している。顧客の個別的な需要に適合する差別的な商品・サービスを提供するのが適応である。顧客の持つ取引と技術における販売力や情報力に依存するほど売り手の立場は弱くなる。

表10-9　顧客関係戦略グリッド

顧客依存度高い	顧客依存型	顧客密着型
顧客依存度低い	製品供給型	顧客開発型
	顧客への適応度が低い	顧客への適応度が高い

　顧客密着型は、独自の製品開発力を持つ系列自動車部品メーカーが典型である。特定の自動車メーカーとの関係が強くなるので、安定的な収益が得られるが、顧客に技術が吸収されたり、パワー関係から、長期的な収益低下は必至である。そこで、系列部品メーカーであっても、他の納入先を常に開拓する必要がある。事実日本の自動車部品メーカーは系列企業のみならず、他の同業者にも納入することが多い。その場合納入先からノウハウがリークしたと言われないように、若干違った製品で他の同業者に納品することが多い。

　顧客開発型は、コンピューター・ソフトウェアメーカーが典型である。個々の顧客の要望は特殊だが、ある程度の共通性があるので、より多くの顧客を開拓できるのである。SAPによるERP R3 logisticsのソフトウェア営業が典型だろう。売り手側としては、部品共通化がコスト削減になるが、差別化要求を満たさないと顧客から不満が出る。提案型営業の典型だろう。

　顧客依存型は特定の顧客に標準的な部品やサービスを供給するもので、貸与図により製品を開発生産している自動車系列部品メーカーが典型である。顧客密着型のように特殊な技術ノウハウが売り手の側にないために、常にライバル企業に仕事を取られるリスクがある。そのために多様な顧客に適合した営業力と商品開発力が必要となる。2006年に起こったトヨタ車のリコールは、部品共通化をトヨタの側で進めたため、貸与図の相互間の誤りがあっても、仕事を取られないようにと、系列部品メーカーの側から厳しい指摘ができなかったことにも原因があるのではないかと筆者は推測している。

アジアの地場部品企業からの調達ではこの顧客依存型が多い。地場企業に格別の技術がないことが多いからである。日本の系列企業のように厳しいコスト削減要求を地場企業にすると、彼らは供給をやめて別の取引先に安易に鞍替えする。営業マンはいても取引の決定者は現地人のオーナー経営者であることが多く、彼らは直感的な判断を下すことが多い。

　製品供給型は多数の顧客に対して標準的な製品やサービスを提供する。相対取引による継続的取引関係よりも市場取引が多くなる。製品の差別化が難しいために価格競争になりがちで売り手がしょっちゅう変わる傾向がある。営業体制を強化してシェアを上げて、生産量を増やして単位コストを下げることになる。素材取引において化学商社や鉄鋼商社、そして中間財取引において部品商社が活躍する余地がある。放電加工機のアークは中国法人で、中国仕様の放電加工機を開発し、現地日系企業のみならず地場企業向けのベストセラーとなっている。中国で請け負うことが多い切削加工を標準化してそれに特化した性能にして値段を安くすると共に、日本からの輸入放電加工機は差別化された工作機械となり、高く売れる。

第11章

セメント産業、建設業

地場大手産業 vs. 外資系企業、BOT 方式による民活インフラ整備

1. セメント産業　cement industry sement sangyo　水泥産業

　セメント産業は鉄鋼産業と並び開発途上国のインフラストラクチャー建設の資材産業として必須の産業でありその伸びも大きい。セメント産業、鉄鋼産業、石油化学産業は大きな設備投資が必要な装置産業であり、規模の経済が働きやすい。日本ではセメント産業は公共工事削減で斜陽産業・構造不況業種とのイメージが高いが世界では大違いである。日本企業間の合併も世界セメントメジャーの合併と同様に積極的に評価する必要がある。世界には6大セメントメジャーで世界の生産量の20%を占める。アジアのインフラ需要の増大を取り込もうとホルダーバンク（ホルシム）が積極的である。しかし世界第3位、日本第1位の太平洋セメントはベトナムに、三菱マテリアルは中国に進出している。三菱マテリアルは宇部興産と販売部門を統合して宇部三菱セメントとして売り上げを出しているので海外直接投資が見えにくくなっている。生産能力では太平洋セメントの 3,800 万 t よりイタルチェメントの 5,000 万 t の方が大きい。

　表 11-1 で重要なのは、セメントは国の重要産業なので経済ナショナリズムが起きやすく、アジア諸国側の事情で、外資による買収が自由ではない場合があることである。典型が 2001 年に起こった Semen Gresik の政府持分の放出先メキシコ企業 Cemex との関係である。「Semen Gresik 傘下の Semen Padang（Sumatra 島中南部を管轄していた）は国有といっても、もともと Padang の資本家たちが資本を出し合って作った企業である。経営者がいなかったことと

第 11 章 セメント産業、建設業　199

表 11-1　世界のセメント企業とアジア

企業名	売上高 billion yen	アジア進出は 1990 年代からブームに	その他のアジアでの topic
ラファージュ（フランス）	1,736 売上高利益率 6%	韓国、マレーシア、フィリピン、中国、タイ（Siam Cement と石膏で JL）、麻生セメントに出資	カナダ（Canada Cement）、米国（Portland）、英国（Blue Cercle、東欧進出の Redland）企業買収で世界一
ホルシム（スイス）	1,052 売上高利益率 8.3%（5 年）	94 年ベトナム（Holcim VN を国有企業 VGC と南で）、タイ 2 位の Siam City Cement に出資、06 年中国河北省華新水泥（Huaxin）を関係会社に	インドネシア（Semen Cibinong 77% 出資 960 万 t/Y）、フィリピン買収（870 万 t/Y）
太平洋セメント（日本）	879 売上高利益率 2.2%	日本のシェア 40%、1/3 を海外生産、ベトナム（Gison 新設 65% 出資を三菱マテリアル、VGC と北部で下国）、シンガポール、台湾で現地生産	韓国一位双竜（1,500 万 t/Y 売上高利益率 −4.3%05Y）に 350 億円 28% 出資最大株主、中国 JV は秦皇島・江南・大連で、フィリピン・グランドセメントに出資
Cemex（メキシコ）	884 売上高利益率 15.7%（5 年）	Spain の第 1、2 位を、米国第 2 位の Southdoen を買収、フィリピンのリサルと APO を買収、タイのサラブリを買収	インドネシアの Semen Gresik 25.5%、その傘下 Semen Padang の地域の反対で政府との 51% 買収 option は行使できず（400 万 t/Y）
ハイデルベルガー（ドイツ）	781		インドネシア（Indo Cement（1,100 万 t/Y）の 65% 株主上高利益率 2.5% 除為替損 13.3%
イタルチェメンティ（イタリア）	506		
住友大阪セメント	182	香港、フィリピンで現地生産	
宇部三菱セメント	124	シンガポール、マレーシアで現地生産	中国煙台で JV
トクヤマ	71		
麻生セメント	22		
中国水泥（台湾 TCC）	100（売上高利益率 16.7%04 年）	売上高利益率 16.7%	
Siam Cement（タイ）	125（cement、売上高利益率 19%、全事業は 660）	王室財産局がトップ株主、新日鉄と冷延鋼板（Siam United Steel）、トヨタと自動車エンジン（STM）等多角化で有名	

経営不振があったので国営になったが国有とは本来違う。スハルト政権下で無理やり経営統合された。Semen Gresik はもともと国有・国営であり本拠を Jawa 東部と Kalimantan, Bali を市場とする。Semen Gresik が 1997 年のアジア危機で経営不振になったから Cemex に売るといっても、スマトラのセメント事業用の外貨資金借り入れがあったわけではない。「それなら民営化に当たっては地元資本である民間に返せ。工業省は地元の意見を聞かずに勝手なことをするな」というのが、地方分権を言い出した Megawati 政権下での Padang 地方の言い分である。「75%まで買い増してよい、そのかわり新規投資額を多くせよ」という、インドネシア工業省と Cemex との約定 MOU（memorandum of understanding）は反故にされ、現在まで Cemex は 25.5%の持分しか取得できていない。そのために、Cemex は経営権を取得できないのならと持分を売ろうと計画した。買い手はインドネシアの実業家だったが、今度はインドネシア政府が何らセメント業界に関係なかった者がセメント会社の持ち主になることは相ならぬと言い出した。セメントの技術移転が期待できないからである。

　Padang は Minang Kabau 族の中心都市で、インドネシアでは商人として有名な民族である。パダン商人と近江商人・マルワリ商人には共通しているところがある。伊藤忠は近江商人だし、インドの財閥として有名な Birla はマルワリ商人（Marwari）であり、それぞれ代々出稼ぎをして財をなしている。栃木県の酒造業は近江商人が多く、単身赴任していることも多いことについてはすでに書いた。パダン商人は他の地方に出稼ぎに行って稼いでいる民族である。そのためにインドネシア中に Padang 料理の店がある。マレーシアにも進出して定住した。マレーシアの Negri Sembiran 州の州名自体、パダンの9つの部族が進出したことを示している。中華料理屋が世界中にあるのは華僑が世界に進出しているからである。特に 1968 年のパナマ運河開削に当たり中国人労働者を使ったことが、華僑のラテンアメリカ、カリブへの進出のきっかけになった。Minang Kabau 族は母子相続で大家族の長棟型の独特の家に住む伝統を持つ篤いイスラム信仰を持つ。Minang 語での歌謡曲は今でもはやっている。インドネシアはこのような多民族国家である。多様性の中の統一 Bineka Tungal Ika は憲法上の国是である。

　外資は、現地中央政府は地方政府の思惑など外資に言わない。中央政府の言

うことを外資は信じすぎて失敗することも多い。中国は省政府の管轄なので、外資は個別に資本参加、新規合弁をしている。ベトナムは国有セメントと省セメントの両建てだったので、結果的にだまされた外資も出た。ニチメン（現在は日商岩井と合併して双日）は、ある北部の省傘下の国有セメント工場の増設工事を受注した。中央政府から予算はもらえるし、借入について中央政府の保証も出ると言われた。中央政府傘下の国有企業VSCは、自前の傘下国営セメント工場が数箇所あり、さらにホルシム、太平洋セメントと合弁計画をそれぞれ持っていた。北部の省のセメント工場増設計画は太平洋セメントとの合弁計画に対抗するものだった。結局工業省・VSCと省政府・財務省の勢力争いになり、前者が勝って、省政府の増設計画はなくなった。金融先は共に国際協力銀行だった。投資金融案件（太平洋セメント）と輸出金融案件（ニチメン）は担当部署が違うので情報の共有がなされなかった。

　太平洋セメントの元の会社小野田セメントは、三井物産と共にSemen Cilacap（中部Jawa）の50％の持分を持っていた。現地側パートナーは政府である。同セメント工場は日本の戦後賠償借款でただでインドネシア政府に与えられ、運営は日イ共同で行っていた。1985年小野田セメントと三井物産は撤退に追い込まれた。増設計画に反対する工業省に対して持分買収により日本側多数支配の提案をしたら、逆に日本側持分の一部買収の逆提案があった。同じ持分相当なのにインドネシア側の提案価格は、日本側の提案価格を大幅に下回るものだった。経営がdead rockに乗り上げたときには買収提案をするがその際買収価格を第三者に適正に評価してもらう。その第三者を特定しておかなかったからだ。日本側が安い価格で売らされ経営権がなくなるので、撤退することにした。

　この買収劇は、当時のスハルト大統領の妻の甥がセメント事業への進出を狙って工業省に仕掛けさせたものだと言われている。スハルト・ファミリービジネスが国営企業に現れた例としては、小麦粉輸入会社Bogasariと高速道路公団Jasa Margaも有名だった。こちらは長女が行っていた。スハルト政権下の経営統合によりSemen CilacapはSemen Gresik傘下になった。国営・国有といっても実際はnepotismに毒されていたのである。

　韓国の双竜セメントは、太平洋セメントが買収に乗り出したが、韓国の国民

感情に配慮して社長2人制度を採っている。社長は日本人と韓国人2人いる。太平洋セメントは28%の最大株主ではあるが、支配株主ではない。

2. 建設業

　世界一高いビルは2004年にできた「台北101」で、高さは508mあり、熊谷組が施工した。それまで世界一だったのはマレーシアの首都クアラルンプールにある452m、89階のペトロナスタワーである。同ビルはショーン・コネリー主演のハリウッド映画"Entrapment"の映画の舞台になった。映画ではビルの下はスラム街という米国人観客にアピールするアジアへの偏見に溢れている。それを喜んで見ているアジア人も多い。この Petronas Twintower のオーナーは国有エネルギー会社 Petronas で、伊勢丹、紀伊国屋も入居している。日本のハザマ・三菱建設のコンソーシアムと韓国の Kuk Dong 建設・Sumsung 建設のコンソーシアムが各1本のタワーを受注し日韓企業の建設 speed 競争で1996年3月に完工した。地震が無い国ならではの高さである。

　世界第5位の高さのビルは上海金茂大厦、第6位は香港国際金融センター、第7位は広州中信広場、第8位は深センの信興広場、第9位は米ニューヨークのエンパイアステートビル、第10位は香港の中環広場だから、アジアは高いビルを建てる建設業にとって良い顧客のいる地域である。

　アジアの建設業は、1990年代前半のバブル経済で潤ったが、1997年のアジア通貨危機で手痛い痛手を被った。Petronas Tower はアジアの建設業の盛衰の象徴ともなっている。経営破綻の典型は日本企業と韓国企業である。日本のゼネコンは事業縮小に追い込まれ、ハザマ、フジタ、青木建設、飛島建設は経営再建下にある。現代建設、双竜建設も経営破綻で共に倒産し、Kuk Dong 建設は米国の再生ファンド Lonestar の支配下に入った。建設業は資金が必要だが自分自身の資産は少ない。土地を買収してその上に建物を建設し分譲販売すれば儲かる。土地の買収資金の借入れが巨額で、外貨で借りて現地通貨で売上収入が入ってくるので、為替切り下げは返済困難を招く。2002年頃まで建設途中のビルがバンコク、ジャカルタのあちこちに放置されていた。

　マレーシア最大の建設会社 YTL は華僑系企業だが、アジア通貨危機の影響

を受けなかった。発電所建設のような投機と無関係なエンジニアリング事業中心に事業を行っているからである。KL 市内から空港への高速鉄道（CAT KL）を 22 か月という短工期で建設した実績でもある。同社は年間売上 50 億ドルで、KL 証券取引所のみならず東京証券取引所にも 1996 年上場したアジア企業である。日本企業と一緒に商売することが多いからと東証からの上場要請に応えたと言われている。発電プラントでは IHI（石川島播磨重工業）とコンソーシアムを組むことが多い。セメント会社も持っており、Marriot Hotel KL のオーナーであるなど華僑資本特有のコングロマリット経営だが、1955 年に同社を設立してここまで一代で大きくした Francis Yeo 社長にはバブルをやらない安心感がある。

他方 1998 年マレーシア通貨危機により、経営破綻した、建設・高速道路運営会社を中心とするコングロマリット Renong 社はマレーシアの政権政党 UMNO（United Malays National Organization）系の会社である。Renong 社の売り上げは 2.5 億ドルしかないのに、借入金は 30 億ドルあった。債務を別会社に譲渡し 27.6 億ドルの政府保証の社債を発行し、政府債務公社に対し、マレー半島を縦断する 900km の高速道路の料金収入から債務繰り延べ計画に基づき返していくという再建計画である。政党と中央政府との癒着例かもしれない。モラルハザードが起きやすく事業採算が無視されがちである。

アジアで地場資本の建設業が伸びる理由は、インフラストラクチャーが不十分で公共事業がまだまだ伸びる、地場企業は現地政府へのアプローチが癒着も含めしやすい、といったことの他に、日本のように大地震が少なく耐震構造といった高度な技術が必ずしも必要がないことも挙げられる。2006 年のジョクジャカルタ南方地震での被害は、地場建設業による耐震構造のない住宅が、中間層が増えたことで急増したから、大きくなった。

アジアでの建設業では、発電所、上水道施設、高速道路、地下鉄、高架鉄道などの utility 施設を民間資金を使って建設する BOT 事業が注目されている。その過程で施設建設を受注する建設会社が出資するケースも増えている。その主導的役割を果たしているのが、香港の Hopewell 社である。Gordon Wu 社長のトップマーケティングは有名である。1984 年広州中華飯店で始めた BOT は、沙角 B 火力発電所、フィリピン最大の Pagbilao 火力発電所（三菱商事と

の合弁で受注）で成功した。しかしバンコク高架鉄道（BTS）は建設資金の膨張（cost overrun）で失敗している。BOTでない広州・深圳間の高速道路など珠江デルタの道路網建設の多くも手がけている。

　バンコクの交通渋滞解決策として1990年から建設が始まり、1998年のバンコク・アジア大会に間に合うはずだったバンコク高架鉄道 Bangkok Mass Transit Skytrain（BTS）は、Sukhumvit 線を担当した Hopewell を事業から撤退させ、Silom 線を担当した地場建設会社 Tanayon を倒産させた。市政府と債権団が運営することにし1999年12月5日の国王誕生日に操業開始にこぎつけた。土地がバブルになっていて、建設資材が上がっている中で、民間企業が資金調達して建設し、運賃で返していくという方法は困難だった。バスBt5（5バーツ）に比べて最低 Bt15 の運賃は高すぎると不評だった BTS の乗降客は、2006年4月の大型 shopping 娯楽 moll である Siam Paragon の開店もあって増えてきている。

　2004年7月に操業を開始したバンコク地下鉄（総事業費27億ドル）は日本のODA資金（JBICが2,200億円を40年、0.75％で円借款を供与）でトンネルを掘り車両を調達し、BOT計画で運営する計画だった。トンネルは日系企業が受注したが、BOTを前提とした車両入札は日本企業が失注し、Siemensが受注した。当時の建設副大臣が Siemens と組み毎日80万人の乗降客が生まれるとの計画を出し、三菱商事と営団地下鉄が作った毎日30万人だから BOT計画は無理という報告書を無視したと言われている。BOT計画は最終的に取り入れず、車両のみ Siemens に発注することになり、ジェット機に乗って列車がドイツから運ばれてきた。

　ニューデリーの地下鉄も日本の円借款で建設され2005年に開通した。円借款の scope がタイ政府要人の都合で変えられてしまう例は、Thaksin 前首相による新空港ビルのデザイン変更にも現れた。円借款対象の空港ビルデザインは日系企業受注のためだから認めないとした。円借款など使わず外債を出すと大見得を切ったが、信用力が足りず外債発行はできず、新空港開業は遅れた。ビエンチャン、北京の空港ビルも日本の円借款で建設したが、その旨の表示がないとして日本政府が問題にし、表示板が付いた。ビエンチャンでは大きな碑が建てられており、バンコク地下鉄では Silom 駅の地下入口の手すり脇に小さく

表示板がはめ込んである。円借款の現地での広報不足への対応である。

　バンコク市政庁が中心になった MRTA のコントロールの下で、利権を得た BMCL 社が運営を開始したが、同社の上場計画は、事業採算が悪く遅れている。地下鉄運賃が最低 Bt14（14 バーツ）と高いことと乗換えが不便なことがエアコン付き駅の魅力を減じている。シンガポール、バンコクに続く東南アジアでの地下鉄建設はジャカルタである。この順はトンネル工事が困難になる順でもある。地下を掘るとすぐ水が出てくる。これは植民地・独立国が交易港として街をどのように発展させてきたかの歴史の反映でもある。

　雨季のバンコクの水害は有名である。チャオプラヤ川により大きな外国船が入ってこれるようにと、トンブリにあった都を、より下流の低湿地バンコクに移し、「天使の都」と名付けた。バンコク市内の土地の3分の1が王室財産局の所有であり、タイ最大の企業 Siam Cement の最大の株主が王室財産局なのは、タイ王室が貿易商人であった名残りと見ることもできる。

　ジャカルタの植民地時代の名であるバダビアもマラリアのはびこる街としてオランダには知られていた。だからバダビア赴任に同行するオランダ人女性は少なかった。当時の港 Sunda Kulapa 港は今でも木材運搬の船で溢れている。ゴッホの絵そっくりの跳ね橋、小樽ばりの運河街もあり、水売りの荷車にまで出合う。そこから2km ジャカルタ旧市街 Kota に入ると旧ジャワオランダ政庁がある。政庁前広場は石畳でアムステルダム張りである。西隣にある旧東インド銀行の建物の南端は Jawa 伝統の影絵である Wayang の博物館になっている。貿易商人といっても、地場の商人とオランダ商人が中心の町では水害とマラリアの違いが生ずるのである。

3.　アジアにおける債権回収法を中国を例に考える

(1)　債権回収の方法と直接投資の撤退基準

　セメント産業、建設業は典型的な現地地場資本からの資金回収が必要な産業である。ここでは、アジアにおける債権回収法を中国を例に考えてみる。

　いくら効率的な生産をしても債権回収に失敗すれば、直接投資した現地法人の収益は悪くなる。現地市場指向型の現地企業でも現在はグローバル化と地域

経済圏が進んでいるので、何も収益の悪い会社を存続させておく必要はない。日本の同じ親会社の隣国にある生産拠点から持ち込めばよい。そこで生産拠点を閉めて他の国の生産拠点に業務を統合させる動きもある。味の素、松下電器、三菱商事、住友商事のような会社である。まさに選択と集中である。3期連続損失が直接投資の撤退基準として採られることが多い。しかし松下電器のように多数の直接投資の子会社持つ会社の場合は、売上高利益率が3％未満、販売高の3年連続減少、設立後8年経ったが投資未回収といった指標を総合して決めるといった厳しい基準を採用する動きも出てきている。連結決算で収益を良くするためである。

　建設業は儲からなくなったら生産拠点を閉じるのにためらいはない。設備投資資産が少ないからである。装置産業であるセメント産業も撤退しやすい産業である。M&Aが盛んな業界なので、企業を売却したり持分を売却したりして撤退することが可能だからである。セメントはロジスティックコストが高く、かつ自国産業育成政策の名残りで輸入関税が高い場合がある。そのために撤退はその国の市場を失うことを意味する。しかし撤退により得た資金でより成長と利益の見込める国に集中投資した方が良い場合もある。

　撤退基準に抵触しないようにするためには、現地での生産収益と共に販売収益特に債権の回収が非常に重要な要素になる。セメントは市況製品なので不振になるとなかなか利益水準が回復しないことが多く、また大口の買い手は、地場の建設業や現地国有企業そして、長い付き合いのある地元で顔の利くディーラーであり、なかなか売掛金を支払ってくれない厄介な顧客であることが多い。

(2)　B2Bでの回収

　中国におけるB2Bでの回収のテクニックは、売掛金と買掛金のバランスによるいわゆる内部金融の問題である。外資系企業は買掛金の支払いおよび外国からの借入金の元利支払いの期日を遅らせることは信用に関わるからしない。他方で売掛金の回収は困難な場合が多い。

　外資系企業からの回収はさほど困難ではない。手形支払いはあるが、現金でもらうべきである。中国で発行された国内手形は中国で割り引いてくれる銀行は外銀支店も含めてどこにもないからである。四川アラコはほぼ8割を隣接し

ている四川トヨタで組み立てている Land Cruser Prado と Coaster 用のウレタンシートとドア内装品を作っている。支払いは四川トヨタで確実である。四川トヨタは Land Cruser Prado と Coaster を年間 8000 台作っている。全部中国トヨタ（いわゆる傘型企業）に売る形にしている。そのために代金回収の心配はない。しかし内部金融で若干余裕が出るように、中国トヨタからの売掛金受け取り後5日の余裕を置いた期日を四川アラコ他の下請けへの買掛金支払い期日にしている。むしろ問題はPradoとCoasterのエンジン輸入代金の外貨支払いである。四川トヨタのパートナーである第一汽車のファイナンス子会社が外貨を調達してくれる。

　二輪車および四輪車用の電装品を作る四川ヤマハ・モーター部品は、重慶にあるヤマハノバイク組立会社からの支払いは順調だが、重慶にある四輪車組み立ての長安スズキからの支払い条件の悪さに悩んでいる。日本ならライバル会社に売っているわけだから仕方ないが、3か月の手形支払いは長すぎる。

　中国トヨタは独自の代金回収計画を立てている。その範囲で自社で設立したカーローン会社の紹介をしている。しかしCoasterの最終顧客は優良企業ないし地方政府が送迎用の社用車として買うことが多いために皆現金で支払ってくれる。Prado も premium SUV 車として売れているので、ほとんどが即金で支払う。中国トヨタは四川トヨタに全額人民元で支払う。国内市場向け投資の場合、輸入部品があると支払う人民元は場合により不足するのが普通である。しかし中国トヨタの場合、人民元はパートナーである第一汽車のファイナンス子会社が調達してくれるので不安はない。

　上海ダイキンもまた、全量ダイキン中国に売るので債権回収の心配はない。ダイキン中国は、代理店が全額前金で支払わなければ出荷しないという強気な会社である。しかし代理店が納入先から全額前金でもらっているはずはない。ダイキン中国がこのような強気にできるのは、業務用エアコンメーカーとしてブランド力が強いこと代理者に営業サポートをすること、そして、代理店が最終顧客特に地方政府といった顧客と強いコネを持っている場合が多く代金回収に不安がないからである。

　普通は契約時30%、据付終了引渡し時65%、保証期間終了時（引渡し1年後ないし2年後、いわゆる retention）5% の支払条件を基本としている。

retention は回収できないとハナから見込んで引き合い時の見積り額を出すのが普通である。

　四輪車と二輪車用のクラッチ部品を作っている成都富士離合器は、日系企業からの支払いには悩んでいないが、地場企業からの支払いには悩んでいる。retention は 10% 要求されるので、その分上乗せしている。特に中国 No.1 のバイクメーカーである重慶嘉陵の支払いの悪さは極端だ。量を買ってあげているのだから悪い支払い条件でよいだろうという国有企業特有の図々しさの現れである。クラッチ部品は据付けに時間がかかるわけでもないので即金で支払ってもらってもよい製品である。幸いなことに部品の一部が輸入部品を使わないとできない製品なので、技術が盗まれることはなく、今のところどの中国バイクメーカーも上級モデルでは当社のクラッチを使う。クラッチが滑るという現象が当社のクラッチではおよそ少ない。

(3) 地場企業はなるべく払わないように画策する

　地場企業から調達する際は、外資系企業はすぐに支払う。しかし地場企業に売る場合、外資系企業への地場企業の支払いは常に遅れがちになる。それが彼らの安さの秘訣でもある。低価格品を作っていてなぜ地場企業が儲かるのかは、メーカーを中心に考えてみれば判る。まず市場で地場企業として競争できる売れる値段を設定する。品質は落とせないが、日系が作った部品を日系機械で日本人の技術支援を得て、加工しているといえるようなストーリーは作っておく。日本製の外資系生産設備は輸入する。中国国内の工作機械を使う場合も日系のものしか買わない。日系のものか台湾からの輸入品かで競争させる。国際的な水準になっているものを使わないと生産効率、品質が出ないからだ。徹底的に値切ってなるべく安く輸入しようとする。そして技術指導やオペレーティングの研修も要求する。複数社から取った見積もり合わせをするから、中国市場の大きさと将来性を言えば、値段のみならず良い支払条件を出してくる。生産開発費用を安くするために、大学など外部組織を使う。工場操業費を安くするために外国企業の操業ノウハウを退職日本人エンジニアを期限を区切って来てもらう。外資系企業からの部品や電子材料の購入では支払条件を徹底的に交渉する。地場企業の売り先確保をしたい外資系企業につけ込む。

このような地場企業がまともに代金を支払うと思う方がおかしい。リテンションは取れないと考えるべきである。クレームをつける、居留守を使う、セールスマンを翻弄させてあちこち回らせ、ヘバルのを待つ、居丈高に追い返す、その場しのぎの言いわけをする。支払ったと電話を入れて、相手に送金取り組みの事実を確認させる時間が与えるなり、間違った送金取り組みだといって銀行に自分の銀行口座に逆送金させる。信用が確保されてこその商売だとは考えていない。販売競争力を確保するには安く仕入れるか、代金を支払わないのが、コツだと考えていると思うとこちらのストレスが少なくてすむ。

(4) 手形はあっても手形割引はない、運転資金ローンは外資系銀行のみ

アジアには手形はあっても手形割引はない。だから現金収入は手形期限まで待つ他なく、不払代金になりかねない。運転資金ローンを出してくれるのは外資系銀行だけである。

(5) 支払わない言いわけ

ディーラー、代理店が支払わない言いわけはまず「客が払わないから」というものである。たとえ客が支払済みでも払わないといえば代金回収は待ってくれる。売れないものを作っているからだ、としょっちゅうクレームしていることも代金を支払わない言いわけになるし、販売努力を怠っていると言われない言いわけになる。実際に客のクレームがあったら支払わないで済む利用にならないかと彼らは最大限に利用する。PL問題での行政責任は生産者、販売者のみならず、2000年の「製品品質法」改正で輸送、保管、貯蔵のサービスを行うものにも拡大されたから、彼らに責任があると言い逃れをする理由になる。

クレームを必ずするのが、最終納入先が支払わない言いわけとなる。クレームがなくても作ってしまえばよい。消費者の場合は開き直りも多い。差し押さえ執行がおよそ個人に対してなされない国だからだ。個人破産もない国である。社会主義国では破産法での個人破産は認められていないのは、ベトナムも同様だ。

(6) 内部金融と外資系企業からの回収

代金回収では内部金融を考える他ない。売掛金と買掛金の期間と金額で調

整するものだ。代金回収ができない分は支払いの延期で調整する。支払延期が困難な場合、代金回収を責任を持ってやらせる他ない。売った者に代金回収の責任を持たせるのは当然だ。そうでないと売りっ放しになって経理部ばかりが忙しくなる。セールスマン指導も価格のみならずどういう支払い条件で売るのかについて自社の買掛状況の説明も含めて徹底させる。

　外資系企業からの回収はそれほど大変ではない。しかし日系組立会社の中には日本と同様の厳しい支払い条件を出すところがある。それなら自分の買掛金も伸ばす他ない、そうすると地場企業からの納品の時期、品質に問題が起こる可能性があるときちんと説明すべきだ。調達部品でのPL訴訟の可能性にも言及すべきだ。日本と同様な下請けいじめは、日本の場合銀行借入でしのげる部分もあったが、中国では銀行借入に頼れないので、中国では組立会社自体が自分の首を絞めるだけだと説明すべきだ。

　欧米系組立会社への新規納品の開拓および納品拡大は、今後の中国人セールスマンの仕事だ。CS（顧客満足）とは何かを考えさせて、彼らが大学で学んだはずのマーケティング戦略をまず発表させて、まともなら実践させればよい。日系部品メーカーよりの調達をしたいのが欧米系自動車組み立て会社である。価格は受け入れる振りをして支払条件で厳しいネゴをするだろう。それだけ厳しいのが嫌なら価格を安くしろと迫ってくる。戦略的交渉力の本をきちんと読ませて心理学的な理論武装もすべきだ。所詮 win-win のゲームだと相手に思わせることである。損して得取れではなく得して損取らせが顧客の心理であるので、損取らせでは商売にはならないことをアピールすべきだ。ただし彼ら欧米系企業は一年ごとの仕入先変更は当たり前だから、継続的取引の有利さはアピールできない。

　欧米系小売りは厳しい支払条件を必ず付けるし居丈高だ。カルフールのように棚代として返済しないデポジット料金を出さない限り陳列さえさせない会社もある。このような会社との付き合いは資金に余裕がある場合にのみ行えばよい。他の小売店はいくらでもある。

(7)　B2Cでの回収

　四川イトーヨーカ堂においては、すべて現金払いであるために回収不能はな

い。カードを作れば売り上げは伸びると考えるのは、日本など高所得国の考えで、成都のような都市ではそのようなことはない。Walmart やカルフールが成都にやってくるといっても遅れ気味になっているのは上海のような銀行提携カードで売り上げが伸びる都市とは違うことにおびえているからだろう。当社はおよそ銀行からの借り入れなど不要だが、小額の人民元借り入れはしている。しないとつり銭になる小銭を両替してくれないからだ。

　外資系自動車組立会社は 2004 年以後カーローン会社を中国に設立するようになっている。トヨタは 100% 子会社で、Volkswagen は合弁子会社で各々カーローン会社を作っている。問題なのは中国破産法では個人は破産しないことだ。一方個人資産の差し押さえは非常に困難だ。カーローンが支払えないと判っている者は車を売り飛ばしてしまい、個人資産の差し押さえができないのを良いことに、支払えないものは支払えないと開き直るからだ。

　カーローン会社が所有権を留保して分割払いをするやり方もある。しかしこれは中国では抵当権（抵押権）の設定が銀行など金融機関にしか認められないことから危険である。カーローン会社が抵当権者になれない可能性があるからだ。頭金を中国トヨタに支払い、カーローン会社が一部保証して車を担保に銀行からバイヤーが借りてもらうのが一番安心な方法である。信用力を調査して頭金率、保証部分を決める審査力が勝負になるだろう。

　車のリースはまだ中国では少ない。リース会社に所有権があるのでリース会社から代金回収ができるのが魅力だが、リース会社が安売りを要求する恐れがある。北京現代自動車は 2005 年に北京のタクシーとしてソナタを大量に売り込んだ。これがリース会社を使ったものなのか、単なる割賦販売なのかは判らない。2005 年 9 月に上海に行った際に現代ソナタのタクシーを発見した。従来上海は上海大衆のサンタナが専らタクシーとして使われていた。2005 年 5 月は上海大衆の売上げより北京現代の売上げの方が上回った記念すべき月になった。タクシーへの金融の差かもしれない。ホンダがリース会社やタクシー会社に販売しないのは、安売りを要求されないようにしようとの短期販売戦略と中古価格が下がらないようにしようとの長期販売戦略によるもので、代金回収問題ではない。

　現金払いではなくてカード支払いも受け入れる、そしてローンの斡旋もする

ことが有利にB2Cマーケティングに必要になっている。個人破産はない、個人資産の差し押さえはおよそ困難そして個人情報はおよそ出さない、セールスマンはguanxi（関係）で売ろうとする、のが中国人であるから、個人の信用限度枠の審査はきちんとマニュアル化しておかないと不良債権の山になる。

　中国で取れる担保は建物、土地使用権への抵当権と機械・車両・株式・有価証券・在庫への質権しかない。譲渡担保はない。代物返済はできる。日本と異なり抵当権は登録しない限り有効ではない。つまり抵当権設定留保という担保は中国では無担保となる。担保物への担保限度額は地方政府が決める。株式への質権は登録質しか認めない。日本では譲渡担保方式での株式質が普通だが中国では認められない。機械・車両・在庫への質権設定も地方政府に登録するのが原則である。それが面倒なために、ローン付き住宅用不動産売買の契約、ローン付き車の販売、の際以外は担保取引は多くはない。B2B取引であるのは土地使用権の上に抵当権を設定して金融を得ることである。日本の銀行の現地支店はやらないが、現地銀行、香港系銀行特に東亜銀行はそのノウハウを持っている。中小企業が工業団地に進出する際に当該工業団地の土地使用権を担保にして設備投資資金を借りられるのなら、本国にある工場資産を処分して資金を作る必要がない場合も多くなる。土地使用権は現地の土地管理局に登記してあるからそこに担保登記もする。他方東亜銀行の場合、決済は香港で行っている。つまり、親会社に責任を持ってローンを支払ってもらっている。親子間の支払いは別途やってくれという考えだ。現地子会社からの中国本土支店へのローン送金では送金の遅れ等が起こり得るからだとしている。

　中国の登記は登録と呼ばれ、官庁が資産を管理監督するためのもので、日本の登記制度のように誰でも見られるものではない。直接の関係者であることを所轄官庁に言って権原を調べるべきである。抵当権が設定できるのは分譲土地使用権だけで、割り当て土地使用権の上には抵当権の設定ができない。四川にある工業団地に進出している企業の多くは割り当て土地使用権のまま現地側パートナーが現物出資をしていた。土地使用権の担保設定ができないだけでなく、現在では違法である。現地側パートナーが国有企業で地方政府と関係が強い場合このような違法処理が今でもまかり通っている。

第12章

広告業、旅行業、メディア産業

国有企業、反グローバリズム、AIDMA から AISAS へ、顧客満足とは何か

1. アジアの広告業

下表は世界の広告会社の総収入ランキングである。

表 12-1　世界の広告会社の総収入ランキング

順位	広告会社名（　）内本社所在地	総収入百万ドル
1	Omnicom Group（New York）	8,621.4
2	WPP Group（London）	6,756.1
3	Interpublic Group of Cos.（New York）	5,863.4
4	Publicis Groupe（Paris）	4,408.9
5	電通（東京）	2,545.0
6	Havas（Suresnes, France）	1,877.5
7	Grey Global Group（New York）	1,307.3
8	博報堂 DY ホールディングス（東京）	1,208.1
9	Aegis Group（London）	1,067.4
10	ADK（東京）	413.9
11	Carlson Marketing Group（Minneapolis）	322.4
12	Incepta Group（London）	254.1
13	Monster Worldwide（New York）	241.5
14	HealthSTAR Communications（Woodbridge, N.J.）	233.0
15	Digitas（Boston）	209.5
16	MDC Partners（Toronto）	193.7
17	東急エージェンシー（東京）	181.6

18	Cheil Communications（Seoul）	173.0
19	SBI Group（Salt Lake City）	150.0
20	George P. Johnson Co.（Auburn Hills, Mich.）	150.0
21	Doner（Southfield, Mich.）	137.0
22	Aspen Marketing Group（West Chicago, Ill.）	134.0
23	Alloy（New York）	128.0
24	Clemenger Communications（Melbourne）	125.7
25	Select Communications（Koblenz, Germany）	120.0
26	Cossette Communication Group（Quebec City）	115.9
27	Richards Group（Dallas）	114.5
28	DVC Worldwide（Morristown, N.J.）	99.0
29	ChoicePoint Precision Marketing（Alpharetta, Ga.）	96.6
30	RPA（Santa Monica, Calif.）	95.1
31	Inchord Communications（Westerville, Ohio）	89.7
32	M&C Saatchi Worldwide（London）	89.5
33	Armando Testa Group（Turin, Italy）	87.0
34	朝日広告社（東京）	85.7
35	Bartle Bogle Hegarty（London）	84.3
36	Marketing Store（Lombard, Ill.）	83.9
37	Cramer-Krasselt（Chicago）	79.1
38	Wieden & Kennedy（Portland, Ore.）	78.6
39	Springer & Jacoby（Hamburg）	78.0
40	Scholz & Friends（Hamburg）	73.7
41	Protocol Marketing Group（Deerfield, Ill.）	70.0
42	Harte-Hanks Direct（Langhorne, Pa.）	68.6
43	SPAR Group（Tarrytown, N.Y.）	64.9
44	Aquantive（Seattle）	64.1
45	オリコム（東京）	63.1
46	Ambrosi（Chicago）	63.0
47	Modem Media（Norwalk, Conn.）	61.0
48	Equity Marketing（Los Angeles）	61.0
49	Serviceplan Agenturgruppe（Munich）	60.8
50	日本経済社（東京）	58.6

（出典：http://www.nikkei-ad.com/techo/2004/db/040601.html）

広告収入世界 No.1 〜 3 の会社は、十から数十の会社を併せたグループ持ち株企業として、その売り上げの大きさを誇っている。単独企業で世界一の売り上げを上げているのは日本の電通である。中国やベトナムのように、国有広告会社が強い国では、外資系広告会社が入り込むのは困難である。しかし中国でトップの広告会社は日系企業である北京電通である。長年の中国での事業展開および中国の数多くの大学で広告学の寄附講座を無償で行ってきた成果だろう。新聞広告の売り上げが多い中国でトップの実績は立派である。顧客には日系企業のみならず、PC メーカーの Lenovo のような地場企業もいる。

売上世界一の Omnicom は日本では第 7 位の I&S BBDO（BBDO Japan が第一広告社と合併した）、世界第 2 位の WPP は、日本では第 15 位の Ogilvy & Mather、世界第 3 位の Interpublic は日本では第 9 位の McCann Erickson として事業を行っている。欧米の広告会社は 1 業種 1 社の広告しか担当しないが、日本の広告会社は同じ業種の複数の会社を担当している。広告会社の優良顧客は、宣伝広告費が多い B2C 企業である。日本では、トヨタ自動車、本田技研、花王、KDDI、松下電器、日産自動車、サントリー、アサヒビールといった企業である。世界では P&G、Unilever（ユニリーバ）といった日用品会社が多い。

アジアの企業では、日本が 7 社、韓国が 1 社入っている。韓国の Cheil Communiocation は Sumsung から分かれた企業で、CJ も含め Sumsung 系の企業広告で大きくなった。韓国の広告業界で 2 割のシェアを持っている。韓国の CM が情緒的、説明的なのは、韓国の文化価値に即しているからだけでなく、Sumsung の家電、携帯電話を全世界に販売するために、世界共通の TVCM を作ろうとしているからかもしれない。

韓国のコミカルな CM として百歳酒（bekseju、백세주）がある。しかしその日本での CM モデルとして 2006 年に起用されたのは、TV 番組「チャングムの誓い」でハン尚宮（サングン）役をしたヤンミギョン（梁美京、양미경）である。日本における日本酒 CM と同イメージになることを狙っているのだろう。若い人の酒としての韓国でのイメージとまるで違う。商品は変わらないから、日本でヒットした酒真露（Jinro）の Rainbow box のようなヒット商品にはならないだろう。Haechandle 社のコチジャンの TVCM も国内用は国際版より

コミカルに作られている。

　中韓以外のアジアの諸国では広告業界でも、地場企業はそれなりにあるが、クリエイティブ会社（広告制作会社）が中心で小規模である。そして英米の広告会社が、クリエイティブ会社の現地子会社も含め大きなシェアを占めている。クリエイティブの世界ではタイのクリエーター達が世界的に注目されている。彼らの作るTVCMは面白い。Sutisak Sucharittanontaのユニー緑茶のTVCM、Chukiat JaroensukのSokenDVD playerのTVCMは、2004年のカンヌ広告フィルム祭でも大好評だった。大貫卓也がクリエーターとなり、カンヌ広告祭でグランプリを取った日清食品のカップヌードル「Are you hungry?」のような面白さである。奇抜でユーモアがあり、嫌われないCMである。印刷広告でもタイは、下のテレビ番組の広告のような優れた印刷広告も生んでいる。Euro RSCG Flagship Thailandの作品である。アジアの国地域毎の広告表現の特徴を以下のようにまとめてみた。

表12-2　アジアの国地域毎の広告表現の特徴

	調査・広告リテラシーが高い	調査・広告リテラシーが高い	調査・広告リテラシーが低い
特徴	信頼・qualityが必要	面白い・楽しさ・快活さ	情感（楽しさ、感動、セクシー）が必要
目立ち感、新しさ重視	台湾、シンガポール（可愛い）、香港	日本	中国上海
説明重視	マレーシア	インドネシア	インド、中国成都
情緒（共感）重視	韓国、ストーリー性	タイ	ベトナム
欧米	英国（公共広告）	米国	ベルギー

　グローバル広告表現では、アジアにおいて表現戦略の方がブランド戦略より重要なことが多いこと、また外国ブランド力が強いことは判っている。しかし外国ブランド力といっても、高いけれども品質が良い、ないしお値打ち感に訴えるばかりでは勝てない。

　表現戦略は地域で違い、以下の6点が重要である。①市場における文化価値の違い（『アジア投資戦略』p.124）、②リーダー、チャレンジャー、フォロ

ワー、ニッチャーの位置づけ、③市場でのプロダクトライフサイクル、④メッセージ、表現要素において他国での成功例が使えるか（他国と共通の広告でよければ、広告制作費が節減できる。韓国の広告にストーリー性があるのは、TV番組の始めと終わりにしか広告を流さないのが韓国のTV番組のスタイルであるために、1本のCM時間が長いことにも原因がある。）、⑤現地市場でしてはならない表現がどこまで広告会社が判っているか（中国4000年の歴史をけなす、中国で日本による侵略戦争があったことに配慮しない、セクシー表現（2006年インドネシアにおいては"Playboy"誌の発刊に対するモスレムの反対運動が起こっている）、欧米で教育を受けたクリエーターは現地で避けるべき表現について詳しく調べていないし、それで構わないと思い込んでいる。欧米優位思想の現れである。ただしアルコール類やタバコのTVCMは認められていないとか深夜にしか流せない、比較広告は禁止、といった現地での法規制は守られている。問題は広告の表現内容である。欧米では、刺激を求めてセックスや暴力といったかなりエゲツナイ広告表現が見られる。しかしそのような表現はアジアではアピールしないのみならず商品イメージを悪くする、といった認識について、欧米系広告会社は疎く、表現の自由をアジアは認めていないから遅れているといった認識をしがちである。）、⑥コミュニケーション手段を開発する。インターネット広告と共に、今ユニークな屋外広告が注目されている。河合塾の新宿のデパート壁面全部を使った「受験生は家に帰ろう」の垂れ幕広告が注目された。Omnicom傘下のTBWA/Japanは、Adidasの広告で屋外垂れ幕に見せかけたperformanceで注目された。2004年渋谷でビル壁面サッカーのperformance、続いてビル壁面で100m走をするperformanceも披露した。しかしTBWA/JAPANは2006年経営不振により、博報堂より60％の資本参加を得ている。

　日本では広告がヒットしても商品が儲からなくなっているので広告料収入が減る場合も多くなっているのに対し、消費意欲が強いアジアでは広告をすればするだけ儲かるので、アジアでの広告会社の売り上げは増えている。先進国では広告が購買にどれだけ結びついているかを評価して、広告費を支払う動きが強くなってきた。広告がヒットしても売上が増えないことが多いことと、アフィリエート広告のように、ITを使い購買に繋がる広告を探し出せる場合が

多くなっていることによる。

　アルビン・トフラーは『富の未来』上、p.51で、2004年ヨーロッパの広告費総額は1,250億ドル、日本の広告費総額は560億ドルだったのに対して、米国企業は広告費に2,640億ドル使った、と述べて、欲求は管理されているが、富が獲得できるとは限らないと述べている。広告がヒットしても儲かるとは限らない先進国の現象を指している。

　ブランド戦略はグローバル共通である。そこでは、ブランドイメージの共通化がなされる。Pepsiが典型である。2006年ワールドカップのスター選手をずらりと並べた広告はタイでも中国でも共通である。またPrada、Almani、Channelのような奢侈品は世界どこでも同じ広告をする。Sumsungの広告のおとなしさと面白さのなさについては上述した。最近トヨタの高級車のイメージが世界共通になってきている。商品ブランドよりeco-friendlyな会社という会社ブランド重視の現れかもしれない。

　Unileverの有力な商品ブランドDove、Luxは世界どこでも同じイメージで売っている。対するP&Gは世界共通のブランドマネージャーをおいて、イメージが外れない範囲で各国別にブランド戦略を違えている。②、③を変えているからである。Luxに対抗した花王のAsienceの日本でのCMでは会社ブランドを一切出さないで中国人女優を使い「アジアは美しい」一本で、押し通したところに成功の原因があった。対抗して黒人ハーフを使い、欧米的優越心理のCMを使ったLuxは日本ではそこそこ売れてもアジアでは売れないだろう。また素人をモデルとして出すreality広告をUnileverは日本とタイで導入しているが、アジア途上国での成功は覚束ないと思われる。アジアンの世紀の消費意識は、ニーズがウォントとなって買えるようになったことを評価するので、ウォントの質のアップグレードを意味する素人モデルに共感しないのである。

　シンボル、ロゴの共通化はブランド形成に必須である。"I'm love in"（McDonald's）、Coca Cola、Lux（Unilever）が典型である。

　広告は、マーケティングの4P（product、price、place、promotion）のうちpromotion活動の1つである。Promotion活動は、広告、PR（public relation）、人的販売、販売促進に分かれる。

　広告を内容で分ければ、商品広告、企業広告、意見広告、公共広告がある。

アジアでは圧倒的に商品広告が多い。広告の対象で分ければ、アジアでは、消費者広告（B2C）、採用広告（B2C）、産業広告（見本市、セミナー広告、などB2B）、IR（investor relation、主にB2Bだが個人株主もいるからB2Cもあるといえる）、がほとんどで、流通業者に対する流通広告は少ない。

広告の手法による広告の分類は以下のとおりである。

表12-3　広告手法による広告分類

メディアの類型	メディア（媒体）	アジアでの特色
マスメディア（印刷）	新聞	アジアでは一番売り上げが多い。
マスメディア（印刷）	雑誌	新興中間層狙いの雑誌創刊がラッシュ。
マスメディア（電波）	テレビ	一番注目される。外資系企業が一番頻出する。広告料が高過ぎる。
マスメディア（電波）	ラジオ	地場企業が多く利用する。
プロモーション（ダイレクト）	折込広告、DM	折込は日本ほど多くない。富裕層向けDMが盛んなのは、個人情報を売るサイドビジネスがあるからである。
プロモーション（公共空間利用）	屋外看板、交通広告、アドシネ	屋外大型映像とエレベーターホールでの小型液晶画面による映像、液晶画面映像による交通広告が流行っている中国、ベトナムでは屋外看板が多い。映画館での広告よりTVCMに傾斜している。
プロモーション（流通）	店舗内広告、POP	メーカーが作った店舗内ポスターや商品チラシはアジアのどこでも多い。食料品では試食させないので特別に必要。店舗内広告は販促goodsとのキャンペーンで有効。POP広告は少ない。日系の工夫のしどころ。台湾、中国のコンビニでは盛ん。店舗の外に幟を並べるのは日本独特（インドネシアでは行事で幟を多用する）、屋外で道路をわたす横断幕広告はアジアで盛ん（催し物の広告や学生募集が多いインドネシア、インド、ミャンマー、ベトナム）。
イベント	イベント展示、空間開発	販促キャンペーンとしてのイベントは大企業が時々やる、後は展示会。ホテルでの展示会が多い。日本に比してイベント展示は少ない。
インタラクティブ	Website、mail	韓国では日本より激しいwebsiteのバナー広告をしている。迷惑Mailは先進国に多い。

バスは、アジアでは走る広告塔になっていることが多い。フィリピンの乗り合いバスであるジープニーはジープニーの存在自体を主張する装飾をしているので、他社の広告を掲載する余地がない。天津ではピンクのバスのような派手なバスも出てきている。タイではバスの窓も含めた側面全体が清涼飲料水の広告塔として利用されている秀抜なものもある。チェンマイのバスはレアルマドリードの試合の交通広告として使われたが、航空機の方が遅れて試合はキャンセルされた。上海の繁華街南京東路には電気自動車が走っており、観光客へのサービスと広告を兼ねている。上海の地下鉄車内とビルのエレベーターホールにはLCDパネルがあり広告空間として使われている。

アジアの公共交通機関は、必ずしも公的機関の所有ではない。市クラスの地方政府は税収基盤が少なく、予算不足でメインテナンス費用がでないので、民間企業に利権が与えるかたちも多い。フィリピン、インドネシア、タイが典型である。中国は市政府がバス会社を所有しているが、バス料金が公共料金であり値上げが困難なので、広告料収入に依存している。

日・韓の広告手段を下表で比較してみた。韓国は日本の7分の1の規模であるが、伸び率は高い。韓国は、日本に比して、DM、折込、屋外広告などの販

表12-4　日・韓の広告手段

	日本2005年	韓国2005年
総広告費	5.96兆円	7.05兆Won（0.81兆円）
前年比	1.8％増	3.1％増
4メディア計	61％	64％
新聞	17％	24％
雑誌	7％	6％
ラジオ	3％	4％
TV	34％	30％
SP（DM、折込、屋外、交通、POP、電話帳、展示映像）	33％	21％
衛星放送、CATV	1％	7％
Internet	5％	8％

（出典：http://www.dentsu.co.jp/marketing/adex/adex2005/_media.html、http://ir.cheil.com/eng/financial/highlight02.asp）

売促進（SP）広告のシェアが低く、テレビのシェアが低く、Internet、CATV のシェアが大きい。総広告費 GDP 比率は、日本は 1.8% だが、韓国は 0.9% で、韓国の広告費には伸びる余地がある。

　アジアの広告業は、AIDMA の原理により広告をしている。消費者は広告を見て買うまでに以下の行動をするからそれに合わせた広告をすべきだというのが AIDMA 理論である。注目してもらい（attention）、興味を持ってもらい（interest）、欲求を起こさせて（desire）、記憶させ（memory）、商品・サービスを購入するという行動を起こさせる（action）のである。

　有名な歌手や俳優をイメージキャラクターにするのは、スターへの憧れを商品への欲求に繋げる AIDMA の戦略である。有名なスターを網羅してある商品の CM に登場させるのは、LG カードや Hite Beer に典型が見られる韓国企業がしばしば使う手である。どのスターも使っている商品だから買えという宣伝である。スターへの憧れをそのまま利用するのなら有効である。しかしそれは商品イメージを特化させない。新しい商品に合う新しい傾向のスターを登用しようとすると、数社が同じスターを起用することになってしまい、商品への連想が薄まってしまう。ベトナム人歌手 NTV は、サムスン、ヤマハのバイク他数社のイメージキャラクターになっている。

　広告塔や広告板は屋外で使われる商品にとって重要な広告手段である。中国で流行っている台湾歌手 Jolin（蔡依林）は、中国における Motorola の携帯電話のイメージキャラクターとして中国の広告塔に現れている。中国で「冷静と情熱の間」で有名になった竹野内豊は富士フィルムのデジカメの上海における壁面広告に現れている。富士フィルムが日本企業であることもアピールできる。福岡空港の近くにあるチェ・ジゥによるロッテのガムの巨大な広告塔は、韓国系企業であるロッテにとって、商品のみならずロッテワールドやロッテ免税店を訪れる日本人にとっても良い企業イメージの宣伝にもなっている。

　しかしクアラ・ルンプールで伊勢丹のある Lot10 の前の道路にある木本雅弘の Gatsby の広告板を見て、Mandam は日本企業だから日本人を使っているのだと知っている現地人はいないだろう。そこにあるのは「アジアンの世紀」のイメージである。

　統一食品が金城武を麦茶のペットボトルの広告塔に登用したのはうまい戦

略である。冷茶をボトルで飲むのは日本風の新しいスタイルとしてアジアで流行っている。しかし麦茶は中国、台湾では飲まれていない。金城武は日本でよりもアジアで有名な日本人俳優である。台湾企業統一は金城武を使うことで、日本の本場物とのイメージが出せる。タイで使った全編日本語の虫のCG広告と同じである。

　日本や先進国ではAIDMAではなくAISASの原理が注目され始めている。AISASとは、attention、interest、search、action、shareの略号である。注目してもらい、興味を起こさせる。消費者はその商品・サービスについてIT情報などで調べ、買ってみる。買って使ってみた結果について、友人やIT上で他人に伝えて、情報を分かち合う。すでに一通りの物をそろえてしまった消費者に買ってもらうには、消費者を評論家として、かつ広告媒体とする必要がある。企業からの一方的な広告情報には不信感をいだき、友人からの情報、実際に使ってみた個人による情報を新鮮、信用できると思う消費者が多くなっている。C2C communicationが広告の役割を果たしている。AISASのようなコミュニケーションの仕方をwholistic全体的communicationという。共感マーケティングの1つだ。

　うるさい消費者の意見が聞ける場があることは、メーカーにとってはありがたい。新商品開発や改良に役立つ事が多い。顧客からのクレームを大事にした方が良いのも同じ原理である。商品やサービスに問題がないと、言い放てば、消費者は、離れていくだけである。真の消費者は初めに買った人ではなく、リピーターとなってもう一度買ってくれる消費者である。

　消費意欲旺盛なアジアの新興中間層もAIDMAからAISASの方向に向かっている。韓国、中国ではAIDMAが成熟していない段階でAISASになっている面もある。反日キャンペーンや、製造物責任追及における、ITの活用振りから見ると、AISASは無視できない存在にすでになっている。

　ただし、消費者の出すブログを含めてのIT情報には、事実でない場合や、故意に中傷するものもある。企業にとっては、説明責任と情報開示をきちんとして、反論すべきは反論しないと、AISAS時代の広告戦略において思わぬ失敗をすることがある。以下に中国での広告事情と日系企業が犯した中国での広告の失敗例を、ブランド・マーケティング戦略と共に示す。

2. 中国国内広告のリスクと上海で日本企業が勝つブランド戦略

(1) 上海の日本・韓国ブームと広告

　2004年夏、上海、昆山、蘇州、常州、揚州の日系企業を訪問した。いわば江南の春巡りだが、大きい樹木は見かけず、風のある日が多かったせいか、土埃りで市内をタクシーで巡っているのに喉を痛めた。大きな木がないのは日系企業も意外に思ったらしく、日本からの原材料輸入に使われた木枠を大事に保管している会社やスチール箱に代えてコンテナ輸送している会社もあった。この地域は石灰岩大地なので、大きな鍾乳洞があり、拙政園に見られる奇妙な形の岩石を愛でる趣味が生まれ、湖底の岩上を運動する上海蟹が旨くなる。

　霧と靄に咽ぶというイメージで行ってみた太湖も緑が埃りまみれで鮮やかではない。蘇州虎丘の運河巡りのみが連翹の黄色い花が満開で柳の緑と相まって風のない日だったこともあって綺麗だった。日本政府が中国人団体客へのビザ発給を大幅に緩和する方針を出すほど中国人の観光好きは有名だ。香港政庁は財政悪化を理由に中国からの観光客に消費税を課して税収を上げようとしている。中国の観光地はどこに行ってもコンパクトカメラを持ち歩く人で一杯だったが、リサイクルのコンパクトカメラはない。中国市場はコダックにおさえられて富士写真フィルムのでる幕はないと思われているが、リサイクルカメラ、デジカメそしてパレット・クラブのフランチャイズ化でコダックの牙城を切り崩せるだろう。竹之内豊がデジカメを持っている後ろに摩天楼のひしめく上海が写っているという富士写真フィルムの新聞全面広告は竹野原豊が中国で人気のある憂い顔の優男タイプなので有効だ。対するソニーのデジカメ広告は虎を写そうとするハンティング姿の男が虎の後ろからデジカメをもって迫るという地下鉄通路の大型広告だが、通常の倍版の横長広告も、虎よりは優男という上海人の好みにより迫力はない。

　上海でも蘇州でも若者向け音楽・映画・雑誌そしてファッションの分野での日本・韓国ブームが強くなっている。ＬＧ、サムスンは韓国人女優をエアコンの宣伝に使っている。松たか子の歌は日本より中国のカラオケ屋で歌われている。色使いが良く繊細で可愛いセンスのある個性的なデザインと優しく上品で

丁寧なモノづくりが売れている。本屋でもコンビニでも日本の女の子ファッションのみを紹介する雑誌が売れている。往年のアクションスター千葉真一は中国の伝奇物TVに出演している。香港アクション映画の路線の上にある荒唐無稽さは同じだが、よりキャラクターの個性を打ち出しそして香港特有のガサツさ・エゲツなさを減らす事で奇妙なリアリティがある。Jポップスの女性歌手の偽物DVDとCDそして日本のゲームソフトも全部120円で出回っている。そのようなCDショップが町の真中の百貨店に出店している。「乃」の文字の代わりに「の」と日本語のひらがなを使った中国製商品が増えており、キリン「午後の紅茶」はそのままのブランド名で売れているし、ある中国メーカーは「鮮の毎日」というブランド清涼飲料水も出している。ペットボトルで冷たい緑茶を飲む日本で考え出したスタイルはカッコよいと思われている。

　サントリーはアルコール度2.8％、3.8％といった日本では考えられない薄味のビールを安く売って上海地域でのトップシェアを取っている。上海にはエレベーターのない低層のアパートが多いので、半ダースのケースをプラスティック包装にして軽くて持ちやすくした。中国では度数4.5％のバドワイザーが一番値段も度数も高いビールである。2005年サントリーは高いアルコール度のビールを瓶の形を変え値段を上げて出した。目先を変えないと上海人の嗜好に合わない。

　日本ブームの典型が金色の招き猫である。お目出度い金色と客と金を招く猫の手が動くことが人気の秘密らしく、上海や蘇州の店頭によく置いてある。赤字に「福」の字を逆さに貼る伝統の招福の店頭広告も変わりつつある。

　広告は中国で一大産業に育ちつつある。日本の有名広告クリエーターの作品集が中国語に翻訳されて大型書店に並んである。新聞社の収入に占める広告収入は日本、フランス、イタリアでは40％程度だが、中国は米国同様70％程度だ。上海の地下鉄の車両内では、東京の山手線のサイズより大きいサムスン製の液晶のモニター画面で広告を流している。平日でも一日中混んでいる地下鉄1号線では松下のデジタルカメラとケータイの広告が液晶モニターから流れている。音がしないのが奇妙だ。窓ガラスにはトヨタのF1カーの大きなシール広告が張ってある。共にテレビCMと連動している。ケータイは色気のある美女を使ったイメージ広告、デジカメは悪路でランクルからバイクに乗るカッ

プルを写しても手ぶれがしないという機能広告だ。

　中国で失敗した日系企業のテレビCM広告として、2004年のトヨタPradoと日本ペイントが有名だ。共に中国の歴史をけなしたと見なされた。皇帝の陵墓に向かって走っていくPradoに石像の巨大な狛犬がお辞儀をしたCMは、中国の偉大な歴史より日本車の方が偉いとしていると見なされた。宮廷の赤く塗りたてのペンキに龍が触れそうになりあわてて手を引っ込めるというCMは、龍が皇帝を意味するところから、皇帝が日本製のペンキに恐れをなしたと見なされた。共に米系の広告会社の制作したものであり、日系の制作ではない。トヨタのものはシンガポール人クリエーターの制作だったらしい。華僑の方が日本人より中国人のセンチメントを知っているなどと考えるのは間違いだ。北京電通は中国最大の広告会社であるのに、わざわざ米系会社を使ってメーカーが陳謝させられている。歴史物はタブーだというより、米系なら華僑なら大丈夫だという軽はずみが失敗を招いている。

(2) イトキンの成功とブランド戦略

　上海一番の繁華街南京東路では、吉野家、上島コーヒー、味千ラーメン、UNIQLO、そしてイトキンが成功している。マックの真向かいにある吉野家では日本では食べられない牛丼が200円で売られている。上島コーヒーの真向いにはハーゲンダーツのアイスクリーム店がある。ハーゲンダーツのアイスクリーム店でデートすることは中国人にとっては特定の恋人になることを承諾することを意味するらしい。ピザハットもハーゲンダーツ路線をやっている。熊本のラーメン・チェーン味千ラーメンは日本食ファーストフード・レストランとして吉野家と同じようなイメージを作るのに成功している。高級ではないが庶民的な店なのだ。カラオケのビッグエコーも紳士服の青山も南京東路に進出している。

　イトキンはおしゃれな上海人の心を捉えることに成功した。確かに街を歩く人を見ると上海人のファッションセンスは他の地域の人に比べて格別優れている。Michael Klein Parisというフランスを思わせる統一ブランドと若い男女のマネキン店員の魅力でイトキン・ファッションビルは地下1階から地上5階までを、若い男女の中国人顧客で一杯にしている。そこにいる店員のような

ファッションをして上海の街中を歩きたいという気持にさせる。ミニ・スカートをはく店員もいる。可愛げのあるファッションは上海人のセンスに合うのだろう。店内ポスター広告も可愛げのあるフランス人モデルだ。美人モデルから可愛いモデルへという好みの線を引くとすると、韓国、中国、香港、台湾、日本の順に並ぶだろう。

しかしイトキン大連店は閑古鳥が鳴いている。大連におしゃれな人がいないのではない。大連の消費者に購買力がないのだ。値段は上海より安めだが売れない。中国の地域別の購買力を考えた進出戦略を考える必要がある。

蘇州で蘇州美人はおよそ見かけなかった。ファッションのダサさとガサツな態度が美人に見せないのだろう。蘇州新区商業路は500m続く日本人街だ。カラオケスナック、クラブ、日本料理屋、マッサージ店、すべて日本語で通じ、日本風のサービスを売りにしている。中国風のカラオケ店の中国人ホステスがチップをもらう事に狂奔しているのと雲泥の違いだ。カラオケスナックやクラブで働く女性は少なくとも夜は綺麗に見えるが出身地は蘇州ではないという。同じ出身地の人にこの仕事をしていることは知られたくないらしい。

蘇州のみならず上海でもイトキン以外の店では店員のファッションがいかにもダサい。厚手のセーターの上に上着だけのユニフォームを羽織り、ジーパンとスニーカーで6割引と書かれた店頭広告紙の脇に立っている。イトキン地下2階のCDと文房具の売り場は外資系ビルなので偽物を置けないらしく、Jポップスは1,200円の香港製CDで高すぎる。地上6階の日本食レストランはそこそこに流行っている。

上海の街頭広告や地下鉄の通路広告では、中韓日米欧の大企業の広告が圧倒的だ。広告の作りは香港風で、西洋人のモデルか香港・韓国のTV・映画スターを使った大画面による目立つ広告だ。電通は2003年11月、7年かけてやってきた技術協力の成果を踏まえて中国の6大学と共同で広告とマスコミを学ぶ大学を作ることに合意したが、中国での流行とブランドによる差別化戦略については教えながら教わることになるだろう。

(3) ブランド意識とデジタル家電・自動車・家電

中国は日本以上に学歴社会だ。上海で大卒新卒なら6万円以上だ。経験5年

でも高卒なら1万円とるのがやっとである。実際の工場の生産管理はできなくてもMBAなら10万円以上要求するので日系企業は採らない。私有財産はないから相続財産はないという社会主義の大義があるので相続税はないが、現実には市場経済をやっているために金持ちはいくらでも金持ちになる。150万円の車を売る中国地場の車メーカーも出てきたが、マンションの3分の1の値段の250万円が普通の車の価格帯だ。大卒同士で結婚して共稼ぎをして子供は一人しかつくらず、独立して個人経営の会社は作りやすいので、価格が高くてもイメージで車は売れる。デジタル家電やマンションも高いものから売れるのは個人経営者や大卒エリートがいるからだ。高級なイメージを打ち出すために、広州本田のフィット・サルーンもセンスのある色使いの小型車というイメージだし、トヨタ・ビオスもF1車のイメージで疾走するスポーティカーのイメージだ。新型クラウン投入が必要だ。輸入車も増えており、AUDIのA6が日本のバブル時代のシーマ現象のようなラグジュアリーカーになっている。

　ブランド意識は広告へのタレントの使い方にも明白だ。有名な香港・台湾・韓国の映画スター・アナウンサーが清涼飲料水、ラーメン、エアコンのイメージガール（形象代言人、男もいる）になっている。商品のラベルの中に本人の写真のみならず漢字でのサインまで入れる。シチズン、メンソレータムもそうだ。化粧品はイメージガールを使わないのが日本との違いだ。嫌いなタレントがイメージガールになることでその化粧品を買う客を逃すからだろう。百貨店での対面販売でのイメージガールと販売員のギャップを恐れているのかもしれない。資生堂オープレスのみならずメナードが善戦している。UP2Uという韓国ブランドも売れている。エイボン、ロレアルは百貨店に店を出していてもお客はいない。

　商品のブランドの数を増やさねばならないラーメン、清涼飲料水はイメージガールを使い、会社名というブランドを有名にしたい化粧品、デジカメ、車、ケータイ、家、家具はイメージガールを使わないという広告理論に沿った展開をしている。グッチのハンドバックは偽物が多すぎて高級イメージが崩れてしまい、今FENDIも同じ運命を辿っている。2,000円の偽グッチのバックは自転車の前籠に入れられて自転車を乗り回すオバちゃんが使うものになっている。少し洒落た人はモーター付き自転車に乗り、バックは荷台に付けられた金

属製専用籠に見えないようにしまっている。

　日本での携帯電話はイメージガール戦略だが中国ではそうではない。日本では携帯電話の宣伝に出過ぎの浜崎あゆみは中国では個性ある歌手というより不良少女というイメージが定着し、中国一のラーメンメーカー康師傅が清涼飲料水部門への殴り込みのために彼女を登場させた2003年夏の清涼飲料水キャンペーンは中止された。CDの中国販売とタイアップ戦略を図ったAVEXの戦略は失敗だった。

　康師傅は現在台湾の健康的な明るいイメージの映画俳優を使って冷紅茶を売り出しているが、中国人は、「冷たい紅茶」までは許しても、「紅茶が甘い」ことへの違和感はなお強い。インドネシアでは「甘い紅茶」は伝統的に強いし、日本でも抵抗が無いことから打ち出したのだろうが失敗している。甘くない「午後の紅茶」でキリンは成功したが、中国で成功した台湾企業として有名な康師傅だが製品開発で連続ミスをしている。キリンも清涼飲料水としての緑茶である「生茶」を中国で売り出す際には無糖と低糖の2種類を出して様子見をしている。

　2004年筆者が上海に滞在中に世界ラーメン・サミットが開かれ、日本から94歳の安藤百福日清食品会長が出席した事が彼の写真入りで報道されていた。世界最大のラーメン消費国にのし上がった中国で現在の課題は高価格化をいかに図るかということらしい。高品質化と多様化がポイントで日清食品と中国第4のメーカーが合弁をする直前まで行っているらしい。日清はインドネシアで現地トップメーカーの買収に失敗した。インド、米国、ブラジルではそこそこ成功しているが中国での失敗は許されない。所詮高品質高価格で勝負すると考えれば2004年内に解禁された外資コンビニで集中的に売るという戦略でも構わないという選択もある。全生産量の過半数が15円以下の市場で、30円程度の商品を開発する技術を得たいとする中国第4のメーカーと組む必要はない。コンビニで日清製品は100円程度で並んでいる。康師傅はコンビニでカップラーメン6個入りの吊り下げ専門棚を作っている。台湾系の中国一のラーメンメーカー康師傅との闘いが日清食品のやるべきことだ。

3. メディア産業

　メディア産業・旅行業が広告業とアジアにおいて異なるのは、メディア産業・旅行業が B2C マーケティングのみなのに対して、広告業では B2B、B2C 両方のマーケティングがあること、そして、広告業が外資に広く開放されているのに対して、メディア産業では外資参入を認めず、旅行業も自国人の海外旅行においては外資の参入が困難なことである。

　国有放送と国有の旅行業があるのも、アジア諸国の特徴である。新聞・雑誌メディアまで、国有であることは少ないが、アジア途上国では、中国やベトナムのように、市民社会セクターに属する政党が出す機関紙（人民日報、ニャンザン）や機関誌がメディアとして大きなシェアを持っている国も多い。ラオス、ミャンマーもそのような国である。

　このような国では新聞事業への外資投資は禁止されている。日本のように毎日個人の家に新聞が配達されることはアジアでは少ない。個人は屋台に買いに行くか、会社で読むので、夕刊紙が強い場合が多い。出勤途中で、道路上で新聞を買う人も多い。車中から買うから朝の交通渋滞は新聞売りにとっては稼ぎの種である。定期購読者が事業者と政府関係の事務所だけという状況では、個人客を失わないためには新聞の定価を上げられない。このため、経営は広告収入に頼る部分が大きい。企業の新商品のプレスリリースは販売キャンペーンの第一歩である。記事にしてもらうために新聞社に金を支払う会社も多い。そのために、アジアでの新商品発表会は、目立つ美人のモデルを使う次第に派手なものになっている。新聞が地場資本だけということは外資叩きの手段として新聞記事を使う地場資本もあり得るということである。外資系企業は日本以上に広報や PR 活動に留意する必要がある。

　新聞向けの新商品のプレスリリースが次第に派手になるのは、アジアの自動車ショーが年々派手になるのと似ている。日本のオートショーと異なり、入場者が、会場で車の購入を決める企業や人がいるために、新車発表会が最初の売上げの上がる場所だとして備える必要があるからである。バンコクのオートショーのコンパニオンは美人コンテストなどより数段美人の数が多いと言われ

るゆえんである。バンコクオートショーでは銀行もブースを作り車ローンの紹介と販売まで行っている。

メディアは教育と共にプロパガンダとして機能するのがアジア社会である。プロパガンダの世界では、事実は解釈も含めて真実として伝えられるから、事実の解釈部分が中心となり事実がその証拠という形で国民に受け取られる事が多い。中国と韓国の反日ブームは国有放送メディアが主体となっている。中国、韓国、ベトナムでは教科書は国定教科書である。

市場経済の原理は公共放送がある国のメディア産業では働かない。公共放送と民間放送の競争はあるし、新聞、雑誌メディアとの競争もあるが、情報ソースが国家セクターから出されるものが自然に多くなり、ニュースの間で差が生まれない。

アジアの産業論としてメディア産業を見る場合、アジアのどこの国でもTVCMが高過ぎる、雑誌文化が盛んである、双方向メディアはいまだ盛んでない、衛星放送・有線放送が盛んになっている、ことが挙げられる。共通点は、受け手の数が増えている、出し手が一方的に情報を送る、つまり新興中間層を対象にした刺激反応パラダイムのマーケティングがなされる典型媒体となっているという点である。

2006年5月12日付NNAは、タイの民間メディア事業iTVについて以下の興味深い報道をしている。メディア産業は政府の利権と大きく絡んでいるという典型例である。タクシン首相の総選挙の勝利とその後の反対運動による退陣、イタリアのメディア王であるベルルスコーニ前首相の総選挙での僅差による敗退と退陣は、共に2006年4月に起こっている。NHKは公共放送という名で政府の宣伝をしているではないか、という見方もある。近代が現代になった20世紀前半のファシズムの時代、国有メディアはファシズムの宣伝手段となった。放送メディアは近代の大きな物語の象徴でもある。大きな物語の終わりがポストモダニズムだと見ると判りやすい。ニュースはTVでは見ずにインターネットで見るのが韓国で普通になっているのも政府不信と共に、ポストモダニズムの表れと見ることができる。

タイ政府の調停委員会が民間テレビ放送局iTVの事業権料を引き下げた件で、中央行政裁判所は9日、引き下げを無効と裁定した。また、娯楽番組枠を

拡大したことも無効とした。iTV は最高行政判所に控訴する方針だが、最高行政裁で無効が確定した場合、赤字転落は免れない状況だ。iTV は1996年、タイ初の民間テレビ局として開業した。政府との契約で、iTV が首相府に支払う年間事業権料は総売上高の44%、または最低9億バーツとされていた。チャンネル3を運営するBECワールドの最低2億バーツなどに比較すると高額であり、事業権料の負担で赤字経営から脱却できずにいた。

　大株主だったネーション・マルチメディア・グループ（NMG）などが出資を引き揚げた後、タクシン首相財閥の中核企業だったシン・コーポレーション（Shin Corp.）が2000年に筆頭株主となり経営権を掌握した。首相財閥傘下となったiTV は2004年、調停委員会に事業権料引き下げを要請。委員会が年間事業権料を総売上高の6.5%、または最低2億3,000万バーツに引き下げることを決めた。これに対し首相府は、委員会には事業権料引き下げを決める権限はないとして無効を求めて提訴していた。行政裁判所は裁定後、政府と放送局の契約を変更することは、調停委員会の権限を越えた行為だとして、引き下げ無効を決めたと説明している。裁定に従う場合、iTV は過去2年にさかのぼって事業権料の未払い分を支払う必要があり、2005年分も含めると25億バーツの支出となり赤字転落は確実だ。事業権料引き下げが無効になると、2004年に黒字転換した同社は再度赤字に陥る。

　iTV は事業権料引き下げと同時に番組枠の再編も要請し、調停委員会が認めていたが、行政裁判所は番組再編も無効と裁定した。政府との契約で、番組はニュースが70%以上、娯楽番組が30%以下とされていた。iTV はスポンサー獲得のため、視聴率を稼げる娯楽番組を増やしていた。iTV の筆頭株主シン（出資比率53%）は、タクシン前首相財閥の中核企業だったが、首相一族は2006年1月に全保有株をシンガポール政府系投資会社テマセク・ホールディングスに売却している。

4.　旅行業

　旅行業は、旅客輸送、宿泊、レジャー施設業を含んでいる。アジア途上国では、マス・ツーリズムが成長期を迎えている。裕福になり海外へも見る観光を

したいのだが、個人観光をすると現地では言葉も判らず移動も不便なので、団体旅行をするのである。そのため、アジアの地場旅行業は国内の旅行者の海外旅行をほぼ独占できている。2005年開園した香港のディズニーランドがバンコクに行って販売促進活動をしているのは、タイの「アジアンの世紀」の人々へのプロモーションである。韓国での人生を楽しむために自己投資を惜しまない well being ブームは、韓国地場旅行会社 Hana Tour を、韓国 No.1 の海外旅行会社にした。15名以上に適用するグループツアー料金が、九州向けには4名から適用されるようにして家族旅行を増やしている。訪問先での韓国語ガイド、新聞広告と多数のエージェント網（卸売りなので日本のような旅行パンフレットは少ない）、インターネット予約と説明、訪問先に大型商業施設でのショッピングを加えての外国での購買意欲に応える、といった工夫がある。

　日本、韓国、香港、台湾ではポスト・マスツーリズムが成長期を迎えている。エコ・ツーリズム、体験型観光、癒しを求める海外旅行、長期滞在型観光、熟年対象の歴史を含め学ぶ観光業は、すべてこれらポスト・マスツーリズムの方向である。

　バリ、韓国のアロマセラピーなどの癒しの旅がこの両者を結ぶ旅行のモデルだろう。街全体が世界遺産となっているラオスのルアン・プラバーンは、世界中の若者達が集まってロスメン（安い宿）に長期滞在してインターネットをする街になっている。ビエンチャンの極端に広い河岸で見るゆったりした流れのメコン川は、上流のルアン・プラバーンでは流れが速いし河岸は狭い。仏陀の誕生祝いであるソンクラーン（Songkran）は、タイのみならず、ラオス、ミャンマー、スリランカ、雲南省でも祝われている。観光客が水をかけられるというかたちで参加できる観光なので、マス・ツーリズムとエコ・ツーリズムを繋ぐアジアの体験型観光への繋ぎとしてより注目されるだろう。

　アジアの地場旅行業者は、外国人向けにはポスト・ツーリズム、自国民にはマス・ツーリズムをアピールするという両面作戦が求められる。そうしないと先進国の旅行者が支払う旅行代金に占める現地旅行業者の取り分が減る。2005年日本に来る外国人旅行客の第1、2位は韓国人、台湾人で各々122万人、116万人である。彼らの多くはリピーターで、日本の地方空港にチャーター便で降り立ち地方の観光巡りをしている。両国では日本各地の観光を紹介

する旅行番組は日本の旅行番組も含めてしばしばテレビで流されている。目の肥えた自国の観光客にアピールする目で、自国の観光資源を外国人に発信していく必要がある。

アジアの地場旅行業者には、融通が利かない国有企業と、現地スタッフは顧客の要望を企画にでもる研修をうけていない。ネットワークと資金力がない地場中小旅行業者が多く、会社設立が制限されては不十分である。外にいる顧客から満足を得たいのなら、まずうちの従業員の満足を得よというインターナル・マーケティングが必要である。

旅行スポットの開発という戦略は、1980年代末に日本企業がやって失敗した。資金がかかりすぎて金利負担に耐えないケースが多かった。豪州ゴールドコーストのホテルを買い占めたり、アジアのリゾートのコテージを買わないかというビジネスである。世界のホテルチェーンを買った、西友（Intercontinental Hotel）、青木建設（Westin Hotel）は、2000年頃にはバブル崩壊後の景気低迷に耐えきれず、共に経営破綻に追い込まれた。

逆に欧米資本の旅行業、特に、ホテル業、レジャー業のアジア進出は成功している。日本は東京を中心に欧米高級ホテルが軒を並らべ、高価な宿泊料だからこそ日本人客が利用するという奇妙な現象を生んでいる。東京ディズニーランドの成功は、2005年香港ディズニーランドを開園させた。ディズニー社は日本では入園料収入の10%、園内物販飲食の5%のロイヤルティ収入を得るのみで、出資はしていない。しかし香港では43%の出資をして、テーマパークのみならず、ホテル、娯楽センターも経営している。日本での成功でアジア人のレジャー志向の強さに自信を持った。香港で57%出資している。地場投資家は香港政庁である。香港製造業の華南への移転、上海の台頭による中国本土の金融センターとしての地位の低下を、商業・レジャーでカバーしようとする思惑だろう。入園者の3割を中国本土からの客と想定している。

ホテル業で成功と失敗を分けるのは、不動産の所有者と施設の運営者の間の取り分において、施設の運営者の取り分をどれだけ大きくできるかである。マリオット（USA）、ヒルトン（USA）、スターウッド（Westin、Sheraton、USA）、インターコンチネンタル（Intercontinental、Holiday-Inn、USA）、フォーシーズン（Canada）、メリディアン（UK）、アコー（Sofitel、Novotel、France）、

といったホテルは、予約の世界的ネットワークではなく、ホテルマネジメント契約で成功している。

東京 ANA ホテルは、所有権を投資家に持ってもらう、欧米型ホテルである。5,000 円のプール利用料が高くないとして、利用者が引きも切らないのは、赤坂溜池と ANA Hotel というブランドでアメニティを感じる若者という消費者が群れているからである。

西友がシンガポールで Bugis Junction の再開発のコア店舗になったのはまだ利益がでないにせよ成功だった。しかし Walmart は西友の支配株主になると、Bugis Junction 店を地場の政府系不動産資本 Capitaland に売って負担を軽くした。たぶん失敗だろう。土地利用権のみ売ればよかったのである。アジアの有力ホテルである香港資本ペニンシュラ、シンガポール資本ラッフルズも創業者が経営権を手放し、所有権は Capitaland に移った。香港資本リージェントはフォーシーズンに身売りした。グループの資金繰りが苦しくなったからだろう。ラッフルズ（ホールディングズ）はシンガポールで一番格式の高いラッフルズホテルのオーナー会社だった。ラッフルズは、英国植民地シンガポールを開発し、ナポレオン戦争後に乗じてオランダ植民地だったインドネシアを一時的に英国の植民地にした行政官である。ボゴール植物園を作った博物学者でもあった。スマトラ島にある世界で一番大きな花であるラフレシアも彼が発見したのでその名が付いている。ラッフルズホテルはその名にちなみ 19 世紀末に作られた。1991 年に大改造されてタワーや商業施設もできた。この改造資金の回収がうまくいかなかった。

Capitaland は Raffles Hotel の経営権を握り、中国では合弁企業の形態で Walmart をテナントとするビルを 20 棟建てている。ホテル業、レジャー業、小売業としてのリスクは専業の業者に任せ、住宅用も含めビル不動産業に特化している。

香港資本新世界グループ（鄭家純）の経営する新世界ホテルは、同グループが不動産開発からホテルマネジメントに参入したこともあり、資金負担にならないようにホテル所有権を自分で持たないことが多い。香港資本マンダリン・オリエンタル・グループ（文華東方酒店）は、タイ最高級ホテルであるオリエンタル・ホテルを持ち、高級ホテルグループをアジアに展開している。資本系

列は香港英国系資本のJardin Masesonである。香港4大英系資本とは、Jardin、Swire Pacific（Cathy Pacificを持っていた）、Hatchison、Weelockを指すが、今では、華僑資本も入っている。

　香港資本のシャングリラホテル・グループは、マレーシア華僑で有名なKuok（郭鶴年、Robert Kuok）groupが支配株主であり続けている。Kuok group（Kelly groupともいう）は、砂糖、製粉、香港テレコム、ドラゴン航空、キャセイ・パシフィック航空を傘下に納めているコングロマリット（多角化経営をする多国籍企業）である。

　このコングロマリットという事業形態は1960年代末米国の通信会社IT&TがSheraton Hotelを持つことで有名になった経営形態である。無関係な業界に参入しておけば、本業が不振になっても、経営は維持できる、またどのような事業でも、バックオフィスに当たる経営トップ、財務経理、人事・労務は共通にできるから、範囲の経済が働くという考えである。他の業界が他国にも発展して行き、多業種にわたる多国籍企業という定義もできた。選択と集中で儲けるという考えからすればおかしい理論である。またポーターのいう儲ける3原則である集中化、差別化、コストリーダーシップとも無関係である。

　経営学には時代の流行がある。IT&Tは1970年代初頭チリにできた社会主義政権アジェンデ政権を潰すための、米国CIAの拠点になったとも言われている。IT&T自体はその後MCIに吸収された。また日本でコングロマリット経営を行った伊藤淳二故カネボウ社長はカネボウ化粧品を育てたがカネボウ食品では失敗した。

第13章

輸送業、通信業

国有企業、サプライ・チェーン・マネジメント、3PL

1. 輸送業

(1) 輸送業の種類

　輸送業は、陸運、海運、空運に分かれる。ここでは旅客運送は扱わず、貨物運送のみを扱う。いわゆる物流、ロジスティックス（OPAの5）と言われるものである。陸運はトラック運送と鉄道運送に分かれる。ロジスティックスは、市場の動向による商品への需要と、生産、仕入れによる在庫の補充の接点となる。適正在庫をいかに維持管理するかがポイントである。欠品が出れば売上機会のロスになり、在庫が多過ぎるとコストが増大する。倉庫維持コストのみならず、仕入代金は支払わねばならない一方で売上代金は入ってこないからである。
　ロジスティックスを生産会社が自社でやることはコストがかかる。そこでロジスティックス専業の輸送業が生まれる。トラックの設備投資は他の輸送手段より小額なので、トラックを自社で所有し自前でロジスティックスをすることも行われる。日本では中小製造業が、中国では国有製造業が自社所有トラックを持つことが多い。しかし自家用トラックでは、行きの仕事はあっても帰りの仕事はない空トラックが走ることになり無駄だし、燃料エネルギーの無駄な消費にもなる。営業トラックなら、帰りの便も探して行きの便を受注するのである。
　他方専業輸送会社に頼む際に、単に輸送のみならず他のロジスティックの仕事も一緒にやってもらうことも考えられてきた。ロジスティックスの仕事には以下のものがある。

表 13-1　日中の輸送業の特色とプレーヤー

		日本の会社	中国
輸送	メインのロジスティックスの業務、滞留させないことが必要	日本通運、ヤマト運輸、佐川急便、西濃運輸、日本郵船、商船三井、JR貨物、日本貨物航空、JAL	全国カバーのトラック会社が少な過ぎる、国有鉄道、中国遠洋運輸、中国海運、航空貨物ではUPS等外資参入で国内航空会社のシェア50%以下に
荷役	荷物の積み降ろし、通関、フォワーダー	日本通運、近鉄エクスプレス、日新、山九	聯運企業が国内複合一貫輸送をする。国際複合運送で近鉄エクスプレスは商船三井と資本提携
包装	荷物の保護	生産会社がやることが多い。	中国発包装木材が不足
流通加工	梱包、値札貼り、ピッキング	日立物流が Family Mart の picking	日本の商社の参入、日通は三菱商事と組んで中国国内物流
保管	倉庫	三菱倉庫、渋沢倉庫	日本の倉庫会社・商社の参入

　アジア諸国では、トラック輸送は外注することが多い。しかし専業トラック会社の多くは中小企業で到着時間に不安定さがあり、古いトラックで過載が当たり前なので、輸送物の損壊等の危険が日本以上に高い。また全国をカバーするトラック会社がないことも問題になる。片道しか使わないのに往復の料金を請求するからだ。そこで日本の陸運会社のアジア進出が盛んになっている。海外進出した日系企業のアジアでの物流網を受託すればよい。日系企業は地場企業の輸送ではQCDSが満たされないと不満だからだ。トヨタ中国は日通に調達した部品の輸送と完成車の国内輸送を委託している。日通が部品製造会社間を回り部品を集めて回るのでミルクランという。日本ではJIT（just in time）のために部品会社の側がトラックを仕立てて自動車組立会社の工場まで運ぶ。中国でトラック輸送の正確性を期すには、自動車組立会社の側でトラックを出した方が良い。日産は、日本では子会社でなくした完成車輸送会社ゼロに、中国では輸送してもらう事にした。ホンダは100%子会社で物流会社を設立した。

　ホンダは全世界同一品質の製品を全世界同一のサービスで提供するという考えを持っている。そのため、それができない分野では、自前での調達、内製

化がキーワードになっているようである。100％子会社による中国物流会社の設立も、外注すると時間の正確性が確保できないことから来ているのだろう。ホンダが経営権を持つ中国のバイク会社新大州では、日本のホンダでは外注している鍛造品の製造を内製することにした。中国地場企業に外注して同一品質のものを作らせるべくサプライヤー・サポートをすると、当該中国地場企業は、その鍛造のノウハウを使って中国地場のバイク企業に鍛造部品を納品し、ライバルに技術が漏洩することになるからである。日本のように系列化が進んでいないことと、日本企業の製造技術をただで、ないし安く導入することは、国益だとの考えが中国地場企業に染み込んでいるからである。ノウハウを持って地場企業に高い給料で自分を売り込み、転職することは、自国の利益にもなると考え、ためらいがない中国人が多い。

中国からの輸出の6割は外資系企業が担っている。国際複合輸送への需要は中国で特に高まっている。アジア・日本で調達した材料・部品を中国の港に持ち込み（海運、空運）、中国の国内にある工場まで運び（陸運、川運）、中国で作った製品を中国の港まで運び（陸運）、日本および世界に出す（海運、空運）ことを一気通貫で行うのである。door to door service である。

中国国内輸送なら複合一貫輸送をしてくれる会社は、荷役会社（フォワーダー）の中にある。聯運企業という。しかし地域限定で中国全土をカバーするネットワークを持っていないので信頼性に乏しい。そこで日系企業の多くは遠くてもトラック輸送をする。典型が山東省にある Denso の子会社で作った自動車部品を広州にあるトヨタ広州に送ってカムリを組み立てる場合だ。トラック輸送と沿海輸送を組み合わせたところ到着時間が不安定で、とてもトヨタの要求する JIT 生産ができない。日に3回、日通中国に頼んでトラックを 2,000km 走らせる事にした。四川トヨタは、2005年から海運と揚子江の川運を使って愛知の田原工場で作っているプラドとコースター用の部品を送ることにした。上海から鉄道を使って送っていたところ、部品が壊れる事が多いからだ。貨車と貨車の連結作業が乱暴なので、積んでいた部品が衝撃で壊れてしまうのである。

(2) 海運会社とコンテナ輸送

アジアでのコンテナ輸送比率は高まっている。国際複合一貫輸送に最適だからである。コンテナ港も増え、世界の海運会社はグループ化して効率的な受注と国際複合一貫輸送を実現しようとしている。海運と空運を中心とする国際輸送業は、アジアでFTAが進むと直接的に潤う産業になる。FTA加盟国間の貿易障壁が撤廃され、貿易が創出されると共に、市場の拡大により生産と流通で規模の経済性と最適立地がなされるため国際輸送が増えるからである。

世界の貨物用船腹の保有量を世界シェアで見ると2002年現在以下のごとくである。この表は船主の本社のある国により分類しており、船の登録地ではない。船舶の登録地は登録料が安く、かつ船主の所属国での海員規制を受けなくてよいようにパナマ船籍にしておくことが多い。便宜置籍船という。日本の船にフィリピン人やインドネシア人が乗れる理由である。日本郵船は2005年フィリピンに海員訓練大学校を作った。日本は海員同盟という労働組合が強く、日本船籍の船には日本人しか乗せてはいけないことで船主と合意している。

表13-2　世界の海運会社

国	合計%	コンテナ船%	有力海運会社	タンカー%	バラ積船%
ギリシャ	19.8	5.6		20.9	9.3
日本	13.9	8.3	日本郵船（NYK）、商船三井（MOL）、川崎汽船（K'Line）	12.2	10.6
ノルウェー	7.9	0.9		11.7	10.8
中国	5.6	5.5	中国遠洋運輸（COSCO）、中国海運	2.0	9.2
米国	5.4	3.8		9.5	2.1
ドイツ	5.4	28.9	ハパク・ロイド、セネター	1.9	8.4
中国香港	4.7	2.0	OOCL	4.3	1.9
韓国	3.4	3.4	現代商船（HMM）、韓進海運	2.4	1.9
台湾	3.1	9.4	Evergreen、ヤンミン	1.1	1.0
シンガポール	2.4	3.9	APL（NOL）	3.3	1.4
世界商船計（百万dwt）	751	75		311.8	80.2

（出典：「2002年中国航運発展報告」を『必携中国物流の基礎知識』p.71が引用）

アジアの海運会社間のみならずアジアのコンテナ港間の荷物取り扱い競争も激しい。香港、シンガポール、釜山、上海、東京の各港で、いかに取扱量を増やそうかとしのぎを削っている。日本の港湾は日本発着品にだけ利用されることが多い。日本の港湾使用料は世界一高いので、十分な実需がない限り寄港するコストが高いからである。シンガポールからロスアンゼルスに直行する海運料金はシンガポールから日本を経由してロスアンゼルスに行く値段の半額程度で済んでいる。釜山のコンテナヤードの1つは民営化されており、現代商船、韓進海運の両海運会社と香港最大の華僑李嘉誠率いる長江実業グループの中核社 Hutchison Whampoa（和記黄埔）の合弁会社によって運営されている。Hutchison Whampoa は香港、釜山のみならずアジアのコンテナヤードの運営に投資している。

中国でもコンテナ能力をアップする港湾開発が急速に進められている。現在の上海港に加えて上海南東の島をコンテナ港にする洋山深水港の能力は2010年には1,500万TEU、2020年には2,500万TEUに達する。既存のコンテナ埠頭を合わせれば、上海は2010年には香港、シンガポールを抜き、世界最大のコンテナ港となる。洋山深水港は陸地から32kmも離れており、その間を世界最長の海上橋「東海大橋」で結ぶ。環黄海経済圏用の唐山の曹妃甸はコンテナ船のみならず30万t級タンカー、25万t級鉱石運搬船を接岸させる計画だ。共に第10、11次5か年計画の重点プロジェクトだが、規模が大き過ぎる。社会主義国中国の計画経済の姿は残っている。キャパシティに見合う稼働率を確保するために、港湾使用料のダンピングが起きるのは必至だろうし、需要、受入港そして支払い外貨があるとして、中国企業が世界中から原油、鉄鉱石を買い付けて輸入し、原油と鉱物の国際商品市況を撹乱させるプレイヤーになるだろう。計画経済にはあっても市場経済には合わない規模の経済の例もある。

(3) 付加価値をつけるロジスティック戦略

物流会社は、中国を中心とするアジアで作った製品を日本に持ち込むフォワーダー業務を発展させて、物流倉庫で、保管のみならず流通加工、包装、ピッキングといった付加価値の高いロジスティック業務ができる。売買の当事

者でない、物流会社に物流業務を任せる（アウトソーシングする）ことを3PL（third party logistics）という。そして、材料部品供給者、生産者、物流業者、販売業者の間で、ITで情報を共有し、在庫を最小にしながら欠品をなくすようにしようとすることをSCM（supply chain management）という。今は物流会社のみならずすべての会社で利用するようになっている。初めはイタリアのアパレル会社Benetonが利用してSCMは有効だと有名になった。消費者の売れ筋を見てから糸染を開始するので、売れ残りがない。その間の糸屋、織屋、全世界の直営店の間をITで結んで売れる商品しか作らない。

　SCMのソフトウェアは欧米企業が独占している。日本企業がSCMで入り込めるのはICタグだろう。日本郵船はシンガポールでICタグ利用のデモンストレーションを2006年に行った。シンガポールのコンテナヤードでの3PLを狙っている。ICタグをモノにつけ、タグ内部の情報を読取装置が無線で読み取れば、モノの情報が識別できる。コンテナにICタグをつければシンガポールでの積み替え時にコンテナの中身を瞬時に把握できるので作業時間が短縮され、かつどこに何がどれだけあるかについて物流会社のみならずメーカーも把握できるので、移動中のコンテナを倉庫代わりにでき在庫を少なくし、コスト削減ができる。どこにいてもコンピューターの支援を受けられる環境をユビキタスというが、ICタグはユビキタス社会の典型的な物流手段になろうとしている。Suicaなど人が携帯する非接触ICカードもICタグと同様、IC情報を無線で認証するRFIDというユビキタス社会のシステムによっている。ただしICタグは共通仕様でなければ国を超えての物流、生産において使い勝手が悪い。日本、ASEAN、中国、インドの官民が共通仕様で合意できるかが、アジアでの生産の優位性を確保できるかのキーとなる。

　携帯電話は日本の仕様が外国にあまり使われなかったので、携帯電話生産において外国勢に遅れを採っている。次世代携帯電話の3Gの採用でも同じ問題が起こっている。薄型テレビのハイビジョンや次世代DVDの規格も同様である。いくら良い製品でも国を超えて使ってもらうには仕様の共通化が欠かせない。そこでは日本のソフトパワーが試される。外国の企業、政府、市民社会から日本が共感を持ってもらえる努力が必要である。軍事力はハードパワーの典型だが経済力もハードパワーと見なされやすい。ハードパワーは横暴とわがま

まを生みやすい。米国と中国は知的財産権の保護につき各々我儘と横暴と言われかねない対応をしている。日本のアニメ、ファッション、音楽、若者文化、日本食がアジア社会に受け入れられているのは、それらの日本のソフトパワーにわがままと横暴がなく、彼らの文化とミックスして「アジアンの世紀」という新しいオリジナリティを生んでいるからだ。ICタグの規格統一でも、そのようなソフトパワーが発揮できるかが勝負の分かれ目である。

(4) DellのBTOモデル

パソコンでHPと並び世界トップシェアを持つデルは、米国で成功した受注生産（BTO、Build to Order）のモデルを、マレーシアのペナンと日本の間でやって成功させている。

Dellのペナンの工場で作るPCは、ソフトウェアは載っていないし、マウスもない。デスクトップ中心の場合はキーボードもない。深夜FEDEXの専用便でマレーシア・ペナンを飛び立ち、朝成田に着く。FEDEXの幕張倉庫でソフトウェア、マウス、キーボードを搭載する。日本企業に発注してあったソフトウエア、台湾企業に発注してあったマウス、キーボードは、ペナンからの飛行機に搭載した台数分しか調達しない。FEDEXは輸送会社だが、倉庫が工場になってPCの最終組立をしているのである。ただちに日本のユーザーの下にFEDEXの国内配送網を使って配送される。

Dellは物流合理化のクロスドッキングをさらに進化させている。クロスドッキングでは、ITで送られてきた事前出荷情報によりJIT入庫を実現する。クロスドッキングとは物流センターに入庫した商品は、格納、保管することなく、直接仕分けされ、積み込み出荷されてしまう仕組みをいう。このような、必要な商品を必要な場所に必要なときに必要な量だけ最も効率的な方法で供給する手法をECR（efficient consumer response）という。ECRの典型はWal-martのようなdiscount storeのロジスティック戦略だが、クロス・ドッキングもその一種である。

在庫の三悪と言う言葉がある。過剰在庫、不動在庫そして欠品である。クロスドッキングは在庫の三悪をなくす典型例である。在庫管理はロジスティックスの真骨頂で、輸送業が活躍できる場でもある。

アジアでは過剰在庫は小売りの下に多く発生し、不動在庫は製造メーカーの下で多く発生している。共に市場が見えないからである。小売は多く仕入れればリベートを多く取れるとして、市場で必要になっている以上に仕入れがちである。日本の場合、小売の倉庫スペースは地価コストが高いので狭く、少量在庫しか抱えないようになっている。アジアではそのようなことはない。他方、製造メーカーは、1回のロットで生産する量を多く取りがちである。次のロット生産をするためにかかる手間と時間が長過ぎるからである。現地工員は金型の交換と調整ができないのである。日本なら2時間でできるものを、マレーシアやインドネシアでは2日かかる。1回に作るロットが多ければ、売れなくなったタイミングに合わせて生産ロットを減らす事が間に合わないので、不動在庫が増える。地場の小売業が出したリベート狙いの過大注文を前提に、生産計画を立てていることにも不動在庫の理由はある。

2. 中国国内ロジスティックスのリスクと防止策

中国でミルクランをするのはトヨタだけではなくなった。キャノン蘇州も部品を自ら巡回して集荷するミルクランを始めた。18の巡回ルートを1日40便出して111の工場を回っている。日通の現地子会社を物流会社に指定してきめ細かいサービスも日本並みにさせることにした。部品会社が中国の物流企業に頼んで組立工場に持ってきてもらうシステムを使ったら、時間は滅茶苦茶、運んだ部品も滅茶苦茶になることが多いからだ。中国人運転手は監督していないと、積荷の上げ下ろし運送中の商品の扱いが雑である。過重積荷は当たり前の社会だから、荷崩も多い。

旭硝子は自動車用安全ガラスを中国6か所の配送中継所を使って日々の注文に合わせた即納体制が取れるようになった。日本での競争相手は資金力がなくても、中国では資金力、技術力そして営業力さえあるフランスのサンゴバンなどと競争しなくてはならない。インドでは旭硝子インディアの圧倒的なシェアにサンゴバン・インディアが急接近してきている。物流が勝負を分けかねないのである。

地場物流会社を使って長距離輸送をすると盗難が起こる。ネスレ中国は自

社製品を混載して発送する際に高額商品を一番奥に積み込んだ。盗難は大幅に減った。ダノン中国はアイスクリームの国内販売で、自社の冷凍倉庫、卸売りの冷凍車、代理店の冷蔵庫を効果的に使った輸送システムを整理して各々に責任を持たせ、田舎にもアイスクリームの販売網を作るのに成功した。中国でのアウトソーシング物流は、商品の扱いへの無責任さをいかに少なくするかにかかっている。

3. 通信業

通信業は、電気通信業と呼ばれる。もとは放送業とのつながりが強く国有企業であることが多かったが、現在は民営化が進んでいる。国有企業なので経営の効率化が図れないとは民営化の論議をするときに必ず言われる言葉だが、通信業の場合は、経営の効率化より、多様な通信がでてきたので、国有資本だけでは対応しきれなくなったと言った方が良い。日本のNTTの民営化が典型である。長距離電話、衛星通信、携帯電話、マルチメディア、ブロードバンドといった通信の新しい技術に対応するには、民間資本との民間技術、そして民間の販売力競争が必要なのである。

アジアの通信業は、外国資本に電話通信業を乗っ取られないで済んでいる。ラテンアメリカ諸国の電話会社は、チリ、アルゼンチン等、欧州資本の傘下に入っている。固定電話によるユニバーサル・サービスがアジアではいまだ完成していない段階での民営化なので、投資額が大きすぎて全面的に民営化できなかった。

電話会社の民営化の入札は、アジアでは既存の国有持分を買うだけでは収まらず、新規投資にどれだけコミットするかが受注の決め手となる。タイ、インドの民営化では特定地域の特定回線のみ民営化入札にかけるということが行われた。いわば利権を売るやり方である。1990年代央に行われたインドのある州での応札金額はあまりに高くなり、日本グループはNTT・伊藤忠で組んで応札したが、買いきれず失敗した。そのため電話網敷設の事業があると見込んで合弁会社をインドに作った富士通は開店休業状況になったという例がある。

タイの通信民営化に際し、固定電話回線、長距離電話、IP電話に参入したの

は、電話敷設会社 Jasmine International である。Jasmine は衛星通信から海底電線敷設運営まで幅広く通信事業に参入している。その子会社 TT&T も上場させて、150万回線の固定電話網の運営資金を得ている。

Jasmine International の多角化戦略は、アンゾフの多角化戦略のいう垂直的多角化だといえる。巨額の設備投資資金借入の返済に失敗し、2002年会社更生法の適用を受けて再建中である。

表 13-3　アンゾフの多角化戦略

	新製品	新製品
	技術関連で新しい製品	マーケティング関連で新しい製品
同タイプの新市場	水平的多角化	水平的多角化
自分が顧客の新市場	垂直的多角化	垂直的多角化
似たタイプの新市場	同心円的多角化	同心円的多角化
新しいタイプの新市場	同心円的多角化	コングロマリット型多角化

アジアの通信業のプレーヤーを以下に挙げる。上場するのは、通信業が利権産業であることと技術革新が速く資金調達が必要な事と、国内外の投資家に注目されやすく、かつアジア諸国の政府が自国の権益に関わるとして外資による買収を認めないからである。政府の法令がない場合、会社の定款で外資の持分規制を欠いてある場合が多い。

ラオスの国際電話はタイ前首相タクシンが 2006年まで所有していたタイの電話会社 Shin Corporation の子会社が受け持っている。人口が400万人では規模の経済が働かないのだろう。国内電話もタイ資本に任せたところ、タイ社が倒産し、大問題となった。ラオスの資産である通信設備が債権者に押さえられる可能性があった。ラオス政府がラオス子会社に融資して差し押さえられないようにした。

アジアはどこの国でも携帯電話事業会社がシェア争いに参入している。携帯電話の普及率が20%と小さく大きな市場が見込まれる中国では中国移動通信（China Mobile、Bird）、中国聯通（China Unicom）、TCL Mobile の争いが激しい。固定電話の国有企業中国電信も、PHS 携帯電話では最大手である。

表 13-4 アジアの通信会社

国地域	通信会社名	所有
香港	Hong Kong Telecom	民間、Kuok Group（Malaysia 華僑だが香港資本ともいえる）、上場会社
インドネシア	Pruntel（PT Telecom）	国有、固定電話
インドネシア	PT.Indosat	民間、衛星通信、上場会社、Soeharto 元大統領の子が設立、97 年危機で経営権手離す
韓国	Korea Telecom	国営、上場会社
マレーシア	Telecom Malaysia	国有
マレーシア	Multi Media Development	国有
フィリピン	Smart Communications	民間
シンガポール	Singapore Telecom（SingTel）	国営、上場会社
タイ	TOT	国有
タイ	Communications Authority of Thailand	国有
タイ	TT&T	民間、上場会社
タイ	Shin Corp	民間、上場会社、AIS の携帯サービスは国内一位、タクシン首相が育てた会社
ベトナム	DGPT	国有
インド	DOT	政府一部局、地方国内通信
インド	MTNL	国有、Delhi、Mumbai の国内電話
インド	Videsh Sanchar Nigam Ltd	国有、国際電話
中国	中国電信（China Telecom）	国営だが上場会社、固定電話（市内、国内長距離と国際）、ブロードバンドに強い、PHS（小霊通）の携帯電話
中国	中国移動通信（China Mobile）	携帯電話世界一（2004 年 1.3 億人の加入者、GSM 方式で断然強い）
中国	中国聯通（China Unicom）	固定、長距離中心、携帯電話では世界第 3 位（1 億人の加入者、CDMA 方式にも強い）
中国	中国網絡通信（China Netcom）	固定電話 2 位、PCCW に 10% 出資（2005 年）
香港	PCCW	Hatchison Wampoa group（李嘉誠の次男李沢楷 Richard）だが、通信メディア資産を豪州銀行 Macquarie Bank に売却

アジアはどこの国でも携帯電話事業会社がシェア争いをしている。携帯電話の普及率はアジア各国で大きく異なる。2003年の数値で見ると、台湾と香港は110％、シンガポールは英国、ドイツ並みの80％、日本、韓国はフランスと同等の70％、マレーシアと米国は50％、タイはブラジル並みで30％、中国、フィリピンは20％、ロシアは10％、インドネシア、インドは5％である。タイの携帯電話のシェアの65％は、2006年9月クーデターで失脚した前首相であるタクシンが設立したShin Corporationの子会社Advanced Information Serviceが占めている。

タクシン前首相は、政治資金を作るために、2006年1月23日、シンガポールの国有持株会社Temasekに一族の持つShin Corporationの全持分を売った。ミャンマーの通信網事業の利権を政治がらみで取って、タイ政府の公的資金をつけたとの、国内野党からの批判に対応したとも言われている。タイ憲法には上院に汚職不正委員会があり、タクシンが首相になった際、憲法違反だと問題になった。首相は会社役職から退き同委員会は憲法違反でないと示した。

携帯電話の需要がタイでさらに伸びるのに、なぜ外国会社に勝手に売って、首相とその一族を儲けさせるのか、通信業は国有ないし地場資本が通信業をすることにしないと国益に反する場合がある。それにもかかわらず首相が突然外国企業による支配株式取得を認め、その2日後に外資に売ったのは、公器の私物化だというのが、反タクシン運動の言い分である。反タクシン派には携帯電話利用者となっている都市新興中間層、いわゆるアジアンの世紀の消費者が多い。彼らは、電話料金には公共財的性格があるのに、自分たちの支払う電話料金が勝手に外資に決められてしまうのはおかしい、と考える。

携帯電話の電子部品の産業クラスターである華南地域からの、全世界への輸出がまだまだ伸びることは確実だろう。アジアンの世紀が携帯電話需要増に寄与している。香港の通信メディア会社PCCWは、香港最大財閥Hatchison Wampoaが2000年に280億ドルで買収した。2005年中国第2位の固定電話会社China Netcomが10億ドルで20％の持分を持った。両社の戦略提携で杭州・寧波のブロードバンド事業と北京の不動産事業が可能になった。しかし業績は低迷を続け、2006年7月現在、豪州銀行Macquarie Bankに70〜80億ドルで売却することで話がつきそうである。PCCWの株式時価総額は45億ド

ルで、通信メディアは売上げの 70% を占め、複合施設サイバーポートの運営といった不動産事業が残りの売上げを占める。Macquarie Bank にしてみれば PCCW の負債は引き受けないにせよ、高い買い物である。Macquarie Bank は、通信メディアは公益事業として安定的な収入が見込めるとして、年金基金などの機関投資家を対象に資金を募集する fund に PCCW の買収資産を組み入れる予定である。同銀行は fund managers として手数料を得て、かつ PCCW 資産を別途 IPO すれば fund 投資家は上場益が得られ、同銀行はコンサルタント料が得られる目論見である。

　アジアの通信事業はそのような投資対象となっている。Softbank の 1.9 兆円による Bodaphone Japan の買収もその一環である。Softbank のアドバイザーフィーは買収額の 0.5-1% で欧米より安いと報道された。安い分だけ買収資金調達の金利が高いのだろう。アドバイザーは Softbank の場合、ドイツ証券、みずほ証券、Goldman Sachs、日興 Citi 証券である。

# 第14章

商社、金融業

原材料の開発輸入、垂直統合、アジア新興中間層、金融アンバンドリング、アジアのベンチャー企業とベンチャー・キャピタル

1. 商社

　総合商社は日本の産業に特殊なB2B産業である。日本の総合商社をまねた三星総合商社が韓国にあるくらいである。総合商社の場合、取扱商品が多く、その機能が多岐にわたっており、それを総合して企業価値を高めている。その基本機能として、取引、在庫、情報、金融の各機能があり、それを有機的に組み合わせている。基本機能を果たしていく中で、やって欲しいとされてやり始めた付帯機能として、資源開発、オーガナイズ、新事業展開の機能がある。ある特定の業種における商社は日本では専門商社というがアジアにも数多くあるB2B産業である。

　アジア・ビジネスで、重要なのは、取引と海外情報を通した商社の金融機能と商社のオーガナイズ機能だろう。日本の事業会社がアジアで取引をする場合、自らの力だけで取引先を探せない際に、商社から情報を取る。現地に生産子会社を作りたい場合、現地パートナーを紹介してもらい、出資してもらい、場合によっては現地子会社に融資してもらう金融会社にもなる。またプラントを輸出する場合、コンソーシアムと金融を組織し、下請け企業を内外で探してくれる。手数料を払うことでやってくれる場合もあるし、配当、融資金利で対価を期待する場合、輸出取引ないし輸入取引を任すことで、協力が得られることも多い。伊藤忠は中国だけで150社の株主となって経営に参画している。証券投資と言われる外国間接投資ではなくて、10%以上の出資持分を持って現

地会社の経営に参画する外国直接投資である。

　商社取引は多数の商品を大量に扱うところにポイントがある。B2Bを得意とし、B2Cは得意ではない。手数料が薄く、社員が少ないために、儲けるためには、B2Bしかないのである。資源開発という名の素材を扱うサービス事業が大量扱いの典型である。開発した天然資源を、市場価格を参考にして特定顧客に出す場合が多い。国際商品市況という市場取引により決まった市場価格を目安にした相対取引なのである。「市場価格を参考にした」部分が商社のノウハウである。KFCJapanやローソンはB2C企業であるが、総合商社三菱商事が支配株主になっている。B2C企業に商品を大量に供給できるところに旨みがある。

　地球温暖化に関する京都議定書でCO_2排出権の市場取引が可能になったことにより、商社の環境ビジネスが盛んになった。排出権を市場価格で日本のCO_2排出削減で悩む電力会社や鉄鋼等の素材企業に売れる。アジアには中国、インドなどCO_2排出量が伸びる国が多い。これらの国の企業に排出削減の技術支援や資金援助をして、排出権を買うというCDM（clean development mechanism）が典型である。世界銀行によると、2006年3月までの15か月間に取引が成立した温暖ガス排出枠は4.5億tで、中国がその66%の売り手となり、日本がその38%の買い手となっている。中国は京都議定書に加盟していないから自らはCO_2削減義務を負わない。しかしCO_2削減義務のある国の企業に排出権を売れる。三井物産が行っている四川省の炭鉱会社に石炭発電所建設を提案し排出権を得るようなビジネスが典型である。日本の環境技術・環境機器の売り込みもでき、市場取引と大量取引で儲ける商社に最適の商売である。

　アジアの財閥との関係を直接投資に生かすことも多い。三菱商事は、フィリピンのCojuanco、Ayala、台湾の統一食品、タイのSiam Cement、インドネシアのRodamasと事業をすることが多い。三井物産はタイのバンコク銀行（BBL）、マレーシア・香港のKuok、豪州のBHPとの事業が多い。伊藤忠はインドネシア・香港のSinar Mas、China Strategy、シンガポールのHong Leong、タイのSaha Pattanaと関係が深い。丸紅は香港のHutchison Whampoa、インドネシアのSalimと事業をすることが多い。双日はシンガポールのMetro、インドのTataとの事業がある。彼らアジア財閥グループに

ついての情報を一番持っているのは彼ら総合商社だろう。

　今後中国では、物流の仕事がより重要になるだろう。中国国内でQCDSをきちんとやれる地場企業がなく、中国全土をカバーする地場物流会社が少ないからだ。日系企業に出資して、その企業の輸出入取引のみならず、国内物流を担当する。総合商社は、銀行との関係も深く、売り上げが多く、信用力があるので、無担保信用枠を多く持っている。そのために安く借りられた資金を利用して、信用力の低い日本の会社の事業に参加して、その会社に必要資金を貸すのが、いわゆる商社金融である。現在は情報産業への進出で、商社の金融能力はそれほど注目されないことが多いが、情報産業は日本国内のみなのに対し、商社金融は全世界で行えるので、まだまだ伸びは期待できる。情報収集力と分析力があるので、プレミアム分をどの程度乗せて融資すれば事業がうまくいくのかについては、銀行よりもノウハウがある。

　アジアでの工業団地開発も商社の総合力の発揮できるところである。自らの信用力で安く開発費用を調達し、情報力とネットワークで日本の顧客を探し、貿易取引で進出企業の貿易取引を一手に扱うのである。環境ビジネスやCO_2排出取引権の売買といった事業も同様な事業会社を組織できる力による。

　商社のオルガナイザー機能の典型的な例が、民活インフラ事業であるBOT事業である。建設して（build）、運営して（operate）、投資回収をしたら現地政府にインフラの運営権と所有権を移転するのである（transfer）。発電所、水道事業、海底トンネル、高速道路、などのインフラ事業が多い。インフラとはインフラストラクチャーの訳語で社会資本と言われるが、このような公共施設のことである。まず自らが出資者となって現地に外資系企業を作り、建設業者と発電所を作らせ、石炭などの発電材料を山もとから長期で調達する契約を結び、先進国の発電所運営会社を雇って運営してもらい、発電した電気を現地国有電力会社に長期にわたり買ってもらう。長期販売代金と発電施設を担保に国際的な銀行が融資を受けて、その資金で建設会社に建設代金を支払い、利払い資金は売電代金から支払う。事故で発電所が動かなくなっても赤字が出ないように契約で相手方を縛らねばならない。保険契約のカバー範囲には限度がある。電力会社が安い電力が別に調達できたからと、買わなくなっても事業が破綻しないように、テイクオアペイ条項を長期電力販売契約に入れておく。

まさにノウハウの塊である。商社が優秀で信頼できる人材を取るのは、これら商社の総合力を発揮できる実践能力が必要だからである。物的資産ではなく人的資産が商社の暖簾、goodwill なのである。

2. 金融業

(1) 金融取引と金融業の特色

　金融取引とは資金の調達・運用、ポートフォリオマネジメントや各種のリスク管理に伴うニーズを背景とした、様々な金融資産・負債あるいはそれらに関連した権利・義務の取引をいう。これらの金融取引に関連した証券類や契約が一個の商品として取引される場を金融市場（financial market）という。

　金融市場での取引は本来市場取引のみを言うが、相対取引をも広義の市場取引として扱うことも行われる。市場取引では不特定多数の参加者が取引を行うのに対して、相対取引は預金や銀行貸出のように1対1で取引が行われる。相対取引は市場取引に対する用語なので広義の市場取引の中で扱われる相対取引は相対型取引というのが適切だと思われる。

　資本市場（capital market）と呼ばれるものは、金融市場のうちの長期金融市場にあたる株式市場（equity market）と債券市場（bond market）をまとめて言う場合の用語である。資本市場は証券市場とも呼ばれる。証券は有価証券のことで株式と債券が典型であり、譲渡自由が原則であるので市場取引がしやすい。他方預金取引や銀行貸出は取引条件のバラエティがあり過ぎるため市場取引に乗りにくく相対取引が多くなる。融資先や預金先が勝手に変更されてしまっては取引先が困るために個々の取引条件で債権・債務の譲渡制限をする。

　資本市場には発行市場と流通市場がある。発行市場（primary market）とは、株式の増資と債券の発行が典型で新たに発行される有価証券の募集が行われる市場を言う。具体的には証券業者が underwriter となって発行者と投資家（応募者）の間に立ち、有価証券の円滑な発行に必要な業務をする。投資家が50人以上の不特定多数の場合公募発行と呼び、発行される証券の内容と発行体の概要・実績を記載した目論見書（prospectus）を応募候補者に手

交する。他方投資家の数が50人未満の場合には、私募発行といって目論書は不要である。流通市場（secondary market）ではすでに発行された有価証券が売買される。

証券取引所で行われる取引所取引と、証券会社の店頭で行われる店頭取引に分かれる。取引所に上場された証券は数多くの売り手と買い手が交錯した上で取引されるために大量処理に適しており、株式発行額が多い企業や、債券発行額が多くても売買の流動性が高い有名企業の証券取引に向いている。他方、店頭に登録された証券には流動性が低い証券が多く、投機的な取引もなされやすいために、投資家は危険なことを承知で取引するという旨の念書を提出してから取引を開始する。売買される量が少ないために、売り気配、買い気配のみが示されて現実には取引が成立しない場合も多い。したがって店頭登録会社には新規に設立されて間もない企業が多く、店頭取引を目指して発行市場で株式を公開する手段が、venture 企業の出口として使われている。

店頭取引は取引所取引と同様に効率的である。不動産仲介が店頭取引で行われるのは、不動産を売買したい人は不動産のある土地にいる不動産業者を訪れるのが効率的だからである。他方、中古自動車の仲介はオークションという場、つまり取引所取引で行われた方が良い出物が多いので、ロジスティック費用を支払っても売買当事者は満足を得る。取引所取引といっても現実の建物の場がなくてもよい。仮想の場、電話、パソコン上でも取引所取引はできる。外国為替市場や金融派生商品市場の取引は、取引所取引だが特定の取引の建物はない。

金融派生商品のことはディリバティブと言うために、金融派生商品市場はディリバティブ市場とも呼ばれる。本来外国為替市場および相対取引である貸出取引のリスクヘッジ策として発展してきたが、市場での出合いの数が少ないために投機的になりやすく、投機的な金融取引を行いたいヘッジファンドのような専門的投資家も生まれている。

(2) **企業の業務過程と金融**

企業は業務過程で金融を使う。企業は必要資金を調達し、余裕資金を運用するために金融を利用する。必要資金の調達は銀行から借り入れをするか（相対

取引)、資本市場で債券を発行するか株式を発行して行う（市場取引)。余裕資金を運用するために銀行に預金をするか（相対取引)、社債や株式を買ったりする（市場取引)。必要外貨を調達したり運用する場合は、銀行経由外国為替市場で売買する。必要資金のリスクをヘッジするのも資金の運用だとすれば、金融派生商品市場を使う。金融派生商品の取引では、市場取引のみならず、相対型取引、相対取引も行われている。特殊なヘッジが必要な場合市場が成立せず、相対取引先を探さねばならないことが多いからである。

　筆者の言うOPAを再度思い出して欲しい。企業の業務過程と企業が提供する財・サービスが流れて行くフロントオフィスとこのフロントオフィスをバックアップするバックオフィスに分かれる。フロントオフィスには、①商品開発、②研究開発、③調達、④生産、⑤ロジスティックス、⑥販売、⑦アフターサービス、⑧リサイクリングがある。金融はこの業務過程に入らない業務である、⑩経営企画、⑪財務経理、⑫人事労務の内の財務経理部門の財務が担当する。資金調達が必要になるのは、主に、②研究開発、③調達、④生産、⑤販売である。

　②研究開発では人件費と試験研究設備が2～3年のスパンで必要になり、担保は出しにくいので銀行取引は行いにくく、内部留保より行うのが普通である。電気自動車・水素自動車の開発や大規模な新薬の開発といった大規模な研究開発費が必要な場合、既存の大企業同士が合併することがある。両社の内部留保資金を効率的に使おう、つまり同じ研究手法で人材・資金・時間を2箇所でやるのは無駄だからである。しかし、創業間もない企業の場合、研究開発資金の外部調達が必要になることが多い。この場合に株式発行をして投資家より資金を調達することが多い。資本市場のうち株式発行市場を使っている。

　③調達、⑤販売では大量購買費用、試作品発注費用、販売拠点設置費用、製品在庫費用、売掛金と買掛金の期間の差による運転資金、セールスマンの人件費が必要になる。調達は買掛金として負債に建て、販売代金は売掛金として資産に建てるのが普通の会社では、生産にかかる期間が3か月とすれば6か月程度の運転資金を常時抱えておく必要があるので、銀行借り入れで賄うことが多い。東谷暁『金融庁が中小企業を潰す』（2000年、草思社）という本は、この運転資金の貸し渋り、貸し剥がしを金融機関が行うことを日本政府の金融庁が

指導していることを告発した本である。それにより中小企業向け融資マニュアルが2001年緩和された。販売拠点の設置は製造業では運転資金で賄えるが、販売拠点を自社ビルにしたり、4,000m²以上の店舗スペースが必要な大型小売店の場合には、設備投資資金が必要になり、その資金は銀行取引による借入か、債券・株式発行による資本市場の利用が考えられる。

④生産では、製造設備の購入設置、工場の建設が必要になる場合には設備投資資金の調達として長期資金が必要になるために、銀行借入ないし債券・株式発行といった資本市場の利用が考えられる。銀行借入という相対取引がよいのか資本市場での資金調達という市場取引がよいかの選択は、市場の環境、金融政策、銀行の性格、事業の情報公開の度合いにより変わってくる。銀行のオーバーボロイングや政策的な低金利を許す経済発展型の金融政策が採られる場合には、相対取引の銀行借入が利用される。アジア開発途上国ではインドを除き資本市場より銀行借入が好まれるのは政策的な金融が多いからである。

先進国経済では事業の情報公開度が高いほど投資家が集まりやすく、資金調達がしやすいことから、資本市場が使われることが多い。債券発行が好まれるか株式発行が好まれるかは市場による。固定金利で返さねばならない債券の方が好まれるのは、発行体の信用度を示す格付けが得られやすく、大量な資金調達が必要な大企業の場合である。株式は発行されても配当は確定的でないために、利益が上がれば配当するというハイリスクハイリターンの投資家が多い社会では、株式発行が好まれる。アジア諸国にある資本市場のほとんどが株式市場であるのは、それらがハイリスクハイリターンの市場だからだ。国内投資家の投機取引と外国機関投資家のポートフォリオ投資による海外投機も狙われている。

アジア特有の債券市場としては発行地不明のユーロドル債券市場、ユーロ円債券市場があった。格付けも目論書による情報公開も不要なために、インドネシア、タイ、マレーシアの現地財閥系企業の資金調達手段としてアジア危機直前まで利用されていた。国籍不明といっても実際にはシンガポールで取引されることが多いが、債券登録が不要な債券であり、欧州にあるユーロドル債券市場のアジア版である。登録が不要ということは、発行者は、登録地の証券取引所の要求する情報公開をしなくてもよいということである。そこがアジア企業

に好まれた。アジア危機以後は、ユーロドル債市場はアジアになくなった。しかし、それに代わるアジアの証券取引所に登録されて取引される債券の発行は盛んでない。あまりの低調さに、日本政府は日系アジア企業に債券を発行してもらうことまで行っている。JBICが保証するのである。そこまでしてアジア債券市場を育成したいのだが、「笛吹けど踊らず」である。債券市場の良さは、融資と異なり、投資家は投資した債券を満期まで持たずに、いつでも現金が欲しいときに、債券市場で売ることができる点である。銀行の融資債権を売るのは、それが相対取引であるために、譲渡制限や担保などの条件がついており、困難な事が多い。

　ただし、ハイリスク・ハイリターンの債券市場が発達している米国のような国もある。またインドでは銀行活動への規制が大きく、銀行は資産の25％を強制的に中小企業に対して金融をすることを強いられるために、銀行は資産を増やしにくく、そのために株式市場のみならず私募債市場が発達している。私募債は金融機関が引き受けることが多く流通市場はあまり発達していないために相対的取引が行われている。

(3) アジアの金融機関

　アジアの金融機関を概観してみる。国により金融機関と事業会社の力関係は異なっている。金融機関と事業会社という分け方をするのは、金融仲介をするのが金融機関であり、信用創造をするからである。事業会社資金調達をする際に、株式市場で株式発行ないし社債を発行するという直接金融のやり方と、銀行から借り入れるという間接金融のやり方の2つがある。銀行に預金を預けて銀行が融資者に貸すから、間接金融と言う。

　アジア諸国はどこも間接金融が盛んである。貯蓄率が高いからというより、事業会社が直接金融で必要な企業の情報公開を好まないからだといった方が良い。ホリエモンではないが、「外に出さないで済むのなら出すな」である。ファミリー経営の実態が判るのが嫌だということと、金融機関への説明ならしやすい、ということが理由になっている。

　金融機関を事業会社が所有することができる、インドネシアやフィリピンという国がある。事業会社のトップがグループの銀行のトップに、自分の事業に

貸せという。貸さなければ首だと言われれば貸さざるを得ない。フィリピンは1980年代初頭この繰り返しで、国家自体が債務危機に陥った。国有銀行の資金をマルコス元大統領は自分の事業につぎ込んだ。同じ事を、彼の取り巻き（crony）もまた行った。自分の所有する銀行を幹事行にして、国有銀行の資金を導入した。事業を査定する幹事行のトップはグループのトップの子分だから、審査は甘く、融資が出る。1998年スハルト元大統領が退陣するまでのインドネシアも同じだった。5大国有商業銀行の資金が食い物になった。

フィリピンはIMFの指導で、crony capitalismが批判され、グループトップであってもグループ内の銀行から資金を借りるときには、厳しい審査が必要ということになった。良い案件はそうはないから、財閥グループは事業資金を得られることがないために、フィリピン経済は発展しなかった面もある。

現在、インドネシアでは5大国有商業銀行はすべて経営破綻し、多くの民間銀行も破綻した。今、彼らは資金の融資については個人向け住宅ローンと消費者ローンに注力し、企業向け事業向けローンについては慎重である。企業の情報公開が進まないのに対して、個人の資産は情報公開しなくても明白で差し押さえもしやすいから貸すのである。

タイは事業会社の財閥と金融会社の財閥が分かれている。だからグループ総帥がグループ銀行から安易に融資を引き出すことはできない。しかし審査は決して厳しくない。華僑資本ならではの、トップを信用しての融資が多いからだ。4大民間商業銀行が財閥グループとなって、事業会社のグループと事業ごとにトップの顔を見ながら融資を行っている。1993年のバンコク外国金融市場（BIBF）ができたのをきっかけに金融が極端に緩み始めた。外銀と国内銀行が、バンコク市場で外貨を自由に調達できるためには、タイ国内にどれだけ融資したかで決まるという政策を中央銀行が採ったからである。金融自由化の進め方を間違えたと言われている。

韓国もまた財閥（チェボル）はグループ内に銀行を所有してはならないと規定している国だった。しかし財閥には海外での起債も海外からの直接借り入れも認めないという、資本の自由化を遅らせる政策を採っていた。政府主導の輸出指向型産業を育てるためには、金融で縛るのが都合良かった。財閥は政府主導により国内銀行から借り入れた。政府は韓国の銀行が外国から資金を借り入

れるのをチェックすればよかった。そのチェックが利かなかったので、アジア通貨危機に巻き込まれた。韓国では政府の力が強く、タイでは弱い。

中国やベトナムは国家セクターが強い。そのことは金融にどのように影響を与えているかと考えることが必要である。このような国における違いを理解するのが本書の目的である。以下は、金融におけるアジア諸国の国のかたちを示す、筆者の行っている「アジア金融市場」の英語の講義録の一部である。日本語より英語で示した方が判りやすい。

表14-1　金融の所有者別、国別の国のかたち

Each Asian country can be classified below. Points are (i) relation between private companies and private banks, and (ii) relation between company sector and state sector.

	Indonesia	Thailand	Malaysia	Philippines	Singapore	Vietnam
Local Company sectors (LC)	Middle (Private, SOE)	Middle (private)	Middle (SOE, private)	Middle (private)	Middle (SOE, private)	Small (SOE)
Local Private banks	Small (owned by LC)	Middle (Big 4)	Small (PublicB)	Small	Big (UOB)	Small
State owned (relating) banks	Big (Bank Mandili)	Middle (KTB, IFCT, BCCI)	Big (Maybank, BBP)	Small	Big (DBS)	Big (VietcomB, IncomB, BID)
FDI companies	Middle	Middle	Small	Small	Big	Middle
Foreign banks	Middle (CitiB, BTM, ABN)	Middle (BTM, Mizuho)	Small (Labuan, BTM)	Small	Big (many)	Small (CitiB, BTM, ANZ)
Non banks	Small	Middle (credit company)	Small	Small	Middle (Temasek-SOE)	Small
Security houses	Small	Small	Small	Small	Big (many FDI)	S (SOE)
Insurance houses	Small (FDI, SOE)	Small	Small	Small	Small	Middle (SOE)

表 14-2 アジア諸国の国のかたちと金融

	China	Hong Kong	Taiwan	India	Korea	Japan
Local company sectors	Middle (SOE)	Big	Big	Big	Big	Big
Local private banks	Small	Middle (BEA)	Small	Small	Middle	Big
State owned (relating) Banks	Big (Big4, BC, PCB, PAB, ICB)	None	Small	Big (SBI, SDBI)	Small	Middle (Post office, SMEB)
FDI companies	Middle	Big	Middle	Middle	Small	Small
FDI banks	Small	Big (HSBC)	Small	Small (CitiB, Schartered)	Middle (M&A)	Small
Non banks	Middle (Citic)	Big	Small	Big (UTI, UT)	Middle	Middle
Security houses	Small (SOE Bank)	Small	Small	Middle	Middle	Middle
Insurance houses	Middle (SOE)	Small	Big (life insurance)	Small	Middle	Big

表 14-3 アジアの銀行の所有パターン

Asian special character is indirect finance is a main funding source to companies sector. Only in India, its direct finance only has equivalent power to its indirect finance. Companies debentures are rather new in Asia.

Relation	Countries
Banks are independent to companies.	China, Vietnam, Thailand, India, Korea, Malaysia, HK, Singapore, Taiwan
Private companies have their private banks.	Indonesia, Philippines
Private companies have close relation to Private banks	Japan
State sector has strong power through state owned banks.	Vietnam, China, Laos, India, Myanmar, Malaysia, Singapov

(4) 銀行、クレジット会社、リース会社、ベンチャーキャピタル、証券会社

銀行、クレジット会社、リース会社、Venture Capital、証券会社の順に、相対取引が多い取引を扱う業種から、市場取引の多い取引を扱う業種になる。しかし、現在は金融アンバンドリングの時代である。相対取引の商品をまとめて証券化して資本市場で売るのである。そうすれば、期間にこだわらずに取引ができる。預金や融資では満期まで資金の元本の取引はないが、証券化すれば、いつでも投資資金の回収の機会はある。

アジアでの企業向け銀行融資は1年未満の満期の契約がほとんどである。運転資金の借り入れなら1年で十分だが、設備投資の資金の借り入れでは減価償却期間が4〜10年あるので、1年の融資では期間がマッチングしない。しかしアジアの地場企業は情報開示が少ないので、長期貸付ができない。1年満期なら、満期が到来したごとに借入人の状況を見直せる。危ない情報があれば、次の融資をストップすればよい。危ない情報がなければ次の1年、新規に貸せばよい。このような融資の仕方を roll over（借り換え）という。情報の非対称性がアジアの融資では大きい。

しかし借り換えでは、満期到来前に危なくなった場合に、返してくれとは言えない。他方、証券化した融資債権を買えば、危ないとの噂で市場が反応するから、証券の価値が下がる。たとえ企業情報の公開度が低くても噂で市場価格が動くのである。その噂を信ずる投資家は証券を売ればよい。

そのような証券化された債券（ABS, Asset Bached Security）を発行する主体（organizer）は、資金を増資で集めたり、銀行から借りないでも、証券化した債権を市場で売ることで新規資金を得ることができる。クレジット会社はクレジット債権を、リース会社はリース債権を証券化する。不動産収益を配当にすればよいとして、不動産投資信託（REIT）をアジアで組成し現地証券市場に上場する機会も増えてきた。アジアで証券会社はこのような証券化ビジネスをも手がけられる。内外証券会社証券化ビジネスでアジアに進出しようとしている。

アジアの銀行は個人向け金融を増やそうとしている。金融商品としては住宅ローン、車やバイクのローン、消費者ローン、クレジットカードサービスである。アジアの企業の多くは情報開示しないが、アジアンの世紀のアジアに生

まれている新中間層の人たちについての財務情報は得やすい。たとえ本人が申告しなくても得る手段があるし、返済不能になる可能性も企業向けに比して少ない。double income two kids の家族であれば、どこに勤務しているか、子供が何歳かで大体所得の見当はつく。彼らは消費意欲が強いが堅実な人生設計をするので、家を手放すような事態にならないように、返済をしっかりしてくれる。特にクレジットカードの決済口座のある銀行になれば、消費状況、資産状況が手取り足取り判るので、銀行はクレジットカードの発行に躍起になっている。タイの銀行およびクレジットカード会社のクレジットカードの販売促進キャンペーンの例である。

　個人向けの住宅ローンやクレジット債権・消費者ローンは、企業向け債権以上に証券化がしやすい融資債権である。証券化には、まず、債権をなるべく同質のものにし、複雑な取引にしない（財務制限条項や担保条件）ようにして、ある程度の債権の量を確保する。次に、貸し倒れ率と債券市場の地合いを考えて、どの程度の割合の債権を劣後債とすればよいかを考える。すなわち、優先債券は AA 債以上の格付けを得なければ、市場で売れないのである。債券には格付け会社が格付けをするという特殊な機能がある。いったん債券を発行した会社は債券が満期償還されるまで、企業情報を格付け会社に示さねばならないので多くのアジアの企業は債券発行を株式公開（IPO）以上に嫌う。

　証券化商品の買い手は、内外の投資信託、内外の機関投資家である。欧米の投資家は、欧米の資本市場と別の動きをする証券に投資すれば、リスクヘッジができ、かつ途上国ならではの高プレミアム・高金利が狙える。国内個人投資家は、低金利の銀行預金に辟易している。彼らは、より高い収益が得られる投資信託を買いたがる。証券化された国内債権は投資信託に組み込む最適の金融商品なのである。

　アジアでは富裕層を対象としたプライベートバンキング（private banking）の業務も発展してきている。華僑・印僑に代表されるファミリー企業が多く、資産のディスクロージャーを嫌うアジアでは、アジア経済と新中間層の発展と共に、相続税が少ないかほとんどないこともあって、富裕層の金融資産が大きくなり、その専門的な運用が必要になっているからである。

　ベンチャーキャピタル（VC）は、投資事業組合を運営してファンドマネー

ジャーになる。投資家から集めた資金で、新規会社 Venture Business（VB）に投資して、上場させて上場時に持分を売り値上がり益（capital gain）を得る。利息や配当という income gain を狙う預金、融資、債券、株式にある機能はない。もちろん債券、株式に値上り益を期待する投資家はいるが、income gain も期待できる。アジアでVCをする日本企業も多くなってきた。その典型が野村證券の資本も入っている JAFCO Singapore である。

欧米VCには Colony、Lipplewood、Lonestar のような再生ファンドと呼ばれるものもある。日本企業を買っていることで有名だが、韓国企業、タイ企業の買収はより積極的である。2002年に韓国外換銀行の51%の株式を10億ドルで買ったLone starが、2006年に64%を70億ドルで韓国No.1の国民銀行に売ろうとしたのが典型である。2002年に売る側が韓国外換銀行の自己資本比率を6.16%とBIS費率を下回るように紛飾したのではないかと2006年検察方が捜査中である。そのため国民銀行への売却は2006年11月破談になった。アジアの銀行が持つ不良債権を安く買って、証券化するか、融資先を再生させて上場益で儲けようと考える欧米VC、投資銀行も多い。中国の商業銀行に出資する欧米銀行が多いのは、当該商業銀行自体から capital gain を得るというより、その融資先への債権ないし経営で income gain ないし capital gain を得ようとするからである。Morgen Stanley が2006年10月に発表した中国の小規模すぎる商業銀行である Nan Tun Bank の買収が典型である。この広東にある商業銀行買収により、世界の電子部品の産業クラスターとなっている在広東企業のM&Aを手がけようとしていると思われる。

アジア新興中間層の高い消費意欲を狙ったクレジット会社のアジア進出はより高まるだろう。JCB、クレディ・セゾン、イオン・クレジットサービスといった日本資本に大きくチャンスがある。

他方ORIXに代表されるリース会社にはすでに進出済みのアジア拠点での、事業拡大のチャンスがある。リース専業の会社という事業形態は、先進国途上国含めてあまり外国にはない事業形態である。車、OA（office automation）、FO（factory automation）、IT機器、店舗ショーケース、厨房設備、工場機械などを、アジアで増えている中小企業に対しリースすればよい。アジアの中小企業は銀行借り入れがしにくく、かつ情報公開はしたくないから株式上場もし

たくない。リースなら借り入れないで設備投資ができる。リース債権は、証券化で売れば借り入れないでも新規リース資金はある程度調達できる。今後アジアのインフラ開発をリースで行うチャンスも増えるだろう。港、空港、水処理、工場、飛行機などもリースで調達され得る。

(5) 保険会社

アジア中間層の伸長を原因としてアジアにおける保険ビジネスが大きく伸びている。先進国外資保険会社も直接投資で参入しているが、中国やベトナムは自国の国営保険会社に儲けさせる機会を与えるべく、外資系保険会社の参入分野を制限している。日本では保険会社は生命保険と損害保険に分かれていたが、第三の保険(傷害保険、年金保険)を契機に相互参入が可能になった。アジアでは、日本の保険会社は損害保険で参入していることが多い。日系製造業FDIへのサービスとしてアジア進出した例が多いからである。他方欧米企業は生命保険で参入していることが多い。現地資本市場での運用の可能性が高い個人年金保険部門は、欧米系生命保険会社にとってはお得意の部門だからである。現地での保険販売もバンカシュランス(bancasurance)といった銀行窓口を使った販売でコストを抑えようとしている。

日本の三井住友火災海上保険がアジアで英国系保険会社AVIVAの損害保険事業を買収したのは、bankasuranceによるアジアの中間層狙いの面と、三井住友火災海上保険の株主に、外国機関投資家が増えて、収益力アップの圧力をかけられているからでもある。保険収入アップそして収益率アップは市場が成熟している日本では期待できないのである。

(6) イスラム金融

アジアで注目される金融に、イスラム金融がある。イスラム教は利子や保険を禁止している一方で、イスラム教徒は、資金の預け先と運用先そしてリスク対策として、利子を取らない銀行業や保険業を求めているからである。イスラム銀行とイスラム保険(タカフル)があり、イスラム金融機関は40か国以上に存在し運用資産規模は50兆円以上になっていると言われている。

アジアにはイスラム教徒が多い。インドネシア、マレーシア、パキスタン、

バングラデシュ、中東諸国、中央アジア諸国、アフガニスタン、大多数の国民はイスラム教徒である。インド、フィリピンにも多くのイスラム教徒がいる。イスラム金融は特にマレーシアと中東バーレーンで盛んである。パキスタン移民の多い英国でもイスラム銀行の事業は認可されている。

イスラム金融は、その思想自体はコーランによっているが、金融機関として組織され始めたのは1970年以降である。1973年のオイルショックで高騰した原油価格により資金を得た中東諸国はイスラム教に即した金融組織を求めた。1997年のアジア金融危機でヘッジファンドにより自国通貨を売り浴びせられたマレーシアは、ヘッジファンドのような金融先物取引はイスラム教が禁じているとして、ヘッジファンドに投資しないような金融機関を求めた。2001年の同時多発テロ以降、米国政府がイスラム教徒の資産を凍結させるリスクがあるので、ドル資産を欧米金融機関にドル資産を持つことは危険だとの考えも広まった。そこで欧米日の金融機関もイスラム圏で事業拡大をするためには、イスラム金融に参入せざるを得なくなっている。ミレア保険はインドネシアとマレーシアの子会社でタカフル（損保共済）を売り出している。そこでは保険金の支払いは相互扶助に基づく寄付と見なされている。イスラム保険における生保では死亡保険金は遺族が生活できる範囲が限度なので、欧・米・日にある保険料を高くすれば多額の死亡保険に入れる仕組みではない。

イスラム銀行は無利子金融である。利子を取らない代わりに、サービスの売買（ムラーババ）、リース（イジャーラ）、コミッション付消費貸借（カルド・ハサン）という形で利益を得る。投資先は、社内にあるシャリア（イスラムの戒律）委員会で審査されイスラム教の教えに従っている事業であることが要求される。金融仲介者としての銀行は、金利という指標は使えないので、事業利益の配分の原則を決めておく。配分の原則は、ムダーラバと呼ばれる一種の投資契約であり、融資においては事業者2：銀行1、預金・債券においては銀行2：預金者1であることが多い。イスラム原理主義を国是とするイランには、イスラム金融の他に投資預金という金融がある。投資預金とは定期預金で確定金利が付いている。

スクークと呼ばれるイスラム債券は、オイルマネーを目あてに、イスラム開発銀行やカタール政府のような場合4〜7億ドルの規模で発行されている。欧

米金融機関が債券の大口買い手になることも多い。イスラム圏でのプロジェクト・ファイナンスの今後の資金調達方式としてスクークは注目されている。イスラム金融の問題は、事業の採算性の審査、透明性の確保、先物市場がないこと、そして貧富格差との関係だろう。

第15章

多国籍企業への就職とB2Bビジネスそして知っておいた方が良いアジアの文化

求められる能力と実績、アジアの成果主義、転職市場

1. 会社が必要とする能力と給与

(1) すぐやる、かならずやる、できるまでやる

就職活動に当たっては、仕事観と会社が必要とする能力のマッチングは重要である。就職活動をする大学生と求人をする側の企業の意向は国のかたちによって異なる。しかしその違いはその国の経路依存性（path dependency）に規定されている部分もあり、その国の産業社会の要請と合っているとは限らない。日本では学生は就職希望先の会社の格を重視するので、職種にはこだわらない。日本の企業は学生の人柄、大学の格、職種への適合性を考える。

実際に会社で必要なのは、以下に説明する電通『鬼十則』や『永守語録』の「すぐやる、かならずやる、出来るまでやる」ことが実践できる人材である。

電通『鬼十則』 Dentsu's ten rules　Dentsu ono jussoku

電通第4代社長で電通を世界に通じる広告会社に成長させた吉田秀雄が1951年8月に社員のために作ったビジネスの鉄則。業種業態を超えてあらゆるビジネスに当てはまる。

 第1則　仕事は自ら「創る」可きで与えられる可きでない。
 第2則　仕事とは先手先手と「働き掛け」て行くことで受け身でやるものではない。
 第3則　「大きな仕事」と取り組め 小さな仕事は己を小さくする。
 第4則　「難しい仕事」を狙えそして之を成し遂げる所に進歩がある。
 第5則　取り組んだら「放すな」殺されても放すな目的完遂までは。

第6則　周囲を「引き摺り廻せ」引き摺るのと引き摺られるのとでは永い間に天地のひらきが出来る。

第7則　「計画」を持て 長期の計画を持って居れば忍耐と工夫とそして正しい努力と希望が生れる。

第8則　「自信」を持て 自信がないから君の仕事には迫力も粘りもそして厚味すらがない。

第9則　頭は常に「全廻転」八方に気を配って一分の隙もあってはならぬ。サービスとはそのようなものだ。

第10則　「摩擦を怖れるな」摩擦は進歩の母 積極の肥料だ でないと君は卑屈未練になる。

永守語録　すぐやる、かならずやる、出来るまでやる　Nagamori's words sugu yaru, kanarazu yaru, dekiru made yaru

永守重信日本電産社長の言葉として有名。同社のスローガンになっている。1973年に会社を興して小型モーターで世界有数の企業に育てた実践から生れた言葉で意味がある。彼は去って欲しい社員の条件として7つを挙げている。①知恵の出ない社員、②言われなければできない社員、③すぐに他人の力に頼る社員、④すぐ責任転嫁をする社員、⑤やる気旺盛でない社員、⑥すぐ不平不満を言う社員、⑦よく休みよく遅れる社員である。社員を学生と置き換えてみると、大学での勉強の仕方がそのまま判る。

永守社長はスローガンを実践するために登用される社員の7条件も挙げている。⑧健康管理のできる社員、⑨仕事に対する情熱・熱意・執念を持ち続ける社員、⑩いかなるときもコスト意識を持てる社員、⑪仕事に対する責任感を持てる社員、⑫言われる前にできる社員、⑬きついツメのできる社員、⑭すぐ行動に移せる社員である。

日本の就職試験が厳しいインタビューの連続なのは、多面的にこの7条件を満たせる可能性が高い人物かどうかを見るためである。つまり就職試験とは所詮幹部社員に登用したい人間を採用するために行うものである。

(2)　成果主義

アジアの企業、欧米企業は電通『鬼十則』や『永守語録』のような、仕事へ

の姿勢、やり方について言わない。そして、個々の従業員の仕事によりどれだけ業績が上がったか、つまり成果が出たか出ないかで従業員を評価している。そのため、経験者優先の採用をする。大卒新人は、どこかの会社にもぐり込まない限り、良いキャリアを作れない。日本の企業はどうしたら成果が上がるかのやり方を教えている。日本の会社は成果の上がるやり方をOJTで教えないと、次の職務へのローテーションがなく、社内でキャリアアップできない。アジアの会社には転職はあっても社内でのローテーションによりキャリアアップするという考えが乏しいので、OJTで自分のノウハウを新人に教えると業績で新人に抜かれてしまう、と考え、OJTが進まない。

　日本の企業は、評価についても、成果の上がる仕事のやり方ができているか、つまり仕事に対する姿勢や仕事をする過程を見ても評価している。大学の講義で言えば、出席が姿勢と過程への評価、中間・期末レポートが成果による評価である。

　姿勢や過程による評価がないと、業績が明確に測れないバックオフィスの業務に携わる従業員は不利になってしまう。アジアの成果主義による評価ではバックオフィスの従業員の評価は労働市場での評価によっている。つまりアジア地場企業では、バックオフィスにおいても転職が盛んなので、経営判断、財務判断、人材の採用をバックオフィスの中間管理職に任せにくい。トップの判断を仰ぐか、トップが信頼していると明確に判っている管理職の判断を待つことになる。業績により判断できるフロントラインの業務においては、成果の上がらない従業員でモチベーションの高い従業員は見切りをつけて転職する可能性が高い。フロントオフィス、バックオフィス共に、そして管理職、ワーカー共に、会社に優秀な人材を引き止めておくためには給与しかない構図になっているから、会社のノウハウと企業秘密を持って他社に高く自分を売り込む従業員が後を絶たないという事態を招くようになる。優秀さの判断は業績だけなので、優秀な人間を業績を上げやすい部門の仕事をさせることも行われる。また、優秀＝高業績とのイメージを植えつけるために、有名大学卒業者＝優秀との評判を意図的に作り出すことも行われる。ファミリーオーナーの家族が欧米の大学に留学してファミリー企業に入るのは、このような箔付けのためであることが多い。したがって彼らは留学先で勉強しないで遊んでばかりいるという状

況も生じている。

このように成果主義は高いリスクを負っている。給与には成果給、職能給、成果給、という3つの考え方があり、成果給部分を重視した給与体系を成果主義という。日本企業の中にも成果主義が広まっているが、日本の伝統的な大企業の多くは職能給を重視している。英米大企業の多くは職務給を重視しており、管理職になると成果主義を大幅に取り入れている。職務給、職能給、成果給を以下に説明する。

Pay by job, pay by ability, and Pay by performance　職務給、職能給、成果給

職務に対して支払われる給与の場合、職務の内容が明確でないと評価が困難である。しかし職務は過去の経験から規定される、つまり未来の利益が上がるかもしれない職務をしたとしても評価されないから、仕事は受身つまり新しい仕事や他人との仕事の谷間に落ちている仕事をする人はいなくなる。成果に対して給与が支払われる場合、成果の公正な評価が必要になる。そこで職務と能力を組み合わせて評価する職能給制度を採る日本企業が多かった。職務に顕在した能力に対して支払っているのだと言えば、能力の評価は絶対的な評価などできないから大体の年功や経験そして過去の成果と将来の成果を上げる可能性を総合判断したのだろうからと、納得する人が多いからである。公正な評価を受けていない、職務外の仕事をやらされたと考えたり、職務の水準が低いから給与も低いと考えれば人は転職してしまうだろう。

A、B2つの職務があり、XとYの2人の候補者がいたとする。XはAの仕事をすれば8、Bで3の成果を上げることが予想されるとする。他方YはAで10、Bで7の成果を上げられると予想する。その場合、人事部担当者はAの仕事をXにさせ、Bの仕事をYにさせるだろう。会社の収益は15（＝8+7）である。逆に配属すると13（＝3+10）の利益しか上げられないからである。企業は各職務に配属されたときの業績の差をもとに大きな順にランク付けし、差の大きなものから定員が埋まるまで配置するのが利益を生む最善の策である。しかしYは成果給に不満を述べ、退職するかもしれない。Xより優秀なのに7しかもらえず、Yのもらう8より低いからである。したがって業績によって給与を支払うことが悪い結果を招くことがある。

高橋伸夫東大教授は「将来傾斜型賃金体系」として職能給を成果給、職務給より良いとしている。面白い仕事で報いるのであって給与で報いるのではないという考えだ。将来は地位と面白い仕事が得られる。この前提はローテーション、つまり人事異動があることである。アジア企業は職務で採用しているために人事異動がない。そのためにローテーションがなく会社の仕事を全部知っている中間管理職が育たないという欠陥を持っている。B2BのQCDSを考えた小ロット生産が要求されるアジア日系企業では、複雑で柔軟な仕事をする人材が求められる。しかし、そのような給与体制はできていないのが現実だ。

自分一人で上げられる仕事の業績は少ない。他人の協力が必要である。どのように他人の協力を得て業績を上げるかは、リーダーシップと人間関係の問題が大きく絡んでいる。以下のようにリーダーシップを説明してみた。

Leadership　リーダーシップ

リーダーには目的である仕事の達成と人をまとめていく人間関係の維持の両者が必要である。好業績を上げるのは、仕事中心の行動を重視しながら、人間関係中心の行動もできるリーダーである。部下を叱咤激励するだけではなくコミュニケーションにより感情面での配慮もするのである。従来は両者のバランスが良い人間がリーダーたり得たが、定型的な業務がなくなって業務の幅がフレキシブルになり、短期での業績主義が徹底してくると、バランス型リーダーはむしろ組織の癌となりつつある。創造的な仕事をやらないのみならず、

表15-1　交流分析

CP	NP	A	FC	AC
理想、良心、正義、権威、道徳	思いやり、慰め、共感、同情、保護	知性、理想、冷静、分析	自由奔放、直感積極、独創、自己開放	忍耐、素直、感情抑制、慎重、協調
説教、断定、批判、権威	寛容、同情、優しい、支持	クール、自己中心、科学万能	衝動、傍若無人、無責任、意表	妥協、消極、自縛、粘着
こんなミスをするようではビジネスマンとして失格だ。	誰でもミスをしがちなんだ。	なぜミスをしたのか。	ミスは次の成功で取り返せ。	このくらいのミスは気にするな。

否定する方向に走りがちだからである。コミュニケーションとは報連相（horenso、報告、連絡、相談）を言う。

　自らの人間関係を良くするための手法として交流分析（TA）がある。父親型（CP）、母親型（NP）、知的で冷静な大人型（A）、自由な子供型（FC）、従順な子供型（AC）に分けて分析し、足らないところを補おうとする心理療法である。それぞれの性質と態度は表15-1のとおりである。

2. アジア諸国の教育と大学

(1) 大学の教育内容と社会の要請

　大学の市民社会セクターのプレイヤーとしての役割は、産業社会で必要とする基本的な知識と技能を持った質の良い学生を、必要な量だけ、社会に供給することである。

　急速な工業化を目指す発展途上国にとって、エリートの育成や特定階層の再生産は役立たない。しかし、欧州の大学が伝統的に採っていた人間形成やエリートの文化的特性を養成するところが大学だという考え方の影響は、アジアの大学にも日本の大学にも残っている。それは工業化には上からの改革が必要だからエリートを養成する必要があるという考えと、大学はアカデミックな学問をするところだという考えに裏付けられている。社会に役立たない学問もまた認められるという考えである。個人セクターに自由な選択を保障するためには、人文科学や芸術、スポーツを専攻する文化自体を底上げする学問が必要であるのは当然であるし、企業のために働くことだけが人生ではないのは当たり前である。だからといって、大学で学んだことを企業で生かせない学生を企業に採用せよというのは間違っている。エリートの文化的特性のみを養成された学生は、企業にとっては迷惑な人になりがちである。

　大学が企業に必要な人材を育てられていないと言われる場合、その理由として、社会の心理主義化が、人格崇拝と合理化によって進んでいる、ことが挙げられる。人格崇拝（culte de la personne）とはフランス社会学の父 Durkheim（デュルケーム）が『社会分業論』（"De la Division du Travail Social"）の中で作った言葉で、「個々人が相手に神の聖性が宿っているかのごとく敬意を表

し、その尊厳を傷つけないように配慮し合うこと」をいう。合理化とは Ritzer（リッツァー）が『マクドナルド化する社会』で言っている、「すべてを数値化し、効率的、予測可能な形で目的を達成しよう」とする心理主義的な方法で、顧客への笑顔も作り笑いではないように自分を思い込ませ、かつそれを実行する行動を言う。マクドナルドの店員、キャビン・アテンダントは笑顔の作り方の訓練まで受けている。

社会の心理主義化は人格崇拝、合理化の高度化・厳格化ではあるが、他方で人格の侵犯、非合理的な現象をも生み出している。感情マネジメントに疲れ果ててキレる、シカトする、NIET・Adult Children・肥満症・摂食障害を生んでいる。合理化した社会状況に合理的に移動できないか移動しない行為者に対して、人格侵犯を含む激しい排斥運動が起こる。

(2) アジア諸国の教育と大学
アジア諸国の教育制度は段階・単線型である。

アジアでは、大学段階では一般常識と教養としての知識を教え、専門知識を必要とする職業に就こうとする人用に専門職大学院を作ればよいという発想をする人が多い。

社会や企業が要求する知識と教養を軽視して、専門職大学院での専門教育を過大に評価し過ぎる。MBA、ロースクール生の不遜な態度は目にあまる場合も多い。現実を分析する能力もなく、実務も知らず、現実を自分の考えに合わせろといわんばかりの態度をとる。日本の企業が MBA 卒を採りたくないのは、トウが立ち過ぎており、仕事で使い物にならない社員になる可能性が高いからである。コミュニケーション力がなく、職種を超える仕事をせず、調整力や根回しをもしない。米国企業が MBA を採るのは、職種による転職社会だから以上に under graduate の大学で教える内容が企業で使い物にならない知識が多いからである。本人の資質だけで採用する企業は米国企業には少なく、日本企業にはそれなりにあるのは、日本の大学教育の救いでもある。

このような教育制度を研究する学問として教育社会学がある。その典型として以下がある。

統合型の知識構造　curriculum in collection type to integrated type　togo gata no chishiki kozo　合并型的知识构造

　平等主義と個人主義の考えを持つ新中間層の要求に沿う新しい社会化の形式として、統合型知識構造がある。ある型のカリキュラムと特定階層のイデオロギーとは形式的に対応していると考える、Bernsteinの構造主義教育社会学の考えである。全体社会の権力関係と統制原理が教育知の選択、伝達、および評価の仕方をどのように規制しているかを研究している。Bernsteinに対立する考えとして、カリキュラムを関係的に分析（relational analysis）するAppleのようなneo Marxismの立場がある。機能的合理性があるという理由で能率本位のカリキュラムやパッケージ化された教材を無批判に採用する傾向を示す。生徒は教育知の学習を何らかの手段や技術と見なすために、学校文化を商品化（commodification）しがちである。文化的hegemony（Gramsci）から脱却させる契機になると考える。ただし、彼は政治的ロマン主義者にはナイーブ過ぎるとして批判的である。社会構造による行為者への拘束は強力で、彼らの利害関心や服従動機の中に深く根をおろしているからである。Beckerの研究によれば「生徒達は現実主義と功利主義の観点から彼らの進路展望と関連づけてcurriculumに適応する傾向を示す」。外部環境は利害集団と学校組織からなる。利害集団は政治過程を経てcurriculumに影響を与える。curriculumは教師集団の組織過程を経て作成され、生徒集団はそれを進路展望と関連づけて適応過程を形成する。

3.　ビジネスで知っておいた方が良いアジアの文化

(1)　なぜ知っておいた方が良いアジアの文化があるのか

　アジアでビジネスをスムーズに行うには、知っておいた方が良いアジアの文化がある。以下項目として羅列する。項目には政治文化に関する事項も含んでいる。実際に仕事をするのに役立つように、使い方も示す。

　以下の項目にイスラム文化についての知識がほとんどないのは、筆者が企業セクターの一員としてイスラム教徒が圧倒的に多いインドネシアとカザフスタンに各々3年間、1年間駐在した経験から来ている。敬して遠ざけるで良いと

筆者は考えている。イスラム教は日常の生活規律の宗教である。日に5回の祈りを捧げる、金曜日午後の礼拝は特に重要である、断食をする、女性はベールを被る、豚肉を食べず、酒を飲まない等々である。彼らはそれへのイスラム教徒以外からの講釈なぞ聞きたくもないのである。文化的にイスラム教を知るのは困難である。知ろうとすればするほど、イスラム教徒の戒律を自分も守ることになり、他の宗教と同等に文化を見られなくなる。

　筆者はキリスト教徒でない。キリスト教にもそのような面があるのだろう。それが4世紀にわたる西欧社会による世界経済の支配を許した要因なのかもしれない。他の文化への寛容はあっても、文化のコアをなす宗教については、他の宗教に対する寛容を持たないので、文化相対主義とはいっても自文化優位主義が顔をのぞかせるのである。そこでは決めつけと好き嫌いが支配してしまう。だから、そこでは生産的な議論や会話は生まれにくい。議論するエネルギーだけが無駄になったという徒労感を味わうことになる。

　アジア・ビジネスの世界では宗教と政治の話はするなとよく言われる。相手の信念体系と交差すると相手は好悪を明確にしてしまい、ビジネスに影響を及ぼすからである。食べ物と観光と遊びの話が無難な話題だと言われている。しかし相手の信念体系に触れない範囲での文化や歴史についての話は、相手が関心を持ってくれやすい話題なので有用である。

　managementを学ぶ学生には経営文化には関心があっても、このような地域文化について無知でも構わないと思っている学生もいる。そのために本章での項目の選択では経営文化に関する項目も入れている。そのような学生が企業に入り、現地でビジネスをするのに当たり、このような文化的なことにぶつかると、それら文化的なことを敬して遠ざける傾向がある。ゴルフやカラオケ、日本人とだけの付き合いや現地の少年サッカーチームへの指導に熱心になる日本人駐在員は少なくない。すると現地の顧客やスタッフに、このビジネスマンは、教養がない、現地を尊敬していない、現地を軽視していると陰口をたたかれることになりがちである。

　ビジネスとは信用のやり取りである。信用は信頼の一環をなす。信頼を得るために地域の文化について知ろうとする努力は必要だ。

　相手の文化への共感を示せるだけの知識があれば、信用の第一歩である共感

第15章　多国籍企業への就職とB2Bビジネスそして知っておいた方が良いアジアの文化　275

を得ることができる。そのためには、自分の文化についての知識もある程度必要である。幸い筆者の勤務する大学のある大分は古代から外来文化との交流が盛んな地域だった。その知識をこちらから発信することで相手からより深い信頼を得ることもできる。

　他人の共感を得るために自分を操作することを、社会学では印象操作と言うが、操作させる自分の内容がその場凌ぎでは、むしろ自分を悪く見せる印象操作になってしまうこともある。以下に印象操作を説明する。

　印象操作　impression management　insho sousa

　社会的相互作用の社会学者ゴフマン（Goffman）は、人間は俳優と同じように他の人間に対する印象を良くしようと自己を操作すると言った。他人に良い印象を与えるためになされる積極的、攻撃的な印象操作と、他人に悪い印象を与えないためになされる消極的、防衛的な印象操作がある。他人の意味づけ解釈により印象操作は変わってくる。異性の眼、友達の眼、親の眼、上司の眼、社会人の眼、他の外国人の眼である。仕事の場、日常生活の場、formalな場の状況への適合が必要である。適合度は目立ちすぎても、影が薄過ぎても意味がない。本当の自分とは異なるうその自分を見せることで相手に受け入れてもらう必要がある。嘘の自分には失敗、場当たり、利己主義、不誠実のタイプがある。不誠実とは親しい人間との間で嘘の自分を見せるときで、女性、未婚者、非信者の3分の1以上がとる態度である。利己主義とは他人のためでなく自分のために嘘の自分を見せる場合であり、既婚者、宗教信者、女性の5分の1以上に見られる。

　自己表現においては他者の期待と少しずらすことは可能である。意図的にずらして自己を表現する役割距離（role distance）行動がとられる。他者の期待と異なる役割距離行動をする場合、他者にその是認を求める調整（aligning）の言語表現がなされる。事前になされるものを予防線、留保、逃げといい、事後になされるものには、言いわけ、弁解、正当化、中和化（neutralization）、こじつけ、すり替え、大義、擬似理論（quasi theory）が使われる。このようなゴフマンの理論を知っていると知らないとでは、「ご不満」の程度がかなり違う。他人の行動を余裕を持って理解してあげられるようになるからである。

(2) 使えるアジアの文化に関する項目

以下はアジアビジネスをしていくに当たり、役に立つアジアの文化と社会に関する項目である。アジアビジネスは抜け目のなさと要領の良さがあって、事情通であれば良い、という考えでは、足をすくわれやすい。アジアのパートナーの側もそのように考えるからである。アジアのパートナーへの理解を彼らと自分に共通な文化への知識を背景に行うと、アジアのパートナーとの信頼関係は築きやすいのみならず長持ちする。アジアンの世紀で文化に関する価値観を共有しているから、他は不要だとの考えは、アジアンの世紀がB2Cに関わる事なので、B2Bでは役立たないし、アジアンの世紀は感性の問題であり、論理・知識の問題でないので、説得が難しいのである。

観音信仰　　kannon shinko

観音信仰は大乗仏教の典型的な信仰である。観世音菩薩は蓮華手菩薩とも言われ、蓮の花と水瓶を持つ。インドネシアのボロブドゥール遺蹟の近くにあるメンドゥトの遺蹟にも観音菩薩の石像が彫られている。普賢菩薩と共に西方浄土に住む阿弥陀如来の脇侍である。ベトナムの寺でもカンオンと発音し観音信仰は強い。菩薩は如来になろうとして修行している途中だが、悩んでいる人を見ると助けなくてはと考えるので悟りきれずに如来になれないでいる。孫悟空は観音様の手の平の上で遊んでいただけだったという考えに、大乗仏教の考え方の典型が見られる。上座部仏教で拝む仏像はすべてが釈迦如来像である。地獄で仏に会ったという際の仏とは地蔵菩薩であり観音菩薩ではない。

以下に阿波野青畝の3つの俳句を示す。この俳人にとって観音は日本の伝統の神と同様に、不確かさを回避してくれる共感の持てる規範となっていることが判る。そこに神ないし何者かとの一体感は共感で示されているが、そこに自己実現の意識はない。このあたりに「アジアンの世紀」における日本ブームがあるのかもしれない。本来サブカルチャーである大衆文化がアジアの新興中間層をコアとする「アジアンの世紀」においてはメインカルチャーになっている。この点は、大衆文化をサブカルチャーにとどめ置くエリート教養主義と、崇拝と敬意と信念のない混ざったプロテスタントとユダヤ教を、2つのコアとする英米社会と異なる点だろう。英米において規範は、強い内面統制の手段となっているために自己実現＝神との一体感という構図が出てくるのだろう。英

米の規範は、確かさを与えてくれるものであり、不確かさを回避させてくれるものではなくなっている。

冬を待つ馬頭観音一とかたまり、魂ぬけの小倉百人神の旅、住吉にすみなす空は花火かな

京都議定書　Kyoto Protocol　kyoto giteisho　京都协议书

1997年地球温暖化防止京都会議（COP3）で採択された気候変動枠組条約の議定書。CO_2等温室効果ガスの法的拘束力を持つ排出削減目標を2012年までに1990年基準で日本6％、EU8％、米国7％、先進国全体5.2％とした。米・豪2か国は開発途上国に削減義務がないことなどから批准を拒否したが、ロシアが批准したために議定書は発効した。

米国の批准拒否は、業界のPR戦略の勝利である。世論調査は他の環境問題同様何らかの対策を望んでいる。

京都議定書では、①排出権取引、②共同実施、③クリーン開発メカニズムからなる京都メカニズムをも規定して、温室効果ガス排出削減の具体的な国際的仕組みをも規定している。日本が温暖化規制基準をクリアするには、これらの仕組みをいかにアジア諸国で適用するかの工夫が必要となっている。日本企業は環境技術に優れているので、温暖化規制は日本企業のアジアビジネスに有利に働く可能性が高い。環境への関心はアジアの重要な文化ないし政治文化になつている。タイの僧は森林保護運動に熱心であるのが典型だし、世界中の自然保護団体はアジアの熱帯雨林の保護と生物植物種の保全と保護に強い関心を抱いている。

求法僧　Buddist Monks around Asia　guboso

アジアを旅した仏僧は多い。仏典を求めにインドに行った僧は求法僧と呼ばれる。インドから仏教を伝えに中国を訪れる僧も多かった。4世紀、スリナガル出身のグナヴァルマンはスリランカに渡り、インドネシア・ジャワにあったタルマ王国の王母から厚い崇拝を受け、北東に吹く季節風に乗って広州に着き、劉宋の首都南京で布教した。戒壇を設け皇帝、皇后以下に戒を授けた。女性も受戒できたので、南朝貴族は進んで自分の住む豪邸を寺院に寄付した。寺の住職である尼僧として豪奢な暮らしが継続できた。農民からの税収に期待できない当時は、一部の貴族に反逆罪の罪を負わせて一族を皆殺しし、その財産

を没収することで財政収入を得ていた面があった。僧は世間を捨てているので僧を殺すことも寺院の没収もできなかった。

法顕(ほっけん)は5世紀にインドまで旅した。7世紀、義浄は『南海寄帰内法伝』でスマトラ島にあったシュリーウィジャヤに滞在し、2004年スマトラ沖地震で被害を被ったアンダマン島の人々の貿易のやり方を伝えている。コロンブスが西インド諸島で行った交易と同じ方法である。玄奘(げんじょう)は陸路をとり、西域を越え天山北路のキルギスのイシュクル湖を巡りインドに入り仏教学問の府、東インドにあったナーランダ寺院まで訪問している。彼ら中国僧が訳経に努めたために、日・韓では漢文で仏典を読む。玄奘が訳経を行った大慈恩寺は西安観光の名所になっている。奈良日々新聞と三井アーバンホテル系の会社の出資する日系ホテル唐華賓館はその敷地内にある。

タイ他の東南アジア諸国ではパーリー語で仏典を読む。イスラム教徒が自分の国語ではないアラビア語でコーランを読むのと同様である。そこでは外国語で読まれている文章は言霊(ことだまあつか)扱いされている。つまり中身の理解より言霊を聴くこと自体に感動しているのである。日本の学生や教師の一部の間にある英語での欧米人の教科書を過剰にありがたがる考えにも、この南伝仏教、イスラム教の原語主義と無関係ではないだろう。

韓国僧慧超は唐への留学の後、海路インドまで行き、『往五天竺国伝』を残した。日本人僧でインドに行った者はいなかった。その点で1897年河口慧海がチベットに仏典を求めて行ったのは特筆される。

中国に渡り、さらにインドに行こうとしてシンガポールで虎に食べられて死んだと伝えられる真如は、薬子の乱で皇太子の職を剥奪されて空海（真言宗の創始者で、青竜寺で恵果より胎蔵界、金剛界の伝法灌頂を受ける）の弟子になった高丘親王(たかおかしんのう)である。日本のシュールリアリスト渋沢龍彦の『高丘親王航海記』は、カンボジアのトンレサップ湖で鏡の迷宮に入り、ミャンマーに入りアラカン地方を風に乗って走るという、シンガポールより先の話も出てくる。

劇場国家　Theater State in "Negara."　gekijyo kokka　（劇場国家）

クリフォード・ギアツが20世紀初頭まで存在したバリ王国の政治形態を分析したキーワードが劇場国家である。王権は宗教・祭事の儀式を行うことにより承認されているに過ぎず、政治的支配自体は行われていないと分析した。矢

野暢元京大教授が日本も劇場国家だと唱えて話題になった。確かに郵政民営化での小泉前首相の対応を見ていると、儀式としての政治をしていると思われる節もないではない。

権威主義的支配体制　authoritarian state、kenishugiteki shihai taisei
独裁状態

アジアやラテン・アメリカの独裁的国民国家体制を指す言葉。スハルト体制のインドネシア、マルコス体制のフィリピンが典型だった。現在では軍事政権下のミャンマーが典型。軍事力を背景に国内をコントロールするために、非民主主義的政治体制になりやすく、政治的な批判勢力が育たないために汚職が起こりやすい。維持コストが高くなり過ぎると権威主義的支配体制は自壊することが多い。スハルト体制におけるスハルトファミリー企業の専横が典型である。特に国民車としてのTimorはスハルト大統領の三男Tommyの会社で、トヨタ・アストラに代表される外資系企業がローカルコンテントを40%以上に増やさないことを批判の理由として格別の税制優遇を受けた事業だった。しかしTimorは40%以上のローカルコンテントを自身満たすことができずに、Timorのインドネシア人工員を韓国の起亜自動車の工場に送り、韓国の工場を特別にインドネシアの工場と見なして韓国から輸出した車を、ローカルコンテントを満たしたインドネシア産の車だ、と強弁する始末だった。WTO違反として訴えられ敗北し、スハルト体制の崩壊と共に国民車構想は消えた。

元寇　Fubirai's invasion to Asia, genko　13C

元は海外侵略に熱心な国だった。1253年から1292年まで継続的に近隣国のみならずインドネシアまで侵略している。中国は昔から他国を侵略していないというのは詭弁ないしは間違いである。詭弁というのは元はモンゴル人の作った帝国であって漢民族の帝国ではないという論理である。それなら清は満州民族の作った帝国だから、アヘン戦争も北清事変も中国に対する外国侵略ではなくなってしまう。

1253年雲南省にあったタイ族の国だった大理国を滅ぼした。大理石（marble）はこの国の特産だった。1254年にはチベット族の国だった吐蕃を滅ぼした。1258年にはIraq侵攻を行い、Ahbaas王朝を滅ぼした。1259年には高麗を滅ぼした。高麗遺臣は三別抄の乱で抵抗したが1273年制圧された。

1274年と1281年には日本を攻めた。対馬、壱岐、博多が戦場となった。日本では文永、弘安の役と言われる。ここで初めて元は侵略に失敗した。神風が吹いたというが台風ないしは竜巻だったろう。神風特攻隊を組織しても台風がないレイテ沖では機能しないことを大本営は知らなかった。しかし2000年には台風はフィリピンを襲うようになっている。気候変動の影響かもしれない。1279年には南宋を崖山の戦いで滅ばした。

1282年にはVietnamへの侵攻は1257年、1284年、1287年の三度にわたって行われた。1285年にはハノイは占領されたが同年のうちに元軍を国境外に撤退させた。1288年チャン・フン・ダオ（陳興道）はバクダンザン（白藤江）の戦いで元を破った。日本のように神風は吹かず、ゲリラ戦と川底に打った杭で元の軍船の船底を破るという戦略だった。1282年には現在の南ベトナムにあったクメール族の国チャンパ（Champa、占城）を攻めたが、攻めきれず撤退した。

1287年にはMyanmarを攻めPagan王朝を滅ぼした。ミャンマー族の象軍に元軍の馬が恐怖して一時は撤退したが、森に誘導して象軍を討ったことがマルコポーロの『東方見聞録』に書かれている。その際、金の門、銀の門を破壊して金銀を略奪した。金の門、銀の門は日本の『御伽草子』にも出てくる国の宝であった。今でもミャンマーのパゴタは金色に光っている。金で葺いた屋根なら錆びないからである。乾季には金箔を張り替えている。金の門はすべてが金と宝石で飾られていたらしい。現在の英国の国王の象徴である王錫を飾るルビーはミャンマー産である。植民地の天然資源は宗主国のものだった。

1292年には、インドネシアのJawaに侵攻してWijayaを手先としてSingasali王朝を滅ぼしたが、Wijayaは元軍を追い出し、Majapait王朝を建てた。1294年、世祖フビライの死により元寇は終わった。インドネシアNo.2の華橋ファミリーもWidjayaといい、Simar Mas（金光集団）を率いている。

元寇で勢力を伸ばした民族もいた。バンコクの北400kmのスコタイに王朝を築いたタイ族である。現在のタイ文字を作り、タイに上座部仏教を取り入れたと言われるラーマ・カムヘン王（Ramakhamhaeng）は、自ら北京に赴きフビライに取り入って、カンボジアやマラヤ半島への領土拡張を黙認してもらっている。スンコロク（宋胡録）というタイの陶器は現在骨董価値が高い

が、ラーマ・カムヘン王が中国から連れ帰った職人の技術によるものである。

構造主義　structurism　kozo shugi　构造主义

レヴィ・ストロース（Levi Straus）に始まり、French Sociology の主流派となっている。人文科学、美術、社会科学という形式のいかんを問わず、形式的な意味での code であり、言語と共通すると考える。部分は全体との関係において理解される。表層ではなく、経験的現実の背後にある深層構造を追及する。通時的構造よりも共時的構造に関心を持つ。因果関係を想定せず、変換規則に依拠する。構造を持つある特定の関係の形態を別の特定の関係に変化させる規則的なものを変換規則という。教育社会学にも Bernstein のような構造主義者がいる。

ブルデュー（Bourdieu、1930 年～）は構造主義の「規則」、「モデル」、「構造」では「pratique 慣習行動」を方向づける「戦略」は理解できないとした。彼の主張する Habitus では、社会的世界に対する非論理的関係、現実に参加している行為者の関係を重視する。小生にはブルデューは構造主義者の持つ「学者がその研究対象との間に持つ尊大な距離」を批判したいあまりに、「社会的現実生活はモデルには還元できない」と言い過ぎているように見える。ハビトゥスの持つパターン理解は一種のモデリングと思える。なぜならハビトゥスとは構造化された主観的傾性を言い、それは文化資本の表れだからである。文化資本とは教育達成が再強化されて社会関係を作り、社会関係が定義配分し直されたものである。そしてハビトゥスは構造化された行為である慣習行動を生む。慣習行動は教育達成の表れである。この循環をブルデューの再生産理論という。簡単に言えば、1960 年以降のフランス国民の大学進学率の向上は、経済資本と並ぶ文化資本をも支配階級が独占し、支配階級の再生産にしか役立っていないと主張したのである。

日本でも大学進学率は急激に高まったが、文化エリートを生んでいないので支配階級の再生産はされていない。アジアで支配階級の再生産がされそうな国は実はない。人文主義的教養はスノッブだとして毛嫌いされるからである。その代わり、アジアの国をまたがるポップカルチャーの担い手として大学生が文化資本を独占することは生れている。ヨン様もヨン様に憧れるのも大卒者であるし、日本に来るアジア人留学生の多くも、このアジア越境文化資本の担い手

になりたいと考えているのだろう。それを亜州奈みづほは、『「アジアン」の世紀』と呼んでいる。

社会の心理主義化

社会の心理主義化が、人格崇拝と合理化によって進んでいる。人格崇拝（culte de la personne）とは、フランス社会学の父 Durkheim（デュルケーム）ゴフマンの印象操作は相互行為のエチケットではあるが、自他の自尊心を満たすだけで、いつしか自分を窮屈に閉じ込める結果になっている。合理化とは行為者の思考や行為、集団の編成が目的合理的になされることを言う。精神分析では自分の行為を正当化するもっともらしい理由づけを言う。日本における経営では人員削減等の企業の合理的経営努力を言う。個性の尊重、自己実現は社会の心理主義化から生まれている場合が多く、能力主義と結びつく。つまり個性の尊重と自己実現が声高に叫ばれる社会は人間性、理性を奪い、親交をニセだと思わせやすい社会になりがちなのである。

従属論、多国籍企業支配論　dependency approach　juzoku ron, takokuseki kigyo shihai ron　从属论、多国际企业支配论

アジアの経済成長は国内技術革新の進展、国内市場の拡大、自立的な民族資本の成長のゆえではなく、海外からの大量な資金移動（ローン、直接投資、ODA）によるものであり、中心国たる米国の政策や多国籍企業の戦略に依存する従属的なものであり、不安定であるとして、アジアは周辺国だとするのが従属論である。彼らは周辺国では権威主義的支配体制が続き、実質賃金は上がらないから大衆消費社会は生れないと考えた。多国籍企業はアジア諸国の低賃金を利用して加工する分工場をアジアに置いたに過ぎず、半製品、製品は先進国に輸出されるので、工程間の分業をした企業内貿易によってアジアからの輸出が増えているに過ぎないとするのが多国籍企業支配論である。

しかし、このような議論は1980年代になり、アジア地場資本の輸出力が多国籍企業の輸出力を上回り始め、1980年代後半以降、韓国、台湾、フィリピンが権威主義的支配体制を放棄し、中間層の消費が拡大し始めると、学会での力を弱めた。その代わりに力を持つようになったのが、儒教資本主義、アジア的価値論そして比較制度分析である。だが、アジア通貨危機になるとまた息を吹き返している。従来の議論でのアジアはNIESだったが今度はASEANであ

る。

上座部仏教　theravada Buddhism:Pali Buddhism　jyozabu bukkyo

上座部とは原典という意味である。小乗仏教という言い方は大乗仏教より劣っているとのイメージがあるので使われなくなった。小日本というのは日本人を侮辱する中国語である。小にはそのような意味がある。太平洋大戦争中、日本では軍国少年を小国民といって称揚した。国によって受け取られ方が異なる例である。Sri Lanka、Myanmar（Suvannabhumi"現在 Pegu"に Asoka 王が 2 人の monk を派遣したとある。BC2。）、Thailand（13C Sukhothai Dynasty "Menam River 上流にあった 13C の王朝"時代に Pegu 朝から導入した）、Laos（Lanner 王朝、現在の Laos、Chenmai、Thailand にあった王国）、そして現在の Cambodia で信仰されている。Mahinda（son of King Asoka、BC2）が宗義をまとめ、律（Vinaya）、経（Sutra）、論（Abhidhamma）の三蔵を中心聖典とする。

在俗の人は僧に悟ってもらいたいと喜捨し、功徳（タンブン）を積むが、自分が悟る機会はない。つまり永劫回帰を繰り返し、輪廻にとらわれて生きなければならない。大乗仏教は在俗の人にも悟りがあるとし、輪廻よりも地獄を怖がる。タイやミャンマーでは、在俗の人にが出家したり還俗したり何度もできるので人気がある。仏歯を持つ者が古代スリランカ王とされた（日本の三種の神器に相当する）。宗教原理は、個人生活でも会社生活でも機能している。プロムウィーハン（慈悲喜捨、四無量天）がタイ人の行動原理となっている。四無量天は梵天の行動原理である。梵天国とは日本の『御伽草子』ではミャンマーのことで、タイはミャンマーから上座部仏教の教えを導入した。すなわち室町時代の日本にも上座部仏教の教えは判っていたのである。

人の上に立つ者は慈悲の心が必要とされる。権力や暴力で押さえつけてはならないので気配りが必要になる。現実には部下のミスを見逃す上司を大量に生んでいる。また波羅蜜と日本で言われるパーラーミー（徳）は涅槃に至るために必要なので徳を積めと教えられる。徳のない人の権限行使に対しては反発する。つまり「日本人は徳がないくせに威張っている」との批判を生む。

別に日本人の能力が不足しているのでなくて、パーラミーが不足しているだけだと考えればよい。別に仏教を知っていても子会社経営が楽になるわけでは

なく、むしろ宗教なのだから仕方ないという考え方になる。しかし部下のミスを正すのは、再び部下がミスをして自信をなくすと可哀想だという慈悲の心があるからだとの考え方も大切である。

またタイ人が自分に能力がなくても部下を多く持つ職位に就きたいと願うのはパーラミーを示したいだけなのだと思いつけば、能力主義の当社ではそのような昇進は認められないと明白に言えるのである。

大国意識　great power politics taikoku ishĭki　大国外交

経済大国日本が政治大国を目指していることに中国と韓国は反発している。日本の国連安全保障理事会の常任理事国入り、教科書検定と首相の靖国神社参拝反対を理由とする2005年反日運動の特徴だ。2005年に判った反日運動がある国なのだということは、2004年に判った停電がある国なのだということと共に、日本企業の中国への直接投資が万能という黒田篤雄『メイド・イン・チャイナ』の経済産業省的な考えは「眉唾」かもしれないとの日本企業の反省に繋がっている。

いまだ経済産業省が捨てていないFTA万能との宣伝もやり過ぎだと筆者は考えている。こちらのイデオローグは浦田秀次郎早稲田大学教授である。万能と言わなければ判ってくれない企業家が多いのは確かだが、定向進化のマンモスの牙よろしく180°以上曲がってしまうと牙の役割を果たさず、後代の人間のための似非漢方薬にしか役立たない。

大国が経済をも支配するとしたのが帝国主義だ。

ベトナム戦争の結果、財政赤字に陥り、金交換停止のニクソン・ショック以降、米国は経済超大国は放棄して経済大国で良いとし、政治超大国をより明確に目指すようになった。

基軸通貨としての米ドルが維持さえすれば貿易赤字も財政赤字も米ドル札の発行でどうにかなる。米国の貿易赤字は米国国民の消費意欲が強い証拠なので経済不況ではない。IMF・世界銀行の政策への政治的介入を権利として主張するのは政治超大国だからであって、経済大国だからではない。ところが、IMF、世界銀行、国連といった国際機関の運営費は出資比率に応じて負担する。財政赤字の米国は増資に応じられず、ODAを重要な外交手段と考えて財政赤字でもODA予算の拡張に意を用いてきた日本は応じられた。そこに日本

の政治大国意識が芽生えた。

　政治大国は常に国民統合の象徴を要求する。天皇制の強化に走るところが、国家神道の象徴靖国神社と日本の侵略戦争の歴史を軽んずる検定教科書の採択に走ったのが自民党政権の選択だった。

　しかし日本の植民地から独立した韓国と日本に侵略された中国にとって、戦争を引き起こした戦争犯罪人であるＡ級戦犯を祀る靖国神社に政府（＝内閣）を代表する首相が参拝することは、その政権は軍事大国を目指している象徴に思えた。不戦の誓いなど口ではどうとでも言える。『親日宣言』を書いたチョ・ヨンナムは売国奴となって、中国中に日本を侮蔑する言葉「小日本」が溢れた。筆者は靖国神社にＡ級戦犯を合祀することはやめよとする考えだ。靖国神社は戦場で死んだ軍人と軍属を祀るところだ。刑場で死んだＡ級戦犯は戦場で死んでいないからだ。日本を経済大国にしたのは日本の企業セクターであって国家セクターではない。政治大国は国家セクターがすることだが、それは中国・韓国のすべての社会セクターから反日を引き出すだけだった。

　日中韓の社会・文化的な連合体作りへの精神的支援を日中韓の国家セクターは連合して行えば良い。中国の大国意識である中華思想は、本来軍事的大国ではなく政治的超大国＝社会・文化的超共同体だった。政治と社会・文化を切り離し、東アジアの社会・文化的連合体の一員になるのが中国の国家セクターにとっても利益になる。覇権の道を歩んで政治的超大国米国とフリクションを起こすコストは高い。米国を政治的超大国の地位から引きずり落とす近道は、血と汗を強要する国家主権をアメニティを与える国家主権に変えることなのだ。コストのかかる国家主権をコストのかからない国家主権に変えることなのだ。そこでは核の脅威やテロの脅威は無意味になる。国家主権の存在が豊かさや貧困を保障するものではなくなるからだ。

　退職金　retirement allowance　taishokukin　退职金

　退職金とは、定年、自己都合、結婚、出産など様々な理由で企業を辞める際に、労働者に対して支給される手当をいう。支給の方法は、労働協約、就業規則、退職規程で定められる。退職一時金と退職年金に分けられ、日本とアジアでは退職一時金が多いが、日本では最近退職年金の割合が増加している。

　従来アジア諸国では、退職金は少ないのが当たり前だったが、最近増えてい

る。転職が当たり前の社会では、勤続し続けた企業への貢献に対する在職への褒賞は少なくてよかったが、同一会社への勤続年数が長くなっていることと、老後の社会保障制度がアジア諸国ではまだ不十分なので退職金で一部を賄わせるという考え方からだろう。インドネシアの労働法や中国の労働契約法案のように退職金が多くなるように法定する動きもある。

タイでは退職金を retirement allowance としてあげると退職者に訴訟を起こされて負ける。severance fee を支払っていないという理由だ。タイの日系企業は severance fee のみを与えれば良い。

地域研究　area studies　chiiki kenkyu　地域研究

地域研究は国家セクターの意図に左右されやすい。戦前の日本のアジア研究は、満鉄にせよ、大学にせよ、その弊を免れていない。米国のアジア研究は、戦前戦後を通じて一貫して米国という国民国家の意思に沿う研究になっている。もちろんその中には良心的な研究もあるし、国家セクターの思惑を超えた『菊と刀』、『文化解釈学』、『想像の共同体』のような研究もある。しかし、『ジャパン・アズ・ナンバーワン』、『代議士の誕生』のような研究が多いのも事実である。タイの地域研究者として著名な末広昭東大教授は、アジア経済研究所時代の研究をも振り返って、「既存の社会科学のディシプリンを身につけ、他者理解と外国理解を現地語の習得と現地駐在で身に付けて、特定の地域についての研究を既存の社会科学の手法により行うのが地域研究である」と言う。

筆者は、「既存の人文科学・社会科学・自然科学のいずれかの手法を身につけ、特定の地域の研究を複数の地域ないし国の比較を入れながら身につけた研究手法で分析し、産官学連携の研究になることが望ましい研究」を地域研究と言えばよいと考えている。社会学は人文科学であり、社会科学ではない。自然科学に属する地理学や文化人類学もある。産官学連携は国家セクター、企業セクター、市民社会セクターの思惑を含んでいるので国家意思に沿う研究にはならない。地域研究には現地での調査や長期滞在の必要から資金がかかる。資金の出し手の思惑に応える研究報告になりがちなのである。

東遊運動　Go East Movement　toyu undo　东游运动

1905〜10年にあったベトナムの民族主義運動。ファン・ボイチャウが代表的指導者。日露戦争の勝利と中国清末の変法知識人の影響を受けて始まった日

本への留学運動。一時は 100 人程度のベトナム人が東京にいた。犬養毅、大隈重信が日本側の庇護者となったが、1907 年日仏協定で日本政府は取締りを強化し、フランス植民地総督府は日本留学生の家族を投獄したために、帰国し、運動は挫折した。1887 年のフランス領インドシナの成立と、1888 年の阮朝の最後の皇帝ハムギがアルジェリアに流刑になったことを嚆矢とする。1925 年の Ho Chi Minh（阮愛国）が広東で作った革命組織タンニェンダン（青年党）まで民族独立運動は下火になる。

筆者の勤務する大学に来ているベトナム人学生の数は 2005 年 5 月現在 114 名おり、ファン・ボイチャウの時代の人数を超えている。彼らの東遊の意義が、自己実現だけであっては困る。民族主義とは言わないまでも、日本企業のベトナム・ビジネスないし在ベトナムの日系企業に携わることを通じて祖国のために尽くす精神は持ってもらいたいと筆者は思っている。日系企業は利益を上げて税金をベトナム政府に納め、ベトナム人を顧客とする財・サービスを供給し、ベトナム人に雇用機会を与え、自ら儲けながらベトナムの経済発展のために尽くしている。しかしベトナム国家セクターは、儲けを減らしてベトナムの経済発展に尽くせと往々にして言う。

適切な儲けを搾取と捉えがちなベトナム政府の役人に対して、適切な利益概念を説得できるだけの能力を彼らベトナム人留学生には身につけて欲しいと思っている。賄賂は日常だからとあきらめきっているベトナム人も多い。賄賂が取引コストを高くしてベトナムは機会利益を失ってしまい、せっかくのベトナム人の個人的能力の高さや集団による競争意識の高さによる国際競争力を阻害してしまうことを、理論的に言えるだけの知識と度胸を身につけて欲しいと筆者は願っている。

農業のインヴォルーション　Agricultural Involution　nogyou no inbolusyon
解釈人類学ないし文化解釈学と呼ばれる社会学の 1 分野を一人で作り上げたクリフォード・ギアツ（Clifford Geertz）がインドネシア・ジャワの農業を分析する際のキーワードが、農業のインボリューションである。貧困の共有化とも言われ、平等な農地相続が農地の細分化と米作生産の労働集約化をより進め貧困が共有化されていると分析された。しかし 1970 年代になり、収穫量の多いハイブリッド米がフィリピンで開発され導入されると、同じメカニズムが米

作収穫量を増やし米の自給すら可能になる事態となった。1980年代になり、農業の機械化が進むと、同じメカニズムの下で均分相続された細分化された農地の耕作を兄弟の1人が請負う形態も増えた。日本のODAによる灌漑設備の充実もあり、1970年、1980年代には、農業において貧困の共有化は行われなかったが、同メカニズムの発見自体は優れたジャワの米作の分析になった。1990年代以降、インドネシアは米の自給ができないでいるのは、灌漑設備使用の対価を取るようになったからである。円借款の返済原資を対象事業から得ようとするのは拙速である。またインドネシアの農業で問題なのは、ギアツの分析した自作農と小作農の問題ではなく、農業労働者の存在である。賃労働で農業生産に従事してやり、およそ特定の土地に対する耕作権を持たない。都市に流入する農民の多くは彼ら農業労働者である。

　農地改革　agricultural land reform, agrarian reform　nochi kaikaku　土地改革

　農地改革により大土地所有制を廃止し、自作農を増やすことが、経済成長の大きな要因になることは、戦後日本の農地改革と日本から独立した韓国の農地改革が経済の成功を導いたことで明白になっている。しかしアジアの国民国家の多くは大土地所有者の集票力に負う政党民主主義を採用したために、農地改革は遅々として進まない。フィリピンが典型である。インドネシアは農業のインボリューションにより農地改革がなくても農地の細分化は進んでいる。インドでは寺院の大土地所有が問題になっている。しかし1980年代の国民会議派が進めた社会主義経済体制の下で、自作農の創出は進んだ。特に地下水汲上ポンプの電気代が極端に安いこととハイブリッド米・麦の導入で、農業生産は飛躍的に拡大した。これら自作農が1990年代以降のインド中間層（Mid Night Children generation）を排出する社会層となっている。ただし、この電気料の安さは州電力庁（SEB）の赤字を累積させ、海外直接投資を含むBOT方式による民営化インフラ建設事業を進ませない一因ともなっている。SEB Actは「州議会の決める電力料金は生産コストを上回るものではなくてはならない」と規定しているが、この連邦法を守れている州はほとんどない。州ごとに議院内閣制を採るインド州議会では不人気になる電力料金値上条例を出すと政権を追われかねないからである。

文化の否定性　cultural negativeness　bunku no hiteisei

青木保、前阪大教授の言い出した概念。各民族の固有文化を尊重する意識が国民国家の中で共有されるようになると、各民族が当該国民国家から独立して別の国民国家を造る運動が起きたり、文化の違いを理由とする民族紛争がより多発するようになるとの考え。特に民族で宗教が異なると国内で内戦さえ起こる。ユーゴスラビアの崩壊と民族浄化に発想を得たと思われる。アジアにはミャンマーのシャン族とモン族、インドネシアのアチェ、スリランカにおけるシンハラ族とタミール族、タイにおける南部イスラム教徒、中国におけるチベット族、台湾における高砂族、サモアにおけるインド人、カザフスタン・キルギス・ウズベキスタンにおけるロシア人等文化の否定性の話に事欠かない。

大国は国内に多民族を抱える場合が多い。大国意識が文化の否定性を生まないためには狂信的なまでの愛国心が必要になるから、今度は別の大国意識を持つ国との外交的・政治的コンフリクトを生む。米国の自由という名の下における国旗への忠誠も同様な愛国心である。ディズニーランドのリトルワールドの歌では「自由を世界に拡げる」との政治メッセージが歌詞となっている。それがユーロ・ディズニーランドが流行らない理由であり、東京と香港のディズニーランドが流行る理由だとしたら恐ろしい事になる。

竹島・ドクトの領有問題、中国の経済水域隣接地点での海底油田開発、スプラトリーアイランドでの海底油田試掘問題等東アジアには国民国家の主権問題があるが、ほとんどは文化の否定性が絡んでいる。この場合の文化は、国民国家は1つの文化を共有しているという奇妙な信念だ。

山田長政　Yamada Nagamasa, Japanese general at Ayutaya pynasty

1621年山田長政の書簡を携えたタイ使節が来日し、徳川秀忠に拝謁した。朱印船貿易をやらせてくれというのだ。山田長政は静岡県生まれで朱印船に乗ってタイに渡航した。アユタヤには500人の日本人が日本人町を形成していた。日本からの一時滞在者も含め800人程度が常時いた。日本人町はカンボジアのプノンペン、ベトナムのホイアンにもあった。ホイアンには屋根の付いた石橋が日本橋と呼ばれている。郊外には日本の方角を向けた日本人の墓もある。蚕の育て方を指導したらしい。ベトナムから絹糸を日本に輸出するのである。現在の開発輸入である。確かに今でもベトナムは絹織物の産地である。西

陣織のメーカーがベトナムで絹刺繍の合弁会社を持っている。

　ソンタム王の信頼を得て傭兵隊500人の軍司令官となった山田長政は、貿易でも儲けようと朱印船を申し出たが幕府は認めなかった。アユタヤにあったオランダ船に自分の荷物である鹿皮、鮫皮、蘇芳を載せて日本に送り込んで儲けた。鹿皮は刀、鮫皮は鎧兜、蘇芳は赤色染料として日本では貴重だった。ソンタム王の後継者争いの権謀術数に負けた長政は、日本人傭兵隊の軍事力をアユタヤで発揮させないように、遠隔の地マレー半島のリゴール王として傭兵隊と共に派遣された。プラサートトーンは、故ソンタム王の子で王位に上った幼帝を僧にするように貴族に計り、幼帝とその母が拒否すると幼帝を殺した。次に故ソンタム王の娘を妻にし、自らの王位継承権を得た。幼帝の母は王の妾妻になることを拒否したので無残に殺され、民衆の前に死体はさらされた。反学生革命のあった1976年も学生の死体が無残に鞭打たれて民衆の前にさらされている。クーデターの多さもあり、1990年代初めまではタイの政治に対する評判は悪かった。ワイの国タイは儀式だけなのかもしれない。2006年9月のクーデターでは死者はでていない。

　山田長政は、オランダの支援を受けたマレーシア東海岸のパタニとの海上貿易権を巡る戦争で負傷した。そして翌1630年プラサートトーン王の指名した妻と結婚式をさせられて王の放った刺客に毒殺されてしまう。毒殺と共にアユタヤにあった日本人町は4,000人のタイ兵に攻め込まれ、ほとんどが殺された。日本人の貿易の利権を奪うためである。1631年生き残りの日本人たち50名が長崎に到着した。鎖国政策を始めた幕府は彼らを無視した。1621年アンボイナ島でもイギリス人の傭兵となっていた日本人達がオランダ人に殺された。これを契機にジャワのオランダ支配は強まった。こちらは香料諸島モルッカで貿易の利権を獲得しようと乗り込んでいったイギリス東インド会社の傭兵となった日本人達がオランダ東インド会社の軍隊に敗北した話であり、日本人の貿易権とは直接関係ない。ただし、元への服属以来肉を食べる風習が強くなった朝鮮では肉の保存に役立つ胡椒が欲しかった。長崎経由で胡椒は日本から輸入されていた。そのために胡椒は日本で取れるものと李氏朝鮮の人たちは思っていたという面白い話はある。皆、オランダ東インド会社が香料諸島で買い付けて日本に輸出したものである。原産地証明がない時代の話である。

ADB（Asian Development Bank）　アジア開発銀行　亜洲开发银行

マニラに本店を置き、日本には経済研究所がある国際機関。世界銀行と同様、加盟国の政府と中央銀行を出資者とする国際機関であるが、世界銀行の姉妹機関ではない。アジア地域に特化した活動を行っているので、より現地政府との協調を重んじていることが、その融資方針と政策提言に見られる。日本は最大の出資国であるために総裁を出す慣例がある。

Age of Commerce　交易の世紀　Koeki no seiki

Anthony Reed が 1988 年に出した "Southeast Asia in the Age of Commerce 1450-1680" の中で主張した概念。15 世紀半ばから 17 世紀まで、オランダ、イギリス、ポルトガル、スペインが進出してくるまでの東南アジアは港市国家間の交易と中国商人を介しての港市国家と中国との交易が盛んだったことを書いた大著。国家は商人国家で、港市しか支配していないマラッカ王国のような港市国家が交易の中心になった。16 〜 17 世紀に長く続いた新旧キリスト教徒間の宗教戦争で身につけた戦場の冷酷さが西欧諸国のアジア侵略に役立ったと指摘した。海上からの大砲による海岸地帯への一斉攻撃とその後の海岸地域に作った強固な要塞が、西洋人によるアジア植民地化の軍事的基盤だった。

日本軍によるシンガポール陥落とジャワ占領の速さが現地人を驚かせたのはこの理由による。植民地化が進んで東南アジアの中での交易は極端に減り、植民地政府による貿易独占がなされると共に、シャム（タイ）のような国家が港市国家であるだけでは生きていけず、農民支配も強め、領土を広く持つ国家になっていく様を描いた。南洋日本人町ができたのも南洋諸国が交易の時代だったゆえである。

AGIL schema　AGIL 図式　AGIL　图表

パーソンズが主張した社会システム理論。社会システムの存続には政治経済システムなどのサブシステムが、環境適応（adaptation）、目標達成（goal attainment）、統合（integration）、維持（latenery）の機能を果たしているとする。パーソンズは構造―機能理論の主唱者だとされる。ハーバード大学でパーソンズに学んだルーマンは静学的だと批判し、オートポイエシス型社会システム論をドイツに生れた新しい大学である Bielfeld University により唱え

た。

　同じくパーソンズに学んだ富永健一 東大名誉教授（武蔵工大教授）はよりパーソンズに忠実で構造―機能―変動理論を唱えた。システムの環境適応能力を高めるための方向性を社会変動と富永は呼び、役割分化、地域社会の拡大、階層構造の平準化が社会成長をもたらすとした。社会進化を言い過ぎて、歴史分析に走り、現状分析力が弱くなった欠陥がある。特に西欧には「資本主義・民主主義・合理主義・科学主義」のエトス（行為を動機付けるもの）が内生的にあったのに対し、非西欧にはこれらのエトスはなく、単に伝播しただけに過ぎないというに至って、非西欧社会は社会発展段階が低い停滞社会だとの西欧人の非西欧を見る見方を追認することになっている。このような考えの持ち主を近代主義者という。

　このような近代主義者の考えは Max Weber の『プロテスタンティズムとの倫理と資本主義の精神』を後生大事に正しいと考えてしまう途上国型の学者であることから生じている。ルーマンの主著は『社会システム理論』であり、富永の主著は『近代化の理論』である。批判的摂取の典型がルーマンである。そこでルーマンはポストモダニストたり得るのである。しかしルーマンには独自のアジア論はない。

　Bishnu、Brahma、Siva　ヴィシュヌ神、ブラーフマ神、シヴァ神
　それぞれ水、火、破壊の神の名であり、Hinduism では個別ないしは三者一体で崇拝の対象となっている。Siva は踊る Nataraj や男性器 ringa というかたちでも信仰されている。三者一体で崇拝されるのは Hindu Bali である。Bishnu の9番目の化身が Budda（釈迦）だとされている。Hinduism では他にも、Krishna、Hanuman、Parvatti（弁天）を崇拝する信徒も多い。Krishna は、パンダワ5王子の第2王子 Arjuna を助けてコラワ百王との大戦争で勝利をもたらす叙事詩 Mahabarata の英雄で、笛、弓、戦車の操縦の名手として若い女性から人気があった。肌が黒いので北インド Mathura 生まれだが、現在では南インドに多く住む Dravida 系部族の領主だったのではないかと言われている。Siva の第三の化身ともされている。Hanuman は Rama 王子を助けて Sri Lanka に連れ去られた Shinta 姫を奪還するのに活躍する白猿で、叙事詩 Ramayana に出てくる。南インドに生息する金糸猿がモデルだとも言われて

いる。西遊記の孫悟空のモデルでもある。

Boroboudour　ボロブドゥール遺跡

インドネシア中部ジャワにある、8〜9世紀シャイレンドラ朝時代に作られた石造仏教遺跡。立体曼荼羅で華厳経の善財童子の巡礼がレリーフとなっている。504体の仏像があるが、中央の仏塔を大日如来として密教の金剛頂経の金剛界曼陀羅に由来している。唐代長安の青竜寺に留学し、恵果の下で学んだ空海の兄弟子にインドネシア人僧がいた。彼は金剛界の伝法灌頂を受けて、太原に布教に赴き、インドネシアには帰らなかった。しかしインドネシアとの交易は継続してあったので、彼の華厳宗の思想がボロブドゥールに伝えられたのかもしれない。恵果の師である不空はスリランカ人で商人である叔父に連れられてインドネシア経由唐に来て、玄宗皇帝の師となっている。

Bumiputra Policy　ブミプトラ政策　马来西亚 Bumiputra 政策

マレーシアにおけるマレー系住民の優遇政策。Bumi とは大地、Putra とは王子という意味である。大学進学、就職、産業投資、金融などにおいて、マレー系住民・企業は他の華僑系住民・企業やインド系住民・企業より優遇された取り扱いを受ける。affirmative action の一種。華僑系とマレー系では平等な競争では、華僑系に劣等すると考えられているための措置。マレーシアに競争法がない一因ともなっている。

Charisma による支配、Tradition による支配、Law による支配　authority by Charisma, tradition and law, concept of Max Weber

マックス・ウェーバーは支配の類型を3種類に分けた。カリスマによる支配、伝統的支配そして合法的支配である。近代国家は合法的支配により官僚制の下で成立すると説明する。しかしアジア途上国では法律による支配ではなく、人による支配の部分が多く、文書主義と権限の分割による官僚制のメリットが生かされていないことが多い。法律に抜け穴を置いておく、法律が要求する政令以下の法令が存在しない。法令間で矛盾が生ずる、法律の執行を意図的にしない、といったことが、法律による支配を名目にしながら、人による支配が可能になる理由である。2005年インドネシアで125ccの新しいバイクのモデル Kalisma を発売したホンダ・アストラ・モーターは、中国系バイク企業 Tossa Sakti が出した意匠も商標も Kalisma をまねして後から市場に出たモデ

ル Krisma を知的財産権違反だと訴えた。しかしインドネシアの商業裁判所はホンダ・アストラの訴えを破棄した。ホンダは Kalisma を Chalisma から採ったが、トサ・サクティは Krisma をインドネシア人貴族が魂が宿っていると考える短剣 Klis とインドネシア人が好きなワヤン（影絵芝居）に出てくるマハーバラタの英雄 Krisna を組み合わせて作った商標だとインドネシア裁判官は考えたからである。最高裁でホンダ・アストラは逆転勝訴した。

Chinta Mani　キンタマーニ　如意宝珠

バリではキンタマーニと発音され、バリ島最大の Batur 湖のある高原の名前である。タイではチンダーマニーと発音され 17 世紀アユタヤ朝時代に作られた初めてのタイ語の文法書の名前である。如意宝珠の意味のサンスクリット語から来ている。バリがヒンドゥー教、タイが仏教を信仰するゆえである。インドネシアン・ポップスではチンタは「アイルマタ」と共に頻出する単語である。「愛する」と「涙」である。

Dien Bien Fu　ディエン・ビィエン・フーの戦い

日本の敗戦後フランスの武力での再植民地化に武力で対抗した北ベトナム政府軍は、1954 年ベトナム北西部ディエン・ビィエン・フーでフランス軍を打ち破った。この戦いによりフランス軍はベトナムより撤退した、戦いを指揮したグエン・ザップ将軍は一躍国民的英雄になった。1945 年 9 月 2 日の独立宣言から 9 年が経っている。インドネシアの再植民地化を図ったオランダ、英国軍との戦いの 4 年より数段長い。フランス軍撤退に伴いジュネーブ停戦協定ができ、17 度線で南北ベトナムが分かれた。しかし米国は停戦協定を無視し、介入を始めたのでベトナム戦争となった。不思議なことに中国の高校歴史教科表には掲載されていない。

Doi Moi　ドイモイ政策　越南的 Doi Moi 政策

ベトナムの社会主義市場経済を採る経済改革政策をドイモイと言い、ベトナム語で刷新の意味。1977 年に唱えられたが、実際には 1986 年の共産党全国大会より大々的に取り入れられた。経済開放政策と外国投資の促進が中心である。ラオスのドイモイは新思考（チンタナカーン・マイ）と言い、1988 年ラオス人民革命党（LPRP）により採択された社会主義市場経済政策である。中国の社会主義市場経済路線は、1978 年文化大革命で失脚した鄧小平が復活し、

中国共産党 11 期 3 中全会で主導権を握り「四つの近代化」推進を決議し、翌年経済特区ができたことに始まった。1988 年の沿海発展戦略を経て、1992 年に鄧小平が行った南巡講話で社会主義市場経済路線は確立している。

Four tigers　四小虎　亚洲四小龙

アジア NIES 諸国のこと。韓国、台湾、香港、シンガポールを言う。アジア NIES が経済成長したのは日本と同様に儒教文化圏だったからだという議論が 1980 年代に流行った。先進国の経済自由主義ではアジアは成長せず、開発主義によって成長すると言う論理の根拠にもなった。それは欧米的価値に対してアジア的価値があるという議論となった。

アジア的価値は激しい批判を欧米人に引き起こした。開発主義のネガの部分ともいえる少数者に対する人権抑圧や公害問題、そして大企業における男女不平等や過労死をかたくなに言う欧米的価値賞賛論者を勢いづかせる結果となった。

儒教文化圏論は以下の 5 点を言う。①勤勉と節約の儒教倫理が高い貯蓄率と長時間労働を可能にした。②儒教の忠誠心は企業や国家への忠誠心となり経済発展という統一目標に国民を駆り立てた。③教育を重視する姿勢が高い教育投資を可能にした。④儒教社会の官僚主義が高い行政能力を導いた。⑤個人主義ではない集団主義が良好な労使関係を導いた。

この理論は間違っている。儒教は仁義礼智信を信念体系として中庸の生活を送れば修身済家治国平天下ができるとする貴族、知識人の宗教である。労働者にこれらの信念体系を強要はしなかった。儒教文化圏と言われる国々では、孔子廟以上に関羽廟やマ妃廟が多く、そこでは運試しと現世利益が祈られている。

Globalism　グローバリズム

ヒト、モノ、カネ、情報の国境を超えた移動が地球大に広がり、企業経営、社会、文化が同質化すること。特にアングロサクソン型経済システムである市場万能主義による経済と社会・文化の支配力が強まっている際の言い方として globalism が使われることが多い。多様性を失わせる、環境が破壊される、貧富の差が拡大するとして反グローバリズムを称揚する金子勝、原洋之介のような学者もいる。globalization はそのような価値判断を含まない言い方である。

IT技術によりglobalizationが進んだという言い方がなされる。

洞口治夫法政大学教授は、globalismを多国籍企業の意図しないところで技術や生産システムのあり方がスピルオーバーし、それが一国の産業の競争力を変化させるという意味で捉えている。彼は、globalismをfeudalism（封建制）、capitalism（資本主義制）に続く新しい社会制度だと捉えている。面白い視点である。確かに市場万能主義が世界大に広がるということで、地域経済・国家からの反作用を生むだけでなく、相互に影響を及ぼして新しい社会制度が生れるきっかけになり得るかもしれない。反作用を感受できなければ多国籍企業の技術競争力は相対的に弱まるとの指摘は正しい。

Imagined Communities　想像の共同体

Benedict Andersonが1983年に書いたアジア研究の傑作。ナショナリズムがどのようにしてアジアに起こったかを主にオランダ領インドネシアとフランス領インドシナを中心に書いている。植民地官吏をベトナム人とラオス人はハノイで養成し、カンボジア人はパリで養成して、ベトナム人とカンボジア人が争うように仕向けた。ジャワ、スマトラ、バリという別の国・別の民族・別の言語・別の王様を持つ人々を順次植民地にしたという理由でオランダ語による植民地官吏養成をバンドンで行ったので、官吏の中にインドネシアという民族意識ができたと解釈する。つまり独立して国民国家を作ろうという意識における国民国家とは想像の共同体だというわけである。

京大教授だった故土屋健治は、プサントレンというイスラム宗教学校でのインドネシア語を使っての共同生活がインドネシアという民族意識を作ったとAndersonに対抗する説を提出した。バンドン工科大学卒のスカルノ初代大統領はスラバヤのプサントレンで民族意識を育てた。

Job hopping　転職

アジアの企業では転職が多い。特に大卒文系の転職願望は極端である。米国も転職社会だと言うが、経営トップ、コンサルタント、金融機関のスタッフ、弁護士のような専門職の他はあまり転職しない。特に優良企業と言われている企業ほどトップも含めてコアになる社員は内部昇進組で占められている。新規事業を始める際には転職者を採用せざるを得ないのは当然である。米国優良企業は成長部門を買収等で確保し、新規事業を始めることがあるために、転

職者が多いと見られがちなのである。

　転職社会インドでも Mahindra & Mahindra など優良企業で伝統ある企業は、新人大卒者の定期採用と内部昇進でコアになる人材を固めている。教育や職業訓練への投資は、労働者がより長い期間仕事に携わる場合に所得を増加させるのは新古典派の Becker や Schultz の人的資本論が教えるところである。それでもアジアが転職社会なのは、やっている仕事内容がどこの企業でも変わらない、つまり企業特殊的技能が訓練される必要がないからだと考えられる。

　シンガポールの銀行や証券会社が外資系も地場系も含めて転職者 MBA で埋まっているのは、シンガポールの金融商品が先進国での金融商品と差がないからである。企業特殊的技能には、企業特殊的業務知識のみならず他の社内の部署とおよび社外の人とうまくやっていく調整能力（コミュニケーション力）がある。

　アジア企業はトップダウンの経営が多いために、調整能力がそれほど必要ないので、転職人間でも間に合うのだと考えられる。つまりアジアの地場大企業は先進国大企業のビジネスモデルをいち早くまねしてトップダウンで社員に実践させ、自国のライバル会社を出し抜く経営手法を採ることが多いために大卒文系に転職者が多いのだと考えられる。もちろんまねしたいビジネスモデルを先進国大企業で実践していた自国人の社員を引き抜いて転職させれば、一番コストがかからないで済む。転職した社員の報酬が極端に高くても、先進国企業に本来支払わねばならないライセンス料に比較すれば大幅なコスト削減ができる。

　日本の伝統ある優良会社のアジア子会社が現地人の大卒スタッフに不満を持つのは、彼らが企業特殊的業務知識を学ばず、指示待ちをするからである。現地人大卒スタッフが日本人経営者に不満を持つのは、給料が低いことや内部昇進の天井が見えてしまうからだと言われるが、転職体質の企業向きの仕事がアジアの優良大企業の仕事だと思い込んでいる面もあると思われる。

　Lanner Dynasty　ランナー王朝

　北部タイ、Chenmay を中心に3世紀続いたタイ族の王朝。元のアジア征服活動の失敗後、北ビルマはシャン族が下ビルマはモン族（クメール系）が支配した。1292年モン族の王国を攻略した創始者マンラーイは、メコンとチャオ

プラヤ両水系と下ビルマに繋がる地域を支配した。ラオスにあったランサン朝（「百万頭の象」の意味）とも友好関係を保った。王国といっても部族（ムアン）の連合体的な組織である。ポルトガル人傭兵と火器で武装したタウングー朝ビルマが1558年シャン地方への侵略に続いて侵攻してくると無抵抗で滅びた。タウングー朝ビルマは引き続きアユタヤ朝タイをも1569年に滅ぼしている。森林資材を支配するのがラーンナー朝侵攻の目的であり、アユタヤ朝攻撃の目的は、マラッカ王国のポルトガルによる滅亡（1511年）で、ベンガル湾・インド洋交易（主にアチェ、バンテンといったインドネシアの港湾都市との交易）による利益が上げられたアユタヤ朝の利権を奪うためである。ランナー朝についてタイの国定教科書は沈黙している。国家は昔から1つだったのだと言いたいのだろう。そうではないタイは昔からムアンという小国家の連合体だったのだ。

Lead time　リードタイム

リードタイムとはある業務に取りかかってから終了するまでの時間をいう。工場から販売店までのリードタイムは輸送（logistic）リードタイムである。受注から納入までを生産リードタイムという。見込み生産ではすでに製品は作ってあるので、リードタイムは納入の手間だけである。共通の資材、継続使用の資材部品を在庫にもって短サイクルで生産組立てるATO生産（assemble to order、BTO生産（build to order）では生産リードタイムは一般部品調達、生産、納入である。個別受注生産では生産計画、部品調達、生産、納入が生産リードタイムとなる。

リードタイムを考えないで在庫を抱えて利幅を大きくして売るのが、アジアの伝統的な商売のやり方だった。それが今、アジアにおいてリードタイムの短縮を考えた国内輸出同時指向型外国投資で変わりつつある。

アジアの国内販売ではリベート狙いの大量発注も多い。リベートはメーカーが販売促進の目的のために流通業者に与えるもので、代金の支払いを受けた後で、一部を販売努力に応じて現金、商品、景品、招待などで還元する。合理的なリベート以外は違法な不公正な取引と見なされやすい。リベート目当てに多くして仕入れ量販店に横流しする卸業者が後を絶たないので、リベートを廃止しているすべて大手ビール会社や味の素、花王といった会社もある。リー

ドタイムの短縮にとってリベートは撹乱材料になっている。小売店が小売店頭での在庫を正直に報告しないからである。ディスクロージャーを好まないアジア企業の経営体質の1つだともいえるだろう。

Market friendly approach　市場に適合しやすい政府の政策アプローチ

世界銀行が1990年代半ばから言い出している政府介入の方法で、産業を手厚く保護育成する産業政策の放棄を開発途上国に勧告している。産業政策を立案するに当たっては適度な市場競争があるように制度設計した方が経済開発のスピードは結局速くなるとしている。保護優遇政策は期間を決めて行い、その期間終了後は優遇措置を撤廃するいわゆるサンセット方式を勧めている。JBICなど先進国のODA機関も同様なスタンスに立つようになっている。

Maslow's motivation theory　マズローの動機理論　Maslow的动机理论

マズローは、自己実現欲求の充足によって組織への貢献意欲を刺激せよという欲求段階説（need hierarchy theory）を言い出した。低い水準の欲求が満たされないと高い水準の欲求をするようにはならない。低い水準の欲求から並べると、生理的欲求、安全・安定性欲求、社会的欲求、尊厳欲求、自己実現欲求である。自己実現欲求は満足させられてもその動機づけの力は減じないのが他の欲求と異なるところだとした。

筆者はより高次の欲求があると考える。何者かと一体化しようとする欲求である。自己否定する自爆テロに典型が見られる。社会的に認められないからテロに走るのではない。自殺が自己実現欲求であるはずもない。また人間に宗教心が生まれたり、「愛とは欲求するものではない」というメッセージも同じである。一体化欲求は肉体的に考えられ過ぎる傾向があるのは本能だから仕方ない。しかし誰でも死ぬ際には「自分の人生は楽しかった」と自己肯定するものである。自己実現欲求のゆえだとするのは誤りである。「自分が残された人の心の中に占める位置があって欲しい、それが何者かとの一体化だ」と思うからである。神との一体化とはそれをより抽象した言い方に過ぎない。

マックス・ウェーバーは『プロテスタンティズムと資本主義の精神』で、勤勉に働くことが神の意思にかなっているとのコーリングの論理を展開する。新教キリスト教による考えが英米の資本主義経済思想になっていると考えれば、米国人マズローが、自己実現こそ神との一体化なのだと考えてしまうのも判る

ような気がする。

Multi Media Super Corridor　MSC 計画

　Malaysia の典型的な産業政策。マレーシアのマハティール元首相が提唱し具体化した高度情報通信インフラ整備の計画で、典型的な産業政策である。2020 年を目標として、マレーシアの産業構造を加工組立型産業から高度で洗練された高度通信産業へと転換しようという野心的なビジョン（ワワサン 2020）の中核プロジェクトである。この計画の下で、首都クアラ・ルンプール近郊に光ケーブル網を張り巡らし、情報技術関係の研究開発地域サイバージャヤや新行政都市プトラジャヤを建設して、同地域をマルチメディア・情報関係の一大開発センターにしようと建設を進めている。このため情報関連の先端国際企業を MSC ステータスという優遇策を与えて進出を促そうとしている。しかし、1997 年の「経済危機」などによってスローダウンした他、実際に進出した企業が少ないなどの問題も発生している。産業政策はアジアの政治文化の一部になっているという考え方もあり得る。

Neo classic economy approach　新古典派経済学的アプローチ

　途上国政府は開発政策を適切に遂行する能力を欠いているために、政府の積極的介入は腐敗と非効率を生む。したがって、政府介入は最低限にし、民間の自由競争に任せる市場メカニズムが機能するようにすればよいという考えが新古典派開発経済学として、1980 年代以降、幅を利かせている。いわゆる market friendly approach でありインフレ、財政赤字・国際収支の赤字をなくし経済を一挙に自由化して構造調整せよとの IMF 世銀の考えのバックボーンをなす。政府が国有企業を設立して生産活動をしたり、保護や規制を通じて特定の産業を育成することは排斥される。

　アジア途上国政府も市場に適合しやすい政策アプローチに沿った政策を採ろうとしているが、国内地場資本の圧力もあり、サンセット方式は徹底できず、他方で新古典派経済学的アプローチにより労働市場の自由化を進めるといった、地場資本に都合の良い、いいとこ取り（skip creaming）政策になっている面も見られる。

One village one product campaign　一村一品運動

　大分県の平松前知事が日本で広く有名にした地域振興策で、アジアでも農民

所得向上策として注目されている。各市町村が特産品を1つ作り広く社会にアピールして、地域の人々のモチベーションを高め、地域起こしにつなげようとするものである。Eco-tourism にも使える考えである。中国陝西省は杏や棗などを観光のみならず、地域特産品にしようと平松元知事のアドバイスを積極的に受け入れている。タイのタクシン前首相は、地域の農民・商業・加工業者が一村一品運動を理由とした場合には、農民の持つ土地耕作権や商人の持つ市場出店権に担保価値を特別に認めて銀行からの特別借入枠を設けさせ、首相府内で指導をする ATCC (asset to capital conversion) を 2003 年より始めた。野党は ATDC (asset to delt conlersron) だとして農民の借金が増えて返済不能に陥り土地耕作権を失う結果になると批判している。スマトラ沖地震で日本からの援助を拒否して人気取りをしたタクシン前首相の愛国党は、2005 年の総選挙に大勝利し、ATCC がさらに増えることが予想され、政府系金融機関である KTB、農業協同組合銀行の不良債権の積み上がりがタイの金融システムの不安定化要因になりかねない。日本の一村一品運動には金融策はついていなかった。外国の政策は現地に即して変更しないと機能しないというのは、アジアの政治家がよく言う1つの政治文化になっている言い方であるが、ATCC がタイの農村振興策として適当な政策といえるかについて、筆者は疑問を持っている。

Patterns of Culture　文化の様式

諸要素から文化が1つの統合体として持つ方向性ないし特性を言う。テーマ、モチーフ、エトスといった特徴的な価値観が各文化に見られるとして、文化の伝播論や進化論に反対した。『菊と刀』によって日本文化を分析したルース・ベネディクトが主張した。内奥からの希求に動機づけられて生き方にプレミアムをかけて、心理的、実践的に推進し、経済活動とその組織形態にまで影響を及ぼしていくものとマックス・ウェーバーはエトスを考えた。

Populism　ポピュリズム

人気取り政治のこと。タクシン前首相が典型。農民の人気取りのために金を貸し、国民の人気取りのために日本から金は借りないという。スマトラ沖地震災害で一切日本政府から支援を受けないと言ったのが典型。増税を言うと国民の人気が落ちて選挙で政権を手離す事になるからと財政赤字増を招くのはど

この国の現政権も考えるポピュリスト的政策だ。インドのほとんどの州議会が電気料値上げを言わず、州電力庁を赤字のままにしているのも、同じだ。インドは州政府ベースでも議員内閣制をやっている。

Primary commodities　一次産品

国際商品市況が成立しているために、市場取引がなされる。開発途上国の輸出品であることが多く、価格の大幅な変動は開発途上国の国際収支の不安定化を招く。しかし市場取引である限り投機的な動きはあり、価格が乱高下し不安定なので国際的な市況安定化基金（いわゆる緩衝在庫に対して融資する）がUNCTADに置かれたりしている。しかしあまり機能せず、技術協力による生産性向上や情報提供による市場開拓の方が役立つ事が判ってきた。多数国間で国際商品に関する協定があるのは、穀物、砂糖、コーヒー、ココア、オリーブ油、天然ゴム、ジュート、熱帯木材である。錫は1985年に協定が崩壊した。

アジア諸国の輸出品には一次産品が多く、常に国際収支の不安を抱えている、といった説明は時代遅れになっている。それだけ工業製品の貿易額が多くなっているのである。

Sankrantih, Sonkraan　ソンクラーン、タイ語、水かけ祭り

ミャンマーではthin gyan、ラオスではson kaan、カンボジアではsankraanと呼ばれる。上座部仏教で祝われる仏教における新年の行事。毎年4月中旬に4日間行われる。水をかけ合うのは相手に対する祝福と尊敬の印である。チェンマイ、ミャンマー、ラオスではホースで水をかける事までするのでびしょ濡れになる。太陽が双魚宮から白羊宮に移行することをもって新年とする。日本では天上天下唯我独尊と言って生れたとされる釈迦の赤子像に甘茶をその誕生日とされる4月8日にかける行事がある。日本版ソンクラーンである。

水は仏教ではアカ水と言われ、毎日仏壇の水は替えられる。ヒンドゥー教、イスラム教、神道も潔めの儀式として使われる。神社における手水鉢が典型である。一人キリスト教だけが水を崇めず、赤ワインをキリストの血だとして教会で飲む。ただし新教の一派バプティストだけは水桶に漬かって洗礼をする。キリストもヨハネによりヨルダン川で洗礼を受けたのだから、もう少し水を崇めれば、世界平和が成り立つと筆者は考える。それは水不足対策にもなるし、

かつ温暖化により海面の水位が上がって領土がなくなってしまう太平洋の国への配慮にもなる。

Sen, Amartya

1933年生まれ、Indian Economist、Prof of Cembridge University、Novel Prize laurate、著書に『合理的な愚か者』がある。合理的な経済人という考えは、見えざる手の下で利己心の満足を追求するという考えのゆえに間違っていると説いた。そこでの利己心は、oppotunismと市場の調整能力にあまりに期待をかけすぎるがゆえに投機家を生む。利己心の調教つまり規律と訓練によって共感能力を拡大し、最大多数の最大幸福を推進する道徳・教育・立法の原理を求めたのが、ベンサムの功利主義だとした。規律と訓練は特権者が施すものであってはならず、立法・司法・行政の担当者の任免は、普通選挙、リコールといった一般人の道徳に負うところのフィードバックが保証されていなくてはならない。開発途上国の人々は道徳・教育が生かせるための交換 entitlement が与えられていなければならないとした。

Sheddagon Pagota　most famous Buddist temple at Yangon, Myanmar, 6century, hair of Budda　シェッダゴン・パブタ

ミャンマーの首都ヤンゴン下町の中心地にあるスーレー・パゴタに釈迦の8本の遺髪がある。アショカ王時代のBC3世紀にミャンマーに布教に訪れた2人の僧が持参したものだと言われている。ヤンゴン郊外の山麓にあるシェッダゴン・パゴタには釈迦の実物の骨を入れた仏舎利があると言われている。英国植民地下に発見された仏舎利が、ヒンドゥー教徒、イスラム教徒が多いインド領内に置いておいては失われる可能性があると、植民地政府は同じ英国植民地であり仏教徒の国であるビルマに持ってきたと言われている。

名古屋の日泰寺にはその骨を分けたと言われる仏舎利が寄付されている。独立運動を指導し、入・出獄を繰り返した僧ウ・オウタマは、日露戦争に勝利した日本の援助を得ようと訪日し、名古屋の松坂屋から資金援助を得たことを記念し、独立後仏教社会主義を展開したネ・ウィン元大統領が寄付した。浜名湖弁天島にはやはりネ・ウィンが寄付した石碑が立っている。英国からの武力独立闘争を支援するべくアウンサンやネ・ウィンら30人を中国・海南島で軍事訓練した南機関の鈴木大佐の出身地が浜松だからである。

彼は独立後の賠償借款以来鎖国状態だったミャンマーにODAを出し続けたのは日本だけだったために親日家だった。そのかつての反英闘争の同志アウンサンの娘スーチーの反軍事政権運動のために、日本のODAがストップしているのは皮肉である。

Silk Road　シルクロード、東西交易路　丝绸之路

東西交易路として有名。特に漢とローマ帝国、唐とサラセン帝国時代の東西交易路として知られる。他の東西交易路にStep Road、Marine Roadがある。Silk Roadは1～16C、Oasis経由でcaravanによる交易が行われた。イスラム商人、ソグド商人（Sogdia、現在Tajikistanに後裔が居住している）が活躍したが、Osman Turkeyによる東ギリシャ帝国滅亡により、大航海時代が始まり衰退した。Marine Roadは1～7C、monsoon windによりインド商人が活躍した。東南アジアのインド化された古代国家を生んだ。8C以降は航海術に優れたイスラム商人が活躍し、14C以降のインドネシアのイスラム化を進めた。大航海時代16Cになると衰退した。交易品から陶磁の道、香料の道とも言われる。

Step Roadは遊牧民の交易路である。13～14Cのモンゴル帝国時代が最盛期。B.C.6のスキタイ族の活躍に始まり、匈奴、突厥、ウィグル、モンゴルが活躍したが、19Cシベリア鉄道開通により消滅した。

陸のシルクロード、海のシルクロードでの現実の交易は、中国とインド、インドと中東の間の2段階で行われた。つまり中国人が直接バクダッドに行くことも、サラセン人が直接西安に来ることも少なかった。雲のシルクロードという中国とインドの間の道もあった。西安から成都、雲南を経由してミャンマーに入り、インド東海岸に船で行くか、インパール経由で陸伝いにガンジス川流域に入る通路である。雲南を通ることと雲を下に見る山道を行くことから雲のシルクロードと言われている。雲のシルクロード経由で重慶にあった国共合作の中国軍を支援する英国軍の補給路を絶つとして、1944年インパール作戦を開始した日本軍は大敗北し、18万人の日本人兵士が戦死した。多くは関東軍から転進した兵士だったために満州の防衛が手薄になり過ぎ、ソ連侵攻により残留日本人孤児問題を引き起こした。陸軍大学では成績優秀で企画調整力も抜群だった辻征信　大本営参謀が犯した作戦失敗を糊塗するべく再度チャンスを

与えて大博打を打たせたのが原因だと『失敗の本質』は指摘している。優秀な人間と見なされるとその偏見はなかなか変わらないという悪例である。

Sun Zi's art of war　孫子の兵法　孙子兵法

B.C.6C、中国春秋戦国時代孫武が書いた兵法の書。勝つための戦略は、「敵を知り、己を知れば百戦危うからず」という言葉に代表される、ポジショニングに合った戦い方に尽きる。ポジショニングの明確化は「己の能力を客観化せよ」、ポジショニングによる戦い方の徹底は「原理原則に従え」、ポジショニングの進化は「主体的に仕掛けよ」、に代表される。孫子はポジショニングを知った上でどのように行動するかについて「五事」を言う。明確なビジョンを持ち、スピードを重視し、環境条件を分析し、リーダーシップを発揮して、組織・運営を図れとしている。

孫子の弟子と言われるのが、呉越同舟で有名な越王勾践の軍師であった范蠡レイであり、范レイは晩年勾践に殺されるのを逃れて、山東省に行き、中国初めての大商人、陶朱公になったと言われている。陶朱公十二商訓を残している。商訓というように孫子の兵法は主にマーケティング戦略として使われている。これらを現代化したのがランチェスター理論であり、それを数量化したのが、クープマンの法則である。

Sustainable development　持続可能な発展、持続可能な開発　可持续性发展

1992年の国連が主催した「環境と開発に関するリオデジャネイロ宣言」で採択された。生態系が保全される範囲での自然環境の利用、世代間の公平、世界的見地から見た南北間の公平や貧困の克服の3点からなっている。環境破壊を引き起こさない範囲で経済開発をするにはどうしたらよいかという文脈で語られることが多い。石油のような枯渇性資源の場合には、資源の利用自体を減らすと共に再生可能資源と代替できないかの技術的な検討が必要になる。hybrid carや風力発電の開発が典型である。再生可能資源の場合は資源ストックを減らさないようにすることが必要である。森林の保水力の保全、ラムサール条約に見る湖沼の保護登録、ワシントン条約に見る動物の種の保全と植物の種の保全に害となる経済活動の自粛が叫ばれている。より重要なのは水資源の有効利用、土壌の塩化防止策そして砂漠化の防止である。アジアでは経済発展

に伴うエネルギー利用量の大幅増大と水資源の不足、工業化による環境悪化、森林資源の保全が課題だろう。日本のODAも持続可能な開発のためのODAを考慮しており、環境ガイドラインもいち早く取り入れている。

Tersa Teng　鄧麗君　台湾出身の歌謡曲歌手　テレサ・テン

1970年代から活躍しており日本でも有名で東洋の歌姫と言われた。日本では「愛人」が大ヒットしたが、アジアでは中国の古くからの歌謡曲「夜来香」や自分の持ち歌の他に日本人歌手のヒット曲を中国語で歌って人気を博した。「北国の春」、「襟裳岬」がNIES、東南アジアの華人社会で圧倒的に知られているのは彼女の功績による。「昴」もアジアで知られているが、これは谷村新司の自己努力による。

Tidah apa apa　問題ない、気にしない、インドネシア語

問題ないは、アジアの日系企業ではしょっちゅう現地人スタッフから出てくる言葉である。インドネシアではティダアパパ（tidah apa apa, There is nothing for problem.）、中国では明白（min bai、問題ない）、タイではマイペンライ（mai pen lai、気にしない）である。タイ人の多くは気楽に仕事ができること（タム・ンガーン・サバーイ）を望んでいる。職場の人間関係が良い、家族的雰囲気である、上司の管理が厳しくないといった職場環境を、能力が発揮できて仕事が面白い（サヌック）ことより重視する。

日本でも「五時から男」というTVCMが流行ったことがある。終業時間が過ぎると、たちまちサバーイ（気楽で気疲れしない世界）からサヌック（楽しくて面白い世界）に変わる。このような仕事が苦役だという考えは仕事というタイ語（ガーン・ンガーン）が強制されて仕方なく行う賦役という意味から来ているからである。

Twelve rules of Tao Zhu-gong　陶朱公商訓12則

紀元前5Cの中国最初の大商人である陶朱公が言ったといわれる商業でいかに儲けるかの12の法則。春秋戦国時代の越王勾践（Gou Jian）の軍師范レイ（Fan Li）が、越王から命を狙われ、山東省に逃れた後の名前が陶朱公である。越王勾践は呉越同舟、臥薪嘗胆で有名だが、中国3大美人の1人西施（Xi Shi、他の2人はを項羽の妻虞美人、玄宗の妻楊貴妃、アグネス・チャンが日本で歌ってヒットした「ひなげしの花」が虞美人草である。国政を傾けた女性

"傾城という"のイメージと違う。夏目漱石の『虞美人草』の主人公藤尾は華やかである。）を見いだして、呉王に献上し、呉王が西施に夢中になり国政を忘れるようにさせたのは、越王匂践の軍師范レイである。呉の都は蘇州、越の都は寧波である。

　人を知る能力、人を操る能力、商売に集中する能力、組織化する能力、機敏かつ柔軟に対応できる能力、支払いを求める能力、人を使い配置する能力、表現する能力、仕入れで抜きん出る能力、機会を見つけ掴み出し脅威と戦う能力、例を引いて垂範率先する能力、長期的な展望を持つ能力、の 12 からなる。

　Vernon's product life cycle model　プロダクト・ライフ・サイクル・モデル　theory of economic development

　商品は開発段階、成熟段階、標準化段階を経て別の新商品にバトンタッチをして市場から消えてゆく。新商品は新技術や先端部品が必要で、かつ高い所得水準のある人しか買わないので、その商品開発は先進国で行われる。すなわち貿易は行われない。需要が拡大すると量産効果が出るので輸出され、次に生産コストが安い先進国で作られるようになる。消費地に近い方が需要動向に合わせられる。標準化段階では、消費者の動向を見ながら作る必要がなくなり、労働力の安い開発途上国で生産され先進国は輸入することになる。ハーバード大学教授だったバーノンがこの説明をしたので、バーノンのプロダクト・ライフ・サイクル・モデルと言われている。アジアの経済発展もこのモデルの中で捉えられがちである。しかし、IT 社会になり、全世界を市場として売る諸品開発が主流となり、IT 技術を使えば、途上国の安い人材を使った商品開発も十分に可能になってきた。それがなかなか進まないのは、技術や開発された商品が途上国では安易に盗まれやすいからである。そのため、BPO として業務の一部のみを、途上国で行うという方式が一般的になってきている。

　Wakarimashita　「判りました」　明白

　中国語では「明白、ミンバイ」、インドネシア語では"mungurti"、現地 FDI の職員や工員に指示すると、必ず彼らはこう言う。しかし何も判っていないことが多い。そこで川島織物上海では「あなた明白、わたし心配」と冗談まじりに作業のチェックをしているという。

War at Taras River　タラス河畔の戦い

751年現在 Kyrgiz にある、タラス河畔で唐とサラセン帝国が戦った。勝敗はつかなかったが、唐の紙職人がバグダッドに拉致されて製紙法が西方に伝わった。唐の総大将は高仙芝で朝鮮人である。当時は中央アジアのトルコ系王国は仏教国だった。

Zheng He's Great Navigation　鄭和の南海遠征

明代の宦官であり muslim である鄭和が 1405～1433 年まで 7 回にわたり Marine Road によりと大遠征をした。インド、アフリカ東岸に達した。朝貢貿易を進めるためだった。Maracca 王国は明に朝貢することで Siam 王国（Ayutaya Dynasty）からの侵攻を防ぐことができた。Maracca 王国は Morruca 諸島で取れる香料 clove（丁子）、natumeg の貿易で栄えた。

第16章
新制度派経済学でアジアビジネスを見てみる

1. 新制度派経済学の考え方

　新制度派経済学で、これまで述べてきたアジア・ビジネスがどこまで説明できるかを試みる。アカデミックな知識が現実を分析する手段になるかを示すためである。切れ味は必ずしも良くない場合もある。だからといって、現実の情報のみ追い続けていると、単に事情通にしかなれず、将来の見通しが困難である。情報と知識で現在と将来の姿を想定できる能力を身につける必要がある。その際に役立ちそうなアカデミックな知識の1つとして新制度派経済学があると見ればよい。

　新制度派経済学は、人間を限定合理的（bounded rationality）な存在と考え、機会主義的（opportunism）な行動やモラルハザード（moral hazard、道徳欠如）と呼ばれる行動をすると見る。それらの行動を防止するためも、制度的な仕組み（法律、ルール）、組織的な仕組み（組織規定、内規、コーポレート・ガバナンス）、社会的な仕組み（慣習、習慣、常識）は機能している。しかしそれらの仕組みは、ある状況で作られたものであり、限定合理的な性格を持つので、状況が変われば実効がない場合もある。そのために比較制度分析という手法が採られる。限定合理性、機会主義、モラルハザードを踏まえて組織と市場を分析しようとするのが新制度派経済学で、取引コスト理論、エージェンシー理論、所有権理論が主な分析手段として使われている。

　取引コスト理論　transaction cost　torihiki kosoto riron
　市場による効率的な資源配分にはコストがかかる。事前に取引相手を探索するコスト、取引契約をする契約コスト、契約をきちんと履行するかを見る監

視コストである。これらの取引コストが高いと、ある組織の内部で、経営者が、権限に基づき組織内で従業員に資源を配分してしまった方が効率的な場合が生ずる。市場と組織の関係を取引コストから説明し、取引コスト理論の先鞭をつけたのが Coase である。

その際に経営者には能力ある従業員を探索するコスト、職務と業績に基づき給与と権限配分を変える評価コスト、従業員が評価どおりの業務をこなしているか、会社に不利なことをしていないかを監視するコストが生じている。しかしこれらの組織内コストは市場での取引コストより少なくなくて済むことが多く、それが会社組織を生んでいる。従業員や経営者は、会社と継続的な関係を結ぶために、機会主義的行動やモラルハザードが避けられる。

これは、Hershuman（ハーシュマン）のいう Voice と Exit からも説明できる。組織内では、意見を言い、意見が聞いてもらえないのなら辞めるという選択が採られる。そこでは意見は金銭的コストというより便益的コストで示されることが多い。市場では、意見を言い、意見が聞いてもらえないのなら別の取引相手を探すことになる。市場では機会主義とモラルハザードがあるために、意見は受け入れられることが多い。ただし新たな取引先は商売を取りたいために意見をいったん聞いたに過ぎず、実際はその後でコストがかかったとして意見を聴かないことが多い。市場では意見は金銭的コストで示されるが、組織では意見は、便益的コストで示されるために、直接的な金銭的コストに換算し得ない場合がある。会社の路線争いや派閥争いが典型である。

市場、組織の取引コストは。取引状況において異なる。取引コストが高い取引状況は不確実性が高い、取引頻度が少ない、資産特殊性が高い場合である。取引があることを前提とした特殊な投資が必要な場合、取引がなくなると投資が回収できない sunk cost（埋没コスト）が生ずる。取引コスト理論は Williamson が完成させた。

エージェンシー理論　agency theory

他人に権限を委譲して特定の業務を行ってもらう場合、委譲する側（principal、本人）と委譲される側（agent、代理人）が持つ情報には格差があり、両者の利害が一致しないこともある。agent は principal の情報不足につけ込み、手抜き業務を行ってもエージェント関係は継続されると思えばモラル

ハザード行為を行う誘引が生ずる。それが組織内で行われると組織の不効率を生み、社会セクター間で行われると社会の不効率を生む。国民のエージェントである公務員による裏金作りや賄賂に見られる税金の無駄遣いがモラルハザードによる社会の不効率の典型である。

逆選択（adverse selection）もエージェントが本人の無知につけ込むという文脈で説明できる場合もある。中古車ブローカーは顧客の無知につけ込んで事故車を売ることができるために、中古車ブローカーの下には事故車が集まるという関係で、ブローカーを顧客のエージェントと見なせる場合である。不健康な人ばかりが保険に入るという逆選択では、エージェント理論は使えないので、単に情報の経済学で説明できると言えばよい。

モラルハザード、逆選択を防ぐためには、公務員法、監査役といった法規、社内内規といった組織規定、証明を受けない限り契約しないという契約規定などがある。

所有権理論　Shoyohen riron

取引されているのは、財それ自体ではなく、財の特定の特質が取引されているのだと考えるのが所有権理論である。財の所有権とは、法律的には財の処分権を言うが、排他的使用権、財の生む果実を得る権利を含む。所有権者は財を所有するすべての効果を自らに帰属させているわけではない。つまり内部化してはいない。財を維持するためにゴミが出る場合（例えば家で暮らして生まれるゴミ）、ゴミの処理代は自治体が負担するという例が典型である。これはコストを外部化（externality）しているのである。自動車を使用するために必要な道路の建設維持代は税金負担者が負担し、排気ガスは社会全体が負担する社会的費用となっている。所有権の理論ではこれらの外部費用を内部化できれば、財は効率的に市場取引されると考える。個人が財を私有するために社会が負担する費用がないからである。このことは、社会的費用が高過ぎる財については所有権を明確にしない方が良いという逆もまた成立させている。北方領土もそのようなものなのかもしれない。

2. 各章ごと、アジアの産業で使ってみる

(1) 第2章 世界市場とのインテグレーション、WTO、グローバル競争

表16-1 新制度派経済学の応用例(1)

	海外進出の形態	合弁企業	仕事観
取引コスト理論	A		
エージェンシー理論		B	
所有権理論			C

A. 貿易・委託加工は市場取引である。直接投資・間接投資は組織取引である。技術移転は長期継続的な市場取引だが、長期継続的なものにして取引コストの削減を図った中間組織である。

B. 外資系合弁企業の経営者は、現地側出資者から指名するのか外資側出資者から指名するのかは合弁契約の重要な規定事項である。経営者は株主のエージェントであり、株主の利益最大化のために働くといっても、株主の利益は現地側、外資側で一致しないことが多い。経営者は企業価値最大化のために働くとしても、それは配当が多ければ良いというものではない。配当が多過ぎると内部留保ができず、競争優位を築くための新規設備投資資金の調達が困難になる。株主が合弁会社に供給するものがある場合には、合弁会社の費用を多くすれば株主の利益は多くなる。そうすると経営者は、情報の非対称性を利用して、パートナーおよびパートナー指名の経営者を出し抜こうと考える。そのために経営者の間の情報の共有が行われず経営陣としてのまとまりが欠け、業績不振になる事も多い。

C. 会社で得たスキルを持って、他社に高く自分を売り込む転職をして他の企業でスキルを生かすのは、スキルを所有しているのは人であり、会社でない限り所有権論からすれば非難される行動ではない。特定の会社の利益にしか寄与していなかったスキルは他の会社の利益に寄与する事で、個人ベースの技術移転がなされ、社会的利益になる。しかしそのスキルが会社に属する部分である場

合には違法だろう。会社は会社ベースでの技術移転の機会を逸するからだ。ではスキルの所有権に会社は介入できないのか。「ノウハウは企業に、スキルは個人に、」という考えが基本だ。無償技術協力で途上国の技術者を育成するODAが許されるのは、個別の会社のノウハウにわたらない、産業全体に必要なスキルの範囲までである。自動車会社は車を売っても、車の排ガスによる被害者の病院費用を負担していないではないかという非難は、この所有権を維持する事による社会的費用の分担の話だ。と考えると、退職技術者が中国や韓国の会社に雇われて、日本の会社勤務中に得た自分のスキルを教えるのは良いが、その中に会社のノウハウが入っていてはならないという考えが基本だ。スキルは公共財になり得ても、ノウハウは私有財のままなのである。しかしノウハウも知的財産権である限り公共財的性格があるだろう。それは、特定企業のノウハウが産業全体のノウハウに変わったときだといえる。

(2) 第3章 社会学と経営戦略論を使ってアジアビジネス事情を理解する手法

表16-2 新制度派経済学の応用例(2)

	オートポイエシス社会システム論	文化の否定性
取引コスト理論	A	
エージェンシー理論		
所有権理論		B

A. 公共圏における議論を通して社会は変わっていくとするハーバーマスのコミュニケーション的行為を、オートポイエシス社会システム論は、取引コストがかかりすぎると非難していると見ることができる。取引コストが高いと、指示命令が機能する組織ができる。筆者はアジアでは、コミュニケーション的行為はむしろ権威主義を助長し、不毛だと考えている。アジアの政党の多くが特定指導者の権威を押し立てる個人政党であるのが1つの例示である。正義と公平は立場の違い・趣味の問題と考えるアジア人が新興中間層にも多い。自分の問題に関わらない限り、他人に無関心なのがアジアンの世紀だ。ただし侮られることは自分の問題だから、指導者が国を私物化して国を外国に迎合させてい

ると思えば、タクシン退陣のような市民運動が起こる。韓国の反米運動、日中韓の靖国神社問題も、この侮りを自分の問題と捉えたから起こった市民社会の反応だろう。

　それを欧米流の市民社会がアジアにはまだ根づいていないと言う必要はない。欧米市民社会の核心をなすキリスト教は個人が直接神と繋がっているので、他人に寛大さを示すことを神からの義務と思う被害者意識がある。議論がなくては自分が神とつながっていることを確認できない。アジアではそのような被害者意識が無いから、他人に寛大＝無関心なのが世間だと捉えている。欧米社会では近代的市民としての自我が尊重されるので、その標準的自我がない者を隔離するのだと考えれば、フーコーの『監獄の誕生』も判りやすい。

B. 国民国家は、統合のイデオロギーを失い、少数民族の権利を尊重することによってどうにか生き長らえている。そのため、少数民族は自らの権利をより主張して分権そして独立を求めるようになる。その少数民族が住む地域に国民国家の天然資源がある場合に、国民国家は独立を認めず、民族紛争が激しくなる。少数民族は各自統合の象徴として文化と土地を重視することになるから、分離独立運動は内面化する一方で、居住を巡り物理的排除が伴う武力紛争を起こしやすくなる。それほど内面の所有権は外面としての土地の完全所有権を伴うものなのだろうか。限られた生産手段としての土地を巡る争いは、階級闘争ではなく民族紛争というかたちで現れている。所有権はなく、公正・公平な利用権のみあるという考え方に立てば、紛争解決の糸口は見つかる。利用権の市場取引なら投機も避けられる。

(3)　第4章　国内市場型産業：小売業、不動産業、華僑ビジネス

表16-3　新制度派経済学の応用例(3)

	不動産業	華僑ビジネス	華僑のトップダウン経営
取引コスト理論		B	
エージェンシー理論	A		C
所有権理論			

A. 不動産業は地場資本のみが行うことが多い。外資が参入できる場合も合弁企業の形態でしか認められない。土地は限られた生産財の典型で、かつ外資に土地所有を認めないという制度を採る事も許されているからである。そのため地場資本は土地に関する情報の非対称性を最大限に利用する。中国やベトナムの地場国有企業が現物出資する土地使用権の評価額は、地場資本間で取引する場合に比して極端に高い。評価額を決めるのは市場ではなく現地政府であり、地場政府は地場国有資本の合弁会社経営への介入度合いを高めるために、地場資本の出資比率を高めようとするからである。この意味で、地場国有企業は現地政府のエージェントとなっているが、その間に情報の非対称性はない。もちろん、地場国有企業指名の現地側経営者は地場国有企業のエージェントとして、情報の非対称性をなくそうとするモチベーションを持っている。それが経営者間の情報の非対称性を生むことにもなる。

B. 華僑がダボハゼ経営をすることを取引コスト理論から説明してみる。商人資本として外資の現地代理店であった華僑は、外資が現地生産をする際の合弁のパートナーとなることが多い。現地販売代理店と外資との関係は中間組織である。現地での販売量が多くなると、現地生産の方がコストが安くなる。地場企業に生産委託をして現地で売ってもらうと、地場企業の側に情報が集まり過ぎて、外資は地場企業に手玉に取られる。外資にとって現地販売代理店を合弁パートナーとすることは組織化するに際しての、現地販売ルートや現地政府とのネゴにおいてのリスクヘッジになる。外資は、当該現地生産をした製品のみならず多様な製品を本国では生産している。華僑資本は、外資の本国で売れている多様な製品のうち現地で売れるものを見分ける目利きとなれる。外資が技術を持たない場合、その外資から技術を持つ外資を紹介してもらい別の合弁事業をすればよい。売れるものにはすぐに飛びつくダボハゼ経営が始まる。

C. 華僑資本がトップダウン経営なのは、大株主＝経営者となっている華僑が多いからである。これらの華僑にとってエージェントと本人である株主との間に情報の非対称性はない。ダボハゼ経営なので経営方針のトップダウンは華僑資本にとって当たり前である。

(4) 第5章　輸出市場型産業：アパレル産業、食品加工産業

表16-4　新制度派経済学の応用例(4)

	開発輸入と委託加工	残留農薬	遺伝子組換食品
取引コスト理論	A	B	
エージェンシー理論			C
所有権理論			

A. 輸入企業が、原料、デザインを示して現地の企業に生産してもらい全量買い取る際に、地場資本の企業を使う開発輸入や委託加工の場合と、直接投資先企業を使う委託加工の場合がある。地場企業を使うのは中間組織を使うやり方で、直接投資先企業を使うのは組織を使うやり方だ。市場取引ではQCDSは徹底できないから監視コストが高い。中間組織ではノウハウが漏れるから契約コストが高い。しかし直接投資先企業という組織を使うのには設備投資が必要なので回収までの期間が長い。つまり短期的コストがかかる。それを直接投資は、探索コストが高いということと同じ意味だというのなら、コースの理論でよい。直接投資は、取引コストの不確実性を低くし、取引頻度を多くし、資産特殊性を高める取引状況であるというのなら、ウィリアムソンの取引コスト理論になる。取引コストの低減メリットが設備投資・企業運営コストより大きいから直接投資をするのだと説明できる。

B. 残留農薬は市場から調達する際の取引コストのうち監視コストが高いという問題だ。残留農薬が問題になった時点では、中国産品の所有権は輸入者の側に移っている。残留農薬のある食品により被害者が出た場合、その社会的費用は輸入者が製造物責任により責任を負うことになる。製造物責任は中国の輸出者にもあるが国外にあるので、填補請求はできず、取引停止しかない。取引停止で外貨収入が得られなくなる現地政府が輸出禁止措置を採るのは、日本の消費者のためを思ってのことではない。

C. 日本では遺伝子組換（GM）食品の表示が義務づけられている。しかし再加工された原料の一部に遺伝子組み換え作物が使われていた場合に、義務の有無にかかわらず、そしてトレーサビリティがあったとしても、B2C企業には表示

が困難な場合があるだろう。Aventis が作った GM 作物のとうもろこしを食べた動物の免疫力が落ちているとの報告もある。しかし確定的な疫学上の証拠がないことを利用して、人口爆発を起こしている小さな地球を救う農業革命だと、GM 作物の特許を持つ Monsanto、Beyer、Aventis 等の大化学企業は主張している。彼ら本人のライセンシーとなっている GM 作物製造企業はエージェントとして、情報の非対称性の被害者になっていると見ることができる。万一の製造物責任は両者が負う。植物の遺伝子マーカーを使えば、虫と病気に強く作量も多い種子が伝統的な育種でも加速できるようになってきた。MAS（マーカー利用選抜）という。市場を握り特許料で稼ぐ仕組みに風穴を開けて、Microsoft に対抗する Linax 同様オープンソースという考え方で誰でもタダで MAS 技術にアクセスし改良を加えられるようになっている。私有財としての知的財産権が支配している市場で、別の知的財産権を流通させるために、その公共財的性格を最大限に利用しようという戦略であると共に、情報の非対称性をなくす戦略である。

⑸　第 6 章　自動車産業、自動車部品産業、鉄鋼業

表 16-5　新制度派経済学の応用例⑸

	地場下請企業	鉄鋼業の提携と合併	系列取引
取引コスト理論	A	B	C
エージェンシー理論			
所有権理論			

A. 日本の自動車部品産業と自動車産業の間の下請け関係は取引コスト理論で説明できる典型例となっている。新車モデルの部品を作るために必要な工作機械は他の部品製作用に使えないという資産特殊性があるので下請けになるのだという説明や、デザインインは中間組織の典型であるという説明である。アジアで下請企業となる地場企業には、デザインインも特殊な工作機械の導入もない。二次下請け以下が多いからだ。アジアにあるのは、サプライヤー・サポートという地場下請先企業への技術サポートである。地場下請先企業に QCDS

を守ってもらうためだ。自動車産業のQCDSは産業レベルのノウハウになっているとしてタダで教えている。しかし自動車と自動車部品産業のQCDSの水準は非常に高いために、他の産業に供給する際にも使える。他の産業では特定企業のノウハウでカバーされる部分も多い。筆者は、日系自動車部品産業はサプライヤー・サポート・フィーを地場企業から取るべきだと考えている。部品調達費と技術移転代は相殺できる。そうしないと、日系自動車産業栄えて、他の日系組立産業は滅ぶという事態も起こり得る。

B. 鉄鋼産業では提携合併の動きが急である。中国国内鉄鋼産業間の合併は、生産集中による生産コストを削減するためだから取引コスト理論と無関係だ。ミッタルによるアルセロール買収という国際的な合併は自動車薄板鋼鈑の技術を得るためだから、コースの言う契約コスト削減のための組織化だといえる。そして国際的な提携は、鉄鋼産業においては新規設備投資コストが大きく、かつ特定の自動車企業との長期継続的な関係がある一方で当該自動車企業が海外投資して現地調達する必要があるためだ。つまり資産特殊性があり、取引頻度が多くかつ取引において不確実性がないために採られているのだと考えれば取引コスト理論で説明できる。

C. 自動車部品企業は系列の自動車組立企業に納品する系列取引を行っていると言われる。取引コスト理論では、資産特殊性がある（ホールドアップ効果）ので系列取引をすると説明する。しかし、どの自動車部品企業も系列を超えた取引をしていることも事実である。ホールドアップ効果により価格決定権が自動車組立企業に一方的に握られないための戦略だ。アジアでの日系企業では系列外取引がより多くなる。組立会社の側では、地場企業より技術において心配のない、かつ日本語でコミュニケートできる日系企業に発注したい。価格より品質、納期を重視するのは、現地で生産し始めの時期では当然だ。探索コスト、監視コストが安いからだ。契約に至る交渉にかかるコストも安い。「次回の発注で儲けさせてあげるから今回の発注では我慢してくれ」という論理は、技術力のない地場企業には通じないからだ。

　一緒に進出してくれと言われた部品会社は、従来の系列会社からの発注だけでは採算のある売り上げができない。そこで、日本で行っていた取引以上の系列外取引を多くせざるを得ない。工場同士が近いので系列取引が始まる場合も

ある。アジアでの組立会社の立地は日本のそれと異なる。日本では付き合いのなかった組立会社に納入することが起こる。

(6) 第7章 家電産業、電子部品産業、IT 産業

表16-6 新制度派経済学の応用例(6)

	EMS	ファウンドリー企業	BPO	アジアでのリロケーション
取引コスト理論	A	A	B	
エージェンシー理論			C	D
所有権理論				

A. 電子部品や IC の技術革新は速く、新製品を作るための設備投資額は巨額である。家電企業や電子製品企業では、自社用の電子部品を内製するコストが大きくなり過ぎた。技術革新の速さから償却不足が起きるのである。EMS 企業は多数の家電企業や携帯電話メーカーや PC のような電子製品企業から、部品の生産を請け負う事で、償却不足が解消できる。特定企業間で部品生産を請負う事で探索コスト、契約コスト、監視コストを低くできるので、アウトソーシングしていると言えるから、コースの理論の世界で説明できる。資産特殊性があるので、EMS 企業は特定の複数企業からの受託生産をして部品組立をしているとも言える。ファウンドリー企業は複数の電子製品企業から委託を受けて、客先仕様による設計、デザイン、部品生産をし、さらに OEM 生産をする場合もある。有形資産に特殊性があり、ブランドという無形資産に特殊性がない企業がファウンドリー企業となる。

B. BPO はカスタマイズされた IT ソフトウェアの受託生産に始まり、クレーム処理やデータ入力といったサービスのアウトソーシングをする企業である。BPO 企業として有名になれば、探索、契約、監視の各コストが低くて安く発注できるとして BPO 企業という別会社に発注するようになる。インド企業が BPO 企業として優れているのは、英語が判るのみならず、監視コストが低くても、発注元のライバル企業はインドにはおらず、営業秘密は容易に漏洩することがない。国内アウトソーシングではこの情報漏洩のコストが高い。

C. クレーム処理をBPO企業に任せると、クレームの中から新製品開発の種を見つけるということが困難になる。BPO企業がエージェントとしてなすクレーム処理は、マニュアルに沿うものであって、BPO企業は新製品の開発をしないからである。新製品開発のネタになるものは報告せよとしても、何がネタなのかについてのノウハウやスキルはBPO企業にはない。つまり新製品開発に繋がるクレーム処理はプリンシパルがやるべきなのだが、同じクレーム処理の中での区別はつけにくい。

D. 日本の家電企業は、アジアにある子会社のリロケーションに取り組んでいる。生産する製品の見直し場合によっては子会社閉鎖も辞さない。家電企業は製品別事業部制を採っていたために、他の事業部の立地を無視して立地していることが多く、会社としてみれば重複投資になっていた面もある。中国・韓国家電企業との激しい競争にいったんは負けたが、挽回することを狙っている日本家電企業は、付加価値の高い製品事業は日本で行って技術漏洩による付加価値低下を防止し、付加価値の低い製品事業はアジアの特定国で行い、規模のメリットを生かした生産コストの削減を図るという戦略を採っている。SCMによるロジスティックコストの低下、地域経済圏による関税低下、アジア通貨危機による現地パートナーの出資比率の低下による発言権の低下がリロケーションを可能にしている。製品別事業部制をやめて情報力に優るようになった本社はアジア子会社を真のエージェントとして使えるようになっている。

　しかし、アジアで売る際には個々のアジア諸国の消費タイプの動向（市場のコンテクスト）を踏まえなければならない。アジア各国にあった製品別の子会社は自国市場のコンテクストを把握しやすかった。リロケーションにより市場のコンテクスト把握が遅れる恐れが出てきた。販売子会社の能力アップと権限アップが必要だ。

(7) 第8章　化学産業、日用品産業

A. 電子部品材料には化学製品が多い。電子部品材料は多種にわたるため、化学企業も素材メーカーとして大企業である化学企業から、技術志向のベンチャー企業まで多種にわたる。問題は、彼らの技術開発力である。素材メーカーには大企業が多いので、価格交渉力が強い。しかし電子部品材料においては、納入

表16-7 新制度派経済学の応用例(7)

	電子部品材料	地場エチレン企業	P&Gのブランドマネージャー	化学材料の技術革新
取引コスト理論	A			
エージェンシー理論		B		D
所有権理論			C	

する先の電子部品メーカーおよび電子製品メーカーの意向に沿わねばならないために、価格交渉力は大企業とベンチャー企業で差はない。また製品開発力において研究開発費を多く持つ大企業が有利という事もない。確実な顧客がおり、プロセス改良技術でできる新製品も多いために、研究開発費を出してくれる外部者が得やすい。つまり供給側の取引コストにおいて企業の大小における違いはない。ただし有害化学物質を含む電気製品使用禁止というRoHS規制のような規制が世界中に広まると、上流も持っている大化学企業が有利になる。価格交渉力も大きくなりユーザー企業の取引コストは高くなる。

B. アジアでの消費水準が高くなる一方で、アジアが家電、アパレル、靴・バックの世界的な生産基地となると、プラスティック製造業や合成繊維・アパレル業をしていたアジア企業は原料、特にエチレンの安価で安定的な供給を望むようになる。それがアジア各国別にエチレンコンプレックスを自国内に作るという動きとなって、1990年代以降に現れている。地域経済圏ができたときに地域内で価格リーダーシップを取れるようにしようという思惑も能力過剰な設備投資を生んだ。それらはアジア通貨危機で破綻した。しかし通貨危機のなかった中国では今も続いている。エチレンは外国から輸入するより自国で生産した方が安定的かつ安価だという保証はどこにもないが、アジア各国政府は支援策を出している。それらは合弁企業で行われるので、外資による技術移転と資金調達に期待をかけているのである。現地政府と組んだ内資と外資が、自国生産が安価安定的だという根拠のないメッセージを送り続けることにより、アジア各国に能力過剰で採算性が低いエチレンコンプレックスが林立するという逆選択が起こっている。

C. P&Gは個々の商品ごとにブランドマネージャーを置き、彼は全世界の商品

のブランドの統一性とブランド価値の向上のための業務をしている。これは、日用品の現地販売においては現地のコンテクストに即したものにするため、販売は現地人に任せる必要があるし、現地販売コストは上がる一方だという考えを抑制する効果がある。先進国で使った広告をアジアでも使えれば広告制作費が節約できる。アジアでは欧米人・欧米品崇拝の考えがあるので、アジアで格別に欧米人モデルの広告を作る必要はない。しかしアジアでは温水ではなく水風呂を使うことが多い。そのために常温で泡が出るシャンプーや石鹸を開発する必要がある。入浴とは泡を出すことなのだという欧米イメージを現地で流し過ぎために、マーケティング費用は安く済んでも商品開発費用が高くなってしまう。ブランドマネージャーの仕事は困難だ。

D. 化学材料の技術革新は速い。企業の行う研究開発は、なるべく早く技術革新を起こす技術を見つけて短期に利益を得るのが目的だから、基礎研究に力を入れない。1990年代日本企業の多くは中央研究所のリストラを行い、基礎研究従事者をリストラした。リストラされた研究者は、サムスンのような基礎研究に力を入れ始めた韓国や台湾の企業に転職したり、アカデミックに入るしかなかった。日本の産官学連携ブームの下で、基礎研究からの技術革新で成功したベンチャー企業は少ない。台湾韓国企業による技術革新の方がこの数年間では成果が出ている。経営者の研究者の持つ暗黙知に対する共鳴度合いの問題だと山口栄一同社大学教授は言っている。山口教授によれば野中郁次郎のSECI理論のみでは持続的技術革新しか生まれず、パラダイム破壊的技術革新のためには経営者の暗黙知による共鳴が必要だとする。経営者は株主に優る情報収集能力は当然あるが、情報吸収能力が不足すると、株主のエージェントとしての機能を働かなくさせる。しかしそこで想定されている株主は数年間株式を持ち続ける安定的株主だろう。技術志向企業だとして数年間持ち続ける株主がどれだかいるかかが問題だ。本業で儲からなくなっても基礎研究費を削らない経営者を生かしておく機関投資家は少ない。アジア企業の多くは、基礎研究は先進国企業に任せておいて、開発研究で短期的に儲けようとしている。

(8) 第9章　エネルギー産業、電気・水・ガス供給業

表16-8　新制度派経済学の応用例(8)

	アジアの石炭火力発電所	インドの電力料金	BOT事業
取引コスト理論			C
エージェンシー理論		B	
所有権理論	A		

A. 石炭火力発電所は、CO_2排出量が多く地球温暖化という負の外部性を持つ。原子力発電所はCO_2排出量が少ないから負の外部性は持たないが、運営維持が困難なので内部化費用がかかる。アジア途上国では電気事業は国有企業で行っている場合が多い。政府予算の規模が少ないアジア途上国では、国有企業に対し一時的な建設資金は出せても、毎年必要な維持運営費を出すことはできない。アジア諸国の国営電力会社で原子力発電をすることの危険は、安全運転が担保されないという内部化によるリスクである。CO_2排出が少なくて済む最先端技術を持った外資系企業にBOT方式で石炭発電所を建設運営させた方が良いという考えが出てくる。

B. インドの電力会社は州有企業である。送電事業は連邦所有の電力会社が行っている。インドの電力料金は州電力委員会が決める。州有企業の経営者は所有者である州政府のエージェントになっているがために、利益が出せない。州政府は電力会社の顧客である電力消費者に電力料金値上げを許さないという人気取りをして州政権を維持したい。つまり経営者は利害関係者のうち所有者と顧客のみを重視した経営を行っているといえる。会社は株主のものではなく、利害関係者全体のものであるという考え方の方が、インドの電力会社の経営改善に役立つ。

C. エネルギー産業や発電会社では、プロジェクト・ファイナンスやBOT方式といった手法による、外国資本の導入が盛んである。エネルギーは自国の資源なので自国企業による開発が最適だという考え方はない。自国企業に掘削技術がないからのみではなく、プロダクトシェアリング契約（生産物分与契約、PS契約）により、資源所有者の取り分を多くすればよいとの考えがあるからであ

る。意図的に契約コストと監視コストを高めておくのである。外資の側も石油掘削というハイリスク・ビジネスで商業生産に見合わないかもしれない投資をしたくないので、合弁企業という組織化を嫌う。

電力BOTでは、国有企業が行っていた事業の一部を外資にさせるために、外資に儲けさせる必要はないという考え方が強い。PPA（power purchace agreement）という長期電力購入契約で自国電力会社は高く買わされているという議論である。電力料金が人気取り政策（ポピュリスト政策）のために安く設定されているという理由の他に、送電、配電では外資参入を認めないので、効率的な電力の事業運営ができない、資源節約になり環境汚染にならないような最先端の設備を外資が持ち込むためにコストが高くなるという理由もある。BOT方式による発電事業は、国家予算の不足により、国有電力会社がやれない一部の発電事業をする、補完的役割なのだという説明を現地政府、国有企業は意図的にしない。合弁企業ないし100％外資企業という組織化により、取引コストを低くしようとしても、PPAの見直し要求がなされるということは、監視コストが高いという市場の弊害が直されていないことを意味する。

(9)　第10章　機械産業

表16-9　新制度派経済学の応用例(9)

	中国のバイク産業	建設機械、工作機械
取引コスト理論		B
エージェンシー理論	A	
所有権理論		

A. ホンダは、2005年より、中国No.1のバイク企業嘉陵との合弁事業で、バイクを生産するのをやめ、小型発電機生産のみにすることにした。合弁企業が出資者であるホンダの意向を聞かず、もう一方の出資者である嘉陵の意向ばかり踏まえた経営をするからである。国有企業嘉陵はホンダとの合弁会社で作るモデルを限定し、合弁会社で作ったモデルを嘉陵の代理店に置かないことで、ホンダブランドが中国国内に波及しないようにしている。そしてホンダが出し

ている技術とデザインが、重慶における嘉陵のライバル企業力帆に漏洩することを防止しない。力帆の社長は以前は嘉陵の技術部長であり、力帆は中国政府の支援を受けて全世界でバイクの子会社を作って、ホンダの全世界シェアを奪っている。中国人経営者は出資比率の多い出資者のエージェントとなり、取締役の忠実義務に反している。

B. 建設機械ではキャタピラーとコマツ、そして工作機械では日本製ないし日系企業製のブランドはアジアで高い。値段は高いが壊れにくいことが評価されている。キャタピラーやコベルコ建機が輸入品で対応しているのに対し、コマツが現地生産品で対応しているのは、品質保証に自信があるためである。アジアで建設機械や工作機械は日本で考えられないような、乱暴かつキャパをオーバーした使い方がされる。機械が壊れると、建設工事と工場操業がストップする。機械修理は現地でやらねばならない。修理部品の迅速な供給のみならず代理店のサービス支援をする必要がある。機会主義的なその場凌ぎの修理では、またすぐに壊れるし、機械はより大きなダメージを受ける。建設機械や工作機械は、取引頻度は低く、資産特殊性は高いので、取引コストは高いはずなのだが、日系ブランド品をすぐ選ぶという取引コストが低い取引になるのは、不確実性が圧倒的に低いからである。

⑽ 第11章 セメント産業、建設業

表16-10 新制度派経済学の応用例⑽

	セメント価格のコントロール	建設業における下請	建築廃材
取引コスト理論	A		
エージェンシー理論		B	
所有権理論			C

A. ベトナムセメント公社は、自前のセメント会社を持つ他に、南北にある大規模な外資系セメント会社の合弁パートナーとなることにより、セメント価格の政府主導を進めようとした。しかし需要が大きくなり過ぎて、国内増産しなければ、輸入品を入れざるを得なくなり、外資側が経営権を握る増資を認めざ

を得なくなった。もともとセメントは監視コストが安いので市場取引になじみ、関税で契約コストを高くして国内企業を守っていたが、WTO 加盟と地域経済圏の動きで関税を低くせざるを得なくなり、契約コストが安くなってしまい、市場取引の方が地場建設業に有利になってしまって、セメント価格の政府主導を放棄せざるを得なくなったのである。

B. アジアの公共事業では、地場企業が優先される。ODA による建設工事でも同じである。そのため、外資建設企業は地場建設企業とコンソーシアムを作って受注するか、外資が地場企業の下請けとなって受注する他なくなっている。外資は地場建設企業のエージェントなのだが、技術も資金力も工程管理能力も本人より優れている。しかしその情報の優位性は、地場企業優先原則により発揮でないのである。日本の公共事業でも地場優先原則の下で大手建設業者は情報の優位性が発揮できている。現地公共事業では国際入札が行われ、受注価格を安くせざるを得ず、そのために技術を安く出さざるを得ないからだと考えられる。日本の公共事業でも談合摘発が進むにつれて、地場企業優先原則を見直さないと、技術の安売りが始まるだろう。

C. 日本で問題になっている建設廃材の環境汚染問題はアジアでは問題になっていない。廃材をそのまま別の建設資材として再利用する廃品回収業があるからだろう。しかし、コンクリート廃材は廃品回収業によって再利用できる代物ではない。PET ボトル同様コンクリート廃材を道路舗装資材として利用する、設備投資を伴った環境ビジネスが技術を持った外資に開かれている。

(11) 第 12 章 広告業、旅行業、メディア産業

表 16-11 新制度派経済学の応用例(11)

	広告	メディア	旅行
取引コスト理論		A	
エージェンシー理論	B	D	
所有権理論			C

A. マスメディアが提供する知的資産には、知識（分析・評論・主張）、情報（事実の記述）、データ（情報の構成要素）がある。アジアビジネスに関する知的資産の取引コストが安いのは、新聞では情報、テレビでは情報、雑誌では知識、ITではデータである。

B. 中国のテレビ局は、広告放映をしないで外資系企業に請求することがある。外資系企業が放映したとの情報をチェックできないと思っているからである。

C. レジャーの感覚が国により異なる。先進国に来る途上国の旅行者においては、訪問先が多様なスケジュールが好まれ、途上国に行く先進国の旅行者には、訪問先が少なく余裕あるスケジュールが好まれる。時間所有の特質が違う。

D. アジアの新聞とテレビは企業、国家セクターについての情報源が少ないことに悩んでいる。そのために企業、国家セクターが自らに都合の良い情報のみが流通し、メディアはそれをそのまま報道することになりがちである。つまりメディアは本人の言うがままなのである。

(12) 第13章　輸送業、通信業

表16-12　新制度派経済学の応用例(12)

	3PL	通信と放送の接点
取引コスト理論	A	
エージェンシー理論	B	
所有権理論		C

A. アジアでは、買い手が輸送費を負担し、売り手の下に商品を取りに来る事が多い。輸送会社が零細なので、買い手がアレンジした方が輸送費が安く済むからだ。アジアのB2Bの日系企業は、日本同様、売り手の方が輸送費込みで受注する事が多い。しかし今買い手の方が輸送費を負担し、売り手の下に取りに行く方式が中国の日系自動車組立メーカーでは主流になりつつある。ミルクランという。零細輸送会社に頼んでは、自動車部品の適時な配送と品質の維持が満たされないことがあるからだ。3PLとして日系輸送会社がミルクラン業務を引き受けている。

B. 外資系輸送会社が行うアジアでの3PLの業務範囲は単に輸送するだけでなく、通関、在庫管理も含めたものになっている。アジアの現地の通関業務の面倒くささは、コストを支払っても輸送会社に丸投げした方が良いと思わせる。また輸送中の部品は輸送機関を倉庫とした在庫だと考えれば、在庫最小の目的により適うので、SCMも輸送会社にアウトソーシングしたほうが良いことにもなっている。日系輸送会社に任せれば情報の非対称性は輸送価格にしか反映しないことも、日系企業の魅力になっている。もちろん所詮切られることはないと考えて日系輸送会社がモラルハザードを起こす心配もない。

C. IT技術を使った通信業では放送業に近い事もできる。既存の放送業もIT技術を使って双方向テレビのようなことをしている。通信と放送の接点が大きくなってきた。通信は外資に任せても報道の自由は奪われないが、放送は外資に任せると、国内世論が外資により操作される可能性があるというのが外資排除の理由だ。メディア・サービスの所有権には報道の自由、言論の自由という基本的人権があるので、経済理論だけでは片づかないだろう。問題は、放送もできることを理由に通信業に外資を入れない姿勢を現地社会が採る場合だ。

⑬ 第14章　商社、金融業

表16-13　新制度派経済学の応用例⑬

	メーカーが商社を使う理由	地場企業と外資系企業	地場借入人と銀行	ベンチャーキャピタル
取引コスト理論	A			
エージェンシー理論			B	
所有権理論		C		D

A. 商社は情報を多く持つので、メーカーが商社と組む。自らのコストで現地情報を集めるのはコストがかかりすぎるからである。

B. アジアの地場企業は、悪い情報を開示しないで、銀行から借りようとする。地場銀行は現地産業政策ないし財閥、外資系銀行は外国における金融緩和策により融資しようとして貸し込むので不良債権問題が起こる。

C. 50:50の出資比率の合弁企業の会長が合弁企業法の全員一致原則を盾に合弁企業の出資先の外資系企業が他の外資系企業と合併する事を拒否する。
D. ベンチャーキャピタルは配当さえもらえれば、経営者を派遣する意思を持たない。共益権を捨ててくれる。

⑭ 第15章 多国籍企業への就職とB2Bビジネスそして知っておいた方が良いアジアの文化

表16-14 新制度派経済学の応用例⑭

	日本人学生と外国人学生	地場企業と外資系企業	日本的経営
取引コスト理論		B	
エージェンシー理論	C		
所有権理論			A

A. 日本企業は従業員の労働に従事する義務を評価する立場にあるために、義務の水準を上げて、業務水準に達していないとして残業させる。それは従業員の仕事以外の生活の場を奪う。
B. 日系企業は、地場企業および教育機関が5Sに関して不徹底であり、日系企業で要求される業務水準を満たしていないと知っているので、自ら教育訓練した方が、取引コストが安いと考える。
C. 転職しようと思っていることを知らずに日本企業は採用し企業特殊的な教育訓練を施すが、従業員は自分のキャリアアップに役立つと考えれば転職にためらいはない。

■著者紹介

鈴木　康二　（すずき　こうじ）

立命館アジア太平洋大学アジア太平洋マネジメント学部教授
「アジア投資戦略」「アジアビジネス法」「アジア金融市場」を日・英語で教える。
1952 年　栃木県生まれ
1974 年　東北大学法学部卒、日本輸出入銀行（現国際協力銀行）入行
2002 年　国際協力銀行退職、現職

著書
『アジア投資戦略』大学教育出版　2004 年
『タイ行政法』JETRO　2002 年
『アジア諸国の倒産法・動産担保法』中央経済社　2000 年
『ベトナム民法』JETRO　1996 年
『アジア新興市場投資実務ガイド』企業研究会　1995 年
『ミャンマー・ビジネスガイドブック』中央経済社　1995 年
『ビジネスガイド・インド投資戦略』JETRO　1995 年
『海外投資のニュウ・ステージ』中央経済社　1994 年
『ビジネスガイド・ベトナム』JETRO　1994 年

アジアビジネスの基礎

2007 年 4 月 16 日　初版第 1 刷発行

- ■著　　者──鈴木康二
- ■発 行 者──佐藤　守
- ■発 行 所──株式会社　大学教育出版
  　　　　　　〒700-0953　岡山市西市 855-4
  　　　　　　電話（086）244-1268　FAX（086）246-0294
- ■印刷製本──モリモト印刷㈱
- ■装　　丁──原　美穂

© Koji SUZUKI 2007, Printed in Japan
検印省略　　落丁・乱丁本はお取り替えいたします。
無断で本書の一部または全部を複写・複製することは禁じられています。
ISBN978-4-88730-740-7